Tiere Australiens

Peter und Silvia Jau

ISBN 3-9520668-8-5
1. Auflage 1995
Text:
Peter und Silvia Jau
Illustrationen und Karten:
Peter Jau
Layout und Satz:
URINGA VERLAG
Textredaktion:
Patrick Werschler, Text & Kommunikation, 3065 Bolligen
Druck:
Druckerei Glauser AG, 3053 Münchenbuchsee
Buchbinderei:
Buchbinderei Schlatter AG, 3011 Bern.
(Das vorliegende Taschenbuch wurde in Libretto-Bindung gefertigt, einem speziellen Verfahren welches garantiert, dass das Buch auf, aber nicht zufällt.)
Vertrieb:
Dieses Handbuch ist direkt beim Verlag oder im Buchhandel zu beziehen.

Quellen / Dank

Obwohl wir die Recherchen zu diesem Handbuch mit enormem Zeitaufwand und grosser Sorgfalt ausführten, sind Fehlangaben leider nicht auszuschliessen; zumal die Forschung laufend neue Erkenntnisse gewinnt, oder oft nur widersprüchliche Informationen zur Verfügung stehen. Aus diesen Gründen kann keine Garantie für die im Buch enthaltenen Ratschläge übernommen werden und eine Haftung der Autoren oder des Verlags für Personen-, Sach- und Vermögensschäden ist ausgeschlossen.

Für Hinweise auf fehlerhafte oder irreführende Angaben sind wir dem Leser sehr dankbar, damit eine Neuauflage des Handbuchs entsprechend berichtigt und aktualisiert werden kann.

Ein grosser Dank geht an die Commonwealth Serum Laboratories (45 Poplar Road, Parkville, 3052 Victoria, Australia), welche uns freundlicherweise ausführliches Informationsmaterial zur Verfügung stellten. Viele Angaben bezüglich Gifttieren stützen sich auf verschiedene von Dr. Struan K. Sutherland verfasste Schriften des Instituts.

Im weiteren haben wir allen Nationalpark-Hauptvertretungen der einzelnen Staaten zu danken, die uns mit entsprechenden Unterlagen versorgten.

Ein spezieller Dank geht an unsere beiden Kinder Jasmin und Jenny, an Jürg und Ursula Jau, Fred Zbinden, Stefan Hofer, Dr. Meinrad Ryffel, Doris Herrmann und Helga von Niederhäusern, welche uns in irgendeiner Form behilflich waren und damit die Arbeit am Handbuch tatkräftig unterstützten.

INHALT

Zu diesem Handbuch

Durch das Aufzeigen von Besonderheiten und Zusammenhängen der australischen Tierwelt möchten wir die Faszination und die Wertschätzung für das Lebendige wecken, um dadurch der zunehmenden Beziehungs- und Rücksichtslosigkeit vieler Menschen gegenüber der belebten und unbelebten Natur entgegenzuwirken. Ohne gesunde Gefühle für die Natur ist auf die Dauer das Bestehen einer gesunden Kultur, einer überlebensfähigen Gesellschaft, nicht möglich.

Autoren gesucht: Um unsere Arbeit im oben erwähnten Sinn fortzusetzen, suchen wir interessierte Autorinnen und Autoren für weitere Bände, welche die Tierwelt anderer geografischer Regionen porträtieren.

Naturschutz und Tourismus

Tourismus kann ein wichtiges Mittel für die Erhaltung der natürlichen Umwelt sein. In den letzten 40 Jahren wurden zum Schutz bedrohter Tier- und Pflanzenarten weltweit viele Nationalparks und Reservate eingerichtet; bis heute sind es mehr als 5'000. Viele von ihnen sind auf die Einnahmen aus dem Tourismus angewiesen.

Viele Länder sehen sich oft nicht im Stande, die Kosten für ein Schutzgebiet zu tragen, wenn sie keine Einnahmen daraus haben. Der Lokalbevölkerung ist andererseits der ersatzlose Verzicht auf eine landwirtschaftliche Nutzung grösserer Gebiete kaum zuzumuten. Damit solche Schutzgebiete zum Wohl der Besucher wie der Anwohner auch in Zukunft in ihrer natürlichen Vielfalt und Schönheit erhalten werden können, ist es unerlässlich, dass ein sanfter, das heisst umweltverträglicher Tourismus gefördert wird.

Der wachsende Markt für sanften, verantwortungsvollen Tourismus spiegelt ein zunehmendes Interesse der Öffentlichkeit an Umweltfragen. Doch sind es immer noch verschwindend wenige im Vergleich zum Massentourismus.

Der sanfte Tourismus ist kein neuer Reisestil, sondern der Ausdruck eines veränderten Verhaltens von umweltbewussten Menschen. Ein verantwortungsvoller, umweltverträglicher Tourismus sollte die natürliche Vielfalt, aber auch soziale und kulturelle Sitten der lokalen Bevölkerung respektieren.

Die Erhaltung einer intakten Mitwelt muss vor den Interessen der Besucher stehen. So gewährleistet sanfter Tourismus im Idealfall eine optimale, nachhaltige Wertschöpfung für die Urlaubsregion, statt einer maximalen, zerstörerischen.

Wenn weit entfernte Destinationen bereist werden, sollte man sich ausserdem überlegen, wie man am umweltverträglichsten anreist. Flugreisen belasten die Umwelt und sollten deshalb mit längeren Aufenthalten verbunden werden.

Die Eindrücke, die man als "sanfter Tourist" nach Hause nehmen kann, helfen oft zu einem besseren Verständnis der Schwierigkeiten und Probleme, mit denen die Menschen der betreffenden Regionen leben müssen. Organisationen wie der WWF (World Wide Fund for Nature) bilden eine Brücke zwischen engagierten Menschen zu Hause und der Naturschutzarbeit im Feld.

Eine schöne, "sanfte" Reise und viele farbige Eindrücke - das wünscht Ihnen,

WWF Schweiz

EINLEITUNG:

Geologie

Die Kruste unserer Erde ist nicht eine kompakte, starre Masse. Zusammengesetzt aus verschiedenen Platten (auch Schollen genannt), ist die gesamte Oberfläche ständig in Bewegung. Wo sich die Schollen voneinander wegbewegen, aneinander vorbeischrammen und gegeneinander stossen, entstehen Erdbeben und Vulkane.

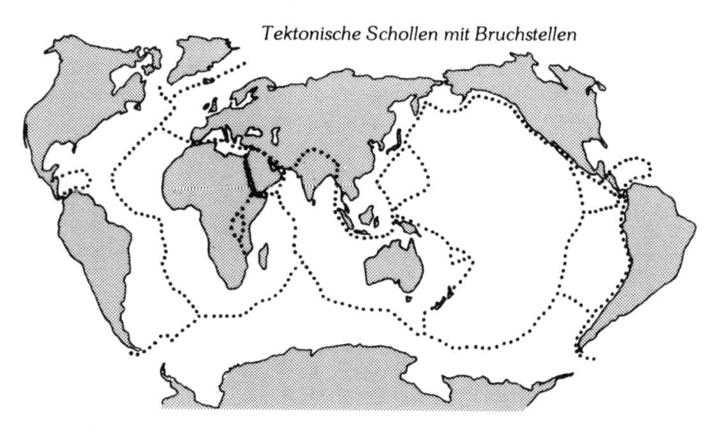

Tektonische Schollen mit Bruchstellen

Der Antrieb dieses riesigen Bewegungsvorgangs ist in den mittelozeanischen Rücken zu suchen, wo durch unterseeischen Vulkanismus stetig Gestein an die Erdoberfläche getragen wird. Diese Ausdehnung der Erdoberfläche muss an anderer Stelle durch Unterschiebung wieder ins Erdinnere dringen, wo dann erneut eine Bruchstelle mit unruhiger Erde entsteht.

Durch solche Vorgänge verschieben sich die Kontinente heute jährlich 1-18 cm. Auf Jahrmillionen berechnet ergibt dies enorme Strecken. Verfolgen wir die Kontinentalverschiebung zurück in die Vergangenheit, so ergeben sich Bilder, welche viel zum Verständnis der geologischen und biologischen Vorgänge unserer Erde beitragen.

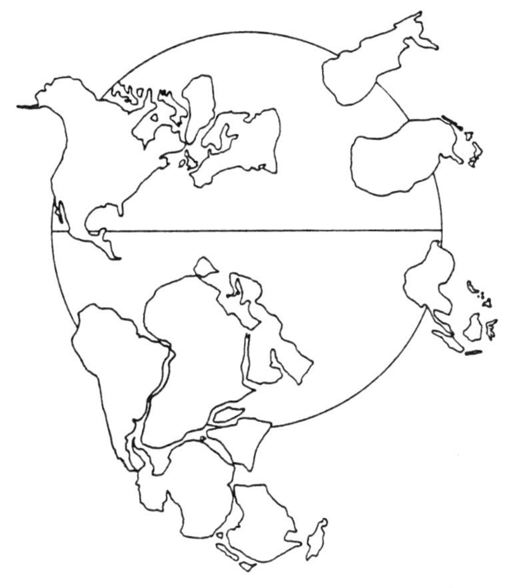

Lage der Kontinente vor 350 Millionen Jahren

Lage der Kontinente vor 250 Millionen Jahren

Lage der Kontinente vor 50 Millionen Jahren

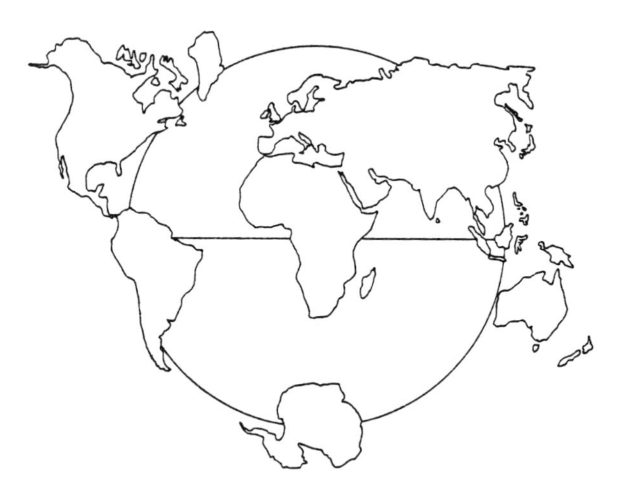

Lage der Kontinente Heute

Australien ist ein sehr statischer Erdteil. Dies verdankt er seiner Lage mitten auf einer tektonischen Platte. Der Fünfte Kontinent berührt keine der vielen Bruchstellen, mit welchen die ganze Erde überzogen ist. Dies hat zur Folge, dass die Erdschichten des Landes in der Regel eine waagrechte Struktur aufweisen und nicht schief stehen, oder gar stark gefaltet sind. (Solche Strukturen können wir bei schroffen Felsabbrüchen erkennen.)

Auch fehlt in Australien jeder aktive Vulkanismus, ein weiterer Hinweis auf die Stabilität des Kontinents.

Das Alter eines Erdteils lässt sich auf verschiedene Arten bestimmen. Ein leicht erkennbares Merkmal für den Laien ist vor allem der Grad der Erosion. Niederschlag, Wind, Hitze und Kälte nagen unaufhörlich an jeder Erhebung und tragen die Gesteinsmassen ab, bis schliesslich eine flache Landschaft bleibt. Generell kann man also sagen: je flacher ein Erdteil, um so höher sein Alter. Die europäischen Alpen sind beispielsweise ein sehr junges Gebirge, welches auch heute noch unter dem Druck, den der afrikanische Kontinent auf Europa ausübt, jährlich einige Zentimeter an Höhe gewinnt. Leicht ist zu erkennen, dass dagegen an den viel älteren, zentralaustralischen Macdonnell Ranges der Zahn der Zeit in Form der Erosion schon bedeutend länger genagt hat.

Australiens flachster Teil, geprägt von grossen Wüsten, umfasst die gesamten Gebiete westlich von Adelaide und Mount Isa - das sogenannte Westplateau - mit einer durchschnittlichen Höhe von 300 m. (Nicht zufällig finden wir hier die längste, gerade verlaufende Eisenbahnstrecke der Welt.) Während Jahrmillionen wurden die Berge abgerundet und das Land ausgeebnet. Das Westplateau zählt mit rund 600 Millionen Jahren zu den ältesten Erdteilen der Welt. Hier wurde auch der fossile Nachweis der ältesten, bekannten Lebensform gefunden.

Östlich dieses Hochplateaus erstreckt sich die Mittelaustralische Senke, mit ihren für die Weidewirtschaft wertvollen Grundwasserspeichern, den artesischen Becken.

Der Ostküste entlang erhebt sich die grösste Gebirgskette des Landes, das sogenannte Australische Schollengebirge, oder die Great Dividing Range. Diese Gebirgskette ist erdgeschichtlich jüngeren Datums als das Westplateau, jedoch, verglichen mit der übrigen Welt, immer noch sehr alt. Auch hier sind die einst über 6'000 m hohen Berge zu vergleichsweise kümmerlichen Resten abgetragen worden. Höchste Erhebung ist heute mit 2'230 m der Mount Kosiusko.

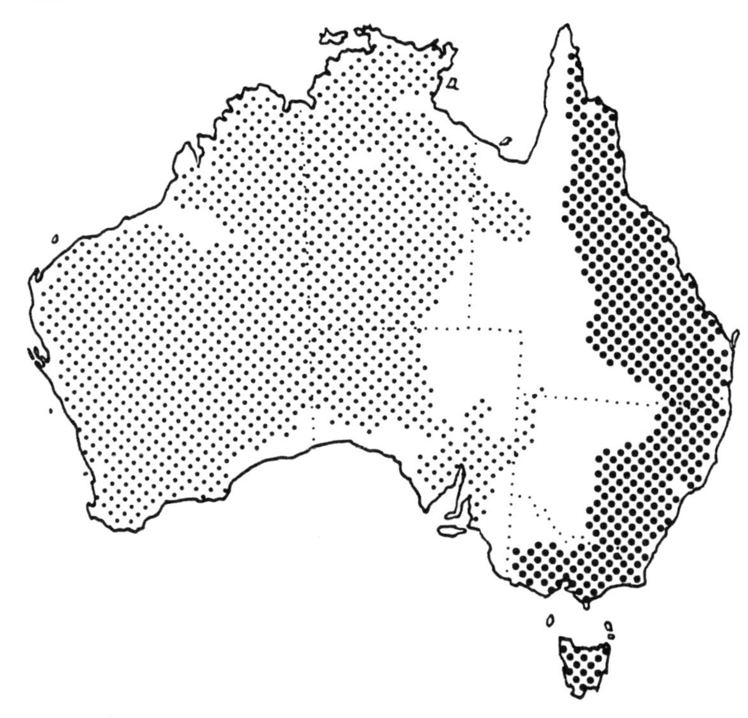

Drei Grossregionen: Westplateau - Mittelaustralische Senke - Australisches Schollengebirge.

Entwicklungsgeschichte

Die Naturwissenschaften haben die Vergangenheit bis rund 20'000 Millionen Jahre vor der Jetztzeit etwas erhellen können. Damals ungefähr ist unser Universum entstanden. Unsere Sonne und die Erde sind wesentlich jünger, schätzungsweise 4'600 Millionen Jahre. (Auch alle nachfolgenden Zeitangaben sind selbstverständlich nur Richtwerte.)

Vor 3'500 Millionen Jahren vermutet man die ersten primitiven, einzelligen Lebensformen (Bakterien und Blaualgen).

Tierisches Leben (weichhäutig, schalen- und wirbellos), entstand vor 1'500 Millionen Jahren, denn erst zu dieser Zeit war der Sauerstoffgehalt der Erdatmosphäre hoch genug.

Vor 600 Millionen Jahren entwickelten sich Tiere mit Aussenskeletten (Schalen).

Vor 500 Millionen Jahren, traten bereits die ersten Wirbeltiere auf, die kieferlosen Fische.

Lange Zeit beschränkte sich das Leben nur auf das Wasser und erst vor 430 Millionen Jahren machten Pflanzen den Schritt auf das wüstenhafte Festland. Ihnen folgten bald wirbellose Tiere.

Etwas später, vor etwa 350 Millionen Jahren wagten die von den Quastenflossern abstammenden Amphibien den Schritt ans Festland. Aus ihnen gingen die Reptilien hervor. Diese Entwicklung fand auf einem Kontinent statt, der die heutigen Kontinentmassen von Europa und Nordamerika umfasste. (Siehe Kapitel Geologie.)

Vor 280 Millionen Jahren vereinigten sich schliesslich alle damaligen Kontinente der Erde zu einer einzigen Landmasse (Pangaea). Auf diesem riesigen Superkontinent entwickelten sich die Reptilien explosionsartig. Damals entwickelten erste Insekten die vollständige Metamorphose vom Larven- zum Geschlechtsstadium über ein Puppenstadium.

Vor 220 Millionen Jahren begann der Aufstieg der Dinosaurier, welche sich von 15 cm kleinen Tierchen zu teilweise 30 m langen Giganten entwickelten. Rund 150 Millionen Jahre dauerte ihre Weltherrschaft.

Wie sich einst Pangaea zu bilden vermochte, so zerfiel es vor etwa 200 Millionen Jahren nach und nach wieder. Die ersten primitiven, warmblütigen Säugetiere lebten noch lange im Schatten der weltbeherrschenden Saurier.

Vor etwa 130 Millionen Jahren bildeten sich Blütenpflanzen. Aus urtümlichen Nadelbäumen entstanden zahlreiche Laubbaumarten. Die ersten Vögel und Plazentalier erschienen.

Vor 65 Millionen Jahren starben alle Dinosaurier aus. Sie hinterliessen eine grosse Lücke, welche dann von den Säugetieren geschlossen wurde.

Als sich vor 55 Millionen Jahren die Antarktis zusammen mit Australien von Südamerika löste, waren die Beuteltiere die dominante Säugetiergruppe dieser dicht bewaldeten Landmasse.

Vor 45 Millionen Jahren brach auch die Verbindung dieser beiden Kontinente. Australien driftete fortan allein nordwärts in die Einsamkeit des Ozeans.

Durch die Inselwerdung des Fünften Kontinents wurden seine Bewohner von der Entwicklung, welche sich auf der übrigen Welt vollzog, abgetrennt. Afrika, Europa, Asien und Amerika waren zumindest zeitweise miteinander verbunden. Hier bildeten sich aus verschiedenen, noch primitiven plazentalen Säugetieren rasch höher entwickelte Arten. Diese verdrängten schliesslich die Beuteltiere, welche bis anhin auf der ganzen Welt verbreitet waren. Einzig in Südamerika überlebte eine Handvoll, denn dieser Kontinent war lange Zeit nicht mit Nordamerika verbunden, sondern mit der Antarktis und Australien.

Warum aber haben in Australien keine Höheren Säugetiere überlebt? Zwar waren damals, als der Fünfte Kontinent zur Insel wurde, auch verschiedene Höhere Säugetiere dabei, diese blieben jedoch bei den herrschenden klimatischen Bedingungen den Beuteltieren unterlegen und starben schliesslich aus.

Australiens Einsamkeit wurde erst vor 15 Millionen Jahren unterbrochen, aber nicht eigentlich gestört. Damals stiess der Inselkontinent auf die Asiatische Platte, wodurch teilweise eine Landbrücke zu Asien entstand, was zur ersten Einwanderungswelle von Höheren Säugetieren führte. Trotz dieser kleinen Invasion geriet das bestehende ökologische Gleichgewicht nicht ins Wanken. Die neuen Einwanderer waren kleine Nager, die auf schwimmendem Pflanzengut die schmalen Meerengen überbrückten, welche zwischen Borneo, Celebes und Neuguinea das Entstehen einer durchgehenden Landbrücke immer verhindert hatten. Auch die auf dem Luftweg eingewanderten Fledertiere konnten die riesigen, koalaähnlichen Possums und andere nashorngrosse Beuteltiere nicht verdrängen.

Das Herz Australiens, ehemals mit dichter Vegetation überwachsen, trocknete vor 5 Millionen Jahren langsam aber unaufhaltsam aus. Durch diese klimatische Veränderung vermehrten sich die grasfressenden Känguruhs explosionsartig und verdrängten die dominierenden, blattfressenden Possums.

In einer nächsten Einwanderungswelle, vor ca. 55'000 Jahren, fanden schliesslich auch die ersten Menschen den Weg auf die grosse Insel. Es waren Einwanderer aus Südostasien oder (und) vielleicht auch Indien. Die Anthropologen sind sich bezüglich der genauen Herkunft der Aborigines nicht einig. Sicher ist nur, dass Australiens Ureinwohner von Norden her über die Torres-Strasse, den Fünften Kontinent erreichten. Sie kamen als Steinzeitmenschen in ihre neue Heimat. Ihnen war nicht nur jede Art von Metallbearbeitung fremd, sondern auch der Ackerbau, die Viehzucht und das Erstellen von festen Siedlungen. Zwar sind die Aborigines durch fremde, seefahrende Kulturen, wie z.B. Chinesen, Melanesier und Polynesier mit all diesen "Errungenschaften" in Kontakt gekommen, haben diese aber trotzdem nie übernommen. Die meisten Aborigines blieben bis vor etwa 100 Jahren, als Sammler und Jäger ihrem Nomadenleben treu. In kleinen Gruppen zogen sie auf festgelegten Routen durch genau abgegrenztes Stammesgebiet. Die Jagd war ausschliesslich den Männern vorbehalten. Den Hauptteil an Nahrung erbrachten allerdings die Frauen durch Sammeln von Beeren, Früchten, grünen Pflanzenteilen, Wurzeln und Kleintieren.

Als Begleiter des Menschen wanderte etwas später auch ein Vorläufer des Haushundes, der Dingo ein. Diese neue Besiedlungswelle (Mensch und Dingo) löste vermutlich zusammen mit einem Klimawechsel, das Aussterben der grösseren Beuteltiere aus. Zweifellos war der Einfluss auf das bestehende ökologische Gleichgewicht viel grösser als jener der vorangegangenen Einwanderer.

Vor 18'000 Jahren erreichte die jüngste Eiszeit ihre Spitze. Durch die immense Eisbildung an den Polargebieten, wurde den Weltmeeren so viel Wasser entzogen, dass durch das Absinken des Meeresspiegels (mindestens 130 m) wieder Landbrücken nach Tasmanien und Neuguinea entstanden. Das Zentrum Australiens bestand mehrheitlich aus Wüste. Die vordringende Wüste dehnte sich schliesslich bis an die Küste aus, worauf die letzten Riesenbeutler ausstarben. Unter den neuen Bedingungen entstanden in der Wüste besser angepasste Beutler und andere Tier- und Pflanzenarten.

Vor 13'000 Jahren lockerte sich das Regime der Trockenheit allmählich wieder und die riesigen, wandernden Dünenfelder, welche das Land bedeckten, wurden zum grossen Teil durch Pflanzen stabilisiert. Das Vegetationsbild nahm nun etwa die Form an, wie wir sie heute kennen.

Bereits im Mittelalter, vor ca. 700 Jahren, betraten Chinesen, Araber und Indonesier die Nordküste des australischen Kontinents. Doch diese Kontakte waren nur von kurzer Dauer und ohne Folgen für das Land. Die Chinesen etwa kamen lediglich, um im Grossen Barrier Riff Seegurken (tierische Riffbewohner) zu sammeln, welche in China als Delikatesse galten.

Portugiesen waren vor knapp 500 Jahren vermutlich die ersten europäischen Besucher. Ihnen folgten 1606 die ersten Holländer. 1642 entdeckte ebenfalls ein Holländer Tasmanien. 1688 sichtete der erste Engländer die Westküste. Schliesslich landete 1770 James Cook an der Ostküste Australiens. 1788 entstand bei Sydney eine englische Sträflingskolonie.

Alle diese Kontakte von Europäern mit der neu entdeckten Insel hatten für Australiens Umwelt keine bedeutende Veränderung bewirkt. Aber mit dem Einsetzen des ersten Goldrausches 1851 vermochten die neuen Einwanderer das Gesicht des Kontinents innert kürzester Zeit zu verändern. Innerhalb der folgenden 10 Jahre verdoppelte sich Australiens Bevölkerung und überschritt damit die Millionengrenze. Wie eine grosse Lawine überrollten die Siedler den ganzen Kontinent. Jeder Quadratkilometer, der fruchtbar genug war, wurde in Besitz genommen. Riesige Wälder wurden gerodet oder abgebrannt, um den Viehherden und dem Ackerbau Platz zu machen.

Die Siedlungen wurden immer grösser und wuchsen zu Millionenstädten heran. Zudem drangen die ständig besser werdenden Strassen unaufhaltsam ins rote Herz Australiens ein. Diese Entwicklung hatte nicht nur bezüglich Flora und Fauna eine verändernde und vernichtende Wirkung, sondern bereitete auch der einmaligen Steinzeitkultur der Aborigines innert Kürze ein jähes Ende. In der Kriegsführung waren die weissen Eroberer den Ureinwohnern weit überlegen. Man diskutierte sogar ernsthaft darüber, ob diese "Kreaturen" überhaupt den Menschen oder wohl eher dem Reich der Tiere zuzuordnen seien. Entsprechend wurden die Aborigines auch behandelt. Sie wurden schonungslos gejagt und niedergeschossen wie die hilflosen Koalas von den Bäumen. Diese Schlächterei ging so weit, dass man zum blossen Vergnügen Koalas, oder eben Aborigines, abschoss. Heute existieren von den einst ca. 300'000 Ureinwohnern noch 40'000 reinrassige Aborigines. Von diesem kümmerlichen Rest lebt kein einziger mehr wie seine steinzeitlichen Vorväter. Ja, kaum einer weiss mehr, zu welchem der ehemals ca. 600 Eingeborenenstämme er eigentlich gehören würde.

Heute zeigt sich der Kontinent nicht mehr als einsame Insel. Wenn es uns auch scheinen mag, Australien verfüge über unermessliche und unverwüstliche Weiten, so hat sich doch der Mensch überall und bis in die hintersten Winkel mit seinen Einflüssen breitgemacht. Die Tier- und Pflanzenwelt ist hier nicht weniger gefährdet als andernorts auf unserer kleinen Erde. Auch in Australien wurde es nötig, in Form von Naturschutzgebieten Vorrangflächen für die Natur auszuscheiden. In ihnen soll die typisch australische Natur mit all ihren Besonderheiten, die sich über Jahrmillionen entwickeln konnten, den schädigenden Einfluss des modernen Menschen überdauern können.

Flora

Zahlreiche Pflanzen des tropischen, australischen Regenwaldes stammen ursprünglich aus Neuguinea. Die Samen haben durch Wind und Vögel, oder ganz einfach schwimmend den Inselkontinent erreicht. Aber auch die Landbrücken, die während der verschiedenen Eiszeiten entstanden, ermöglichten neuen Pflanzenarten das Einwandern.

Viel älteren Datums ist die Beeinflussung der Flora durch die antarktische Region. Typische Vertreter sind die Südbuche *(Notofagus)* und die Baumfarne *(Dicksonia antarctica)*. Auch Beziehungen zu Afrika und Madagaskar lassen sich belegen; denn nur dort und in Australien finden wir Flaschenbäume und Baobab- oder Affenbrotbäume.

Die Wurzeln der australischen Flora reichen nicht nur zu weit entfernten Kontinenten, sondern auch tief in die Vergangenheit. Relikte aus der Urzeit stellen z.B. die Palmfarne dar. Sie sind weder mit Palmen, noch mit Farnen verwandt, sondern bilden eine eigene Gruppe zwischen den Nadelhölzern und Blütenpflanzen.

Der langen Isolation des Inselkontinents ist es zu verdanken, dass trotz aller Beeinflussung 75% der 13'000 Pflanzenarten als endemisch nachgewiesen wurden.

Neben den farbenprächtigen, mit Blüten behangenen Bäumen und Sträuchern (vor allem Akazien) gehören zum Augenfälligsten an Australiens Flora die rund 400 verschiedenen Eukalyptusbaumarten oder "Gum trees", wie sie in ihrer Heimat genannt werden. Zwar übertreffen die Akazien (Wattles) diese in ihrer Artenzahl, aber die Eukalypten gelten trotzdem als Symbol der australischen Pflanzenwelt. Von den bis zu 90 m hohen "Karri"-Eukalyptusriesen über die kälteunempfindlichen "Snow gums" bis zu dem kleinen verknorpelten "Mallee-Scrub" gibt es fast jede erdenkliche Abstufung bezüglich Erscheinungsbild und Anspruch.

Die Vielfalt der Akazien und Eukalypten ist übrigens sehr typisch für die Florenentwicklung auf einer Insel. Die wenigen eingewanderten Arten haben sich zu enormer Vielgestaltigkeit aufgespalten, weil sie die Möglichkeit hatten, konkurrenzlos die verschiedensten ökologischen Nischen zu belegen.

Was an Australiens Flora weiter auffällt, ist der Umstand, dass mit ein paar wenigen Ausnahmen die Bäume und Sträucher immergrün sind. Hier findet sich ja auch kein Anlass, im Herbst die Blätter abzuwerfen, denn das Klima (nahezu ohne Schneefall) gewährt eine ganzjährige Wachstumsperiode. In Gegenden Australiens, in denen der Herbst bunt ist, wie z.B. in Marysville (Victoria), wurden mit Sicherheit fremdländische Pflanzen angebaut.

Normalerweise wachsen in einer trockenen Region viele sukkulente Pflanzen. Nicht aber in Australien. Kakteen z.B. sind hier nicht anzutreffen. So ist denn auch die australische Pflanzenwelt, gleich wie die Tierwelt, in ihrer Entwicklung andere Wege gegangen, als jene der übrigen Welt.

Beispielsweise schützen sich auf dem Fünften Kontinent viele Bäume durch senkrecht herunterhängende Blätter vor übermässigem austrocknen. Denn so wird bei hohem Sonnenstand die Blattoberfläche in flacherem Winkel beschienen, die Erwärmung der Blätter ist also geringer und dadurch die Wasserverdunstung kleiner. Durch diese hängende Blattstellung erreicht unter einem Grossteil der australischen Bäume viel Sonnenlicht den Boden, so dass im Vergleich zu den uns gewohnten Mitteleuropäischen Waldgebieten sehr helle Wälder entstehen.

Ganz anders verhält es sich natürlich im Regenwald, wo die Bodenpflanzen um jeden Sonnenstrahl kämpfen müssen. Doch diese Waldart ist sehr selten (ca. 20'000 km^2) und nur an Orten zu finden, welche ganz bestimmte Voraussetzungen bezüglich Bodenbeschaffenheit und Niederschlagsmenge erfüllen.

Alle Jahre ziehen natürlich entstandene Buschfeuer durch das Land. Der Kampf zwischen Wald und Feuer ist so alt wie Australiens Trockenheit. Die Anpassung des Waldes an die immer wiederkehrenden Buschfeuer geht so weit, dass er diese jetzt gar teilweise zur Regeneration braucht. Die hölzernen Früchte einiger Hakea- und Banksia-Arten beispielsweise springen erst durch die Hitze des Feuers auf, so dass die Samen herausfallen können. Wie bei uns verschiedene Pflanzensamen den Frost zum Keimen benötigen, brauchen in Australien einige Samen das Feuer dazu. Viele Eukalypten schützen sich durch eine dicke Rinde, die einfach verkohlt. Darunter liegen oft versteckte Knospen, welche daraufhin austreiben. Andere bilden nach Feuer frische Schösslinge aus knollenartigen Wurzelansätzen.

Fauna

Am Beispiel der Beuteltiere möchten wir hier versuchen einen kurzen Abriss der zoologischen Evolutionsgeschichte und ihrer Mechanismen zu machen, um die Sonderstellung der australischen Fauna aufzeigen zu können.

Die lebende Welt wird in Tiere und Pflanzen aufgeteilt. Bestimmte Organismen, wie z.B. Viren, sind in diesem System jedoch nicht klar einzuordnen. Es besteht also keine eindeutige Trennung zwischen

Tieren und Pflanzen, ein fliessender Übergang ist charakteristisch. Die Erkenntnis der fliessenden Übergänge ist ein wichtiger Baustein zum Verständnis des Evolutionsvorganges. Hier wird deutlich, wie fest doch alles miteinander verknüpft ist, und dass nichts für sich losgelöst vom übrigen existiert.

Das Tierreich wird in mehrere Gruppen eingeteilt. Auf der einen Seite stehen verschiedene Gruppen von Wirbellosen, auf der Anderen die Wirbeltiere. Die ursprünglichsten Wirbeltiere sind Meeresbewohner mit einem steifen Knorpelstab im Rücken. Nach vielen Millionen Jahren Evolution bildete sich aus ihnen eine Vielfalt an Knochenfischen. Aus Fischen mit kräftigen Flossen und Lungen entwikkelten sich dann die Amphibien, woraus später die Reptilien hervorgingen. Die Herausbildung von Vögeln und Säugetieren aus den Reptilien, war der nächste Schritt der Wirbeltierevolution.

Innerhalb der Säugetiere unterscheiden wir drei Unterklassen: die Eierlegenden Säugetiere, die Beuteltiere und die Höheren Säugetiere oder Plazentalier. Alle drei Gruppen haben sich unabhängig voneinander aus mittlerweile ausgestorbenen säugerähnlichen Reptilien entwickelt.

Eierlegende Säugetiere sind die älteste heute noch existierende Lebensform, welche zu den Säugetieren zählt. Auf der ganzen Welt leben nur noch 3 Arten dieser Tiergruppe. Zum einen das Schnabeltier, es kommt nur auf dem Fünften Kontinent vor, und zum anderen der australische und der neuguineische Ameisenigel.

Die Unterklasse der **Beuteltiere** gliedert sich in 17 verschiedene Familien, mit 76 Gattungen und über 270 Arten. Sie sind fast ausschliesslich auf Australien und den umliegenden Inseln beheimatet. Das auffälligste Merkmal, das die Beuteltiere kennzeichnet ist sicher der, je nach Art, mehr oder weniger weit entwickelte Beutel der Weibchen, beziehungsweise die Art wie sie ihre Jungen aufziehen. Nach einer kurzen Tragzeit (8-42 Tage) gebären die Weibchen 1-12 Junge. Diese sind in ihrer Entwicklung nur wenig fortgeschritten und kommen in einem embryonalen Zustand zur Welt. Einzig Tast- und Geruchssinn sind recht gut ausgebildet und die Vorderbeinchen sind so kräftig gebaut, dass die Winzlinge ohne Hilfe der Mutter in den schützenden Beutel krabbeln können, wo sie sich sogleich an eine Zitze heften, mit der sie in der nächsten Zeit fest verbunden bleiben. Die Neugeborenen wiegen je nach Art zwischen 3 Milligramm und

3 Gramm. Nach frühestens einem Monat und spätestens 7 Monaten Aufenthalt im Beutel sind die Jungen so weit entwickelt, dass sie diesen verlassen können.

Die sogenannten **Höheren Säugetiere** sind gemessen an ihrer Artenvielfalt und der Grösse des Verbreitungsgebiets zweifellos die erfolgreichsten Säugetiere. Insgesamt gibt es 120 Familien, 950 Gattungen und etwa 3800 Arten. Mit Ausnahme des antarktischen Festlandes besiedeln sie die ganze Welt und zwar sowohl im Wasser, an Land, wie auch in der Luft. Trotzdem sind die Beuteltiere nicht, wie oft fälschlicherweise angenommen, Säugetiere zweiter Klasse. Sie sind den Höheren Säugetieren nicht unterlegen, nur gingen sie eben in ihrer Entwicklung andere Wege.

Um den Mechanismen auf die Spur zu kommen, welche die Weiterentwicklung des Lebens antreiben und steuern, bieten Fauna und Flora von Inseln idealstes Anschauungsmaterial. Auch Australien ist in diesem Sinn als Insel zu betrachten. Was an der einheimischen Fauna am meisten auffällt, ist neben einem verhältnismässig grossen Reichtum an Reptilien und Papageien die enorme Vielfalt der Beuteltiere. Ob sie nun in den Wüsten oder im Regenwald, unter dem Boden oder auf den Bäumen zu Hause sind, fast alle ursprünglich hier beheimateten Säugetiere besitzen einen Beutel. Nur Mäuse, Ratten und Fledertiere gehören zu den Höheren Säugetieren. Der Inselkontinent verdankt seinen Beuteltierreichtum allein dem Umstand, dass er geografisch seit rund 55 Millionen Jahren von der übrigen Welt isoliert ist.

Die Natur überlässt nichts dem Zufall. Vorhandene Umstände (Klima, Geografie, Fauna und Flora) gewähren der Neuentwicklung von Arten keinen Spielraum. Ob ein Lebewesen erfolgreich ist, hängt vom Erfolg seiner Lösungsversuche für die durch seine Umgebung gestellten Probleme ab. Am erfolgreichsten sind immer die Lebewesen, die sich unter den herrschenden Umgebungsbedingungen besser als die anderen aufzubauen, zu erhalten und fortzupflanzen vermögen. Offenbar hatten die Beuteltiere für die auf dem Fünften Kontinent an sie gestellten Anforderungen die besseren anatomischen und verhaltensmässigen Lösungen als die Höheren Säugetiere. Andererseits unterlagen sie auf der übrigen Welt, auf welcher sie dereinst auch weit verbreitet waren.

TIERBESCHREIBUNGEN:

Aufbau / Benutzung

Die Reihenfolge der Tierbeschreibungen ist nach entwicklungsgeschichtlichen Kriterien gegliedert. Sie beginnen mit dem Leben im Meer, und enden mit den Säugetieren.

Anhand der wissenschaftlichen Klassifizierung eines Tieres wird sein Verwandtschaftsgrad anderen Tieren gegenüber ersichtlich. Koala und Emu beispielsweise gehören innerhalb des Stammes Wirbeltiere zwei verschiedenen Klassen an, und sind damit entfernte Verwandte. Näher miteinander verwandt sind etwa Emu und Helmkasuar, die derselben Ordnung zugeteilt werden. (In der Tabelle nicht erwähnt sind mögliche Über-, Unter- und Zwischengruppen.)

Reich:	*Animalia*, Tiere	*Animalia*, Tiere
Stamm:	*Vertebrata*, Wirbeltiere	*Vertebrata*, Wirbeltiere
Klasse:	*Mammalia*, Säugetiere	*Aves*, Vögel
Ordnung:	*Marsupialia*, Beuteltiere	*Struthioniformes*, Laufvögel
Familie:	*Phascolarctidae*, Koalas	*Dromaiidae*, Emus
Gattung:	*Phascolarctus* } Koala	*Dromaius* } Emu
Art:	*cinereus* } Koala	*novaehollandiae* } Emu

Bei den Titeln der Tierbeschreibungen stehen immer, wenn nicht anders vermerkt, Gattungs- und Artname.

Einzelne Tierbeschreibungen, wie z.B. Schlangen und Haie, werden vergleichsweise ausführlich behandelt. Dies geschieht nicht allein deshalb, weil diese Tiere speziell gefährlich sind, sondern weil wir Menschen ihnen gegenüber eine verhältnismässig übertriebene Angst empfinden. Durch umfassende Information möchten wir diese Angst abbauen helfen. Möglicherweise bleibt dann Freiraum für Verständnis, Achtung und vielleicht sogar für Sympathie.

Legende zu den Verbreitungskarten:

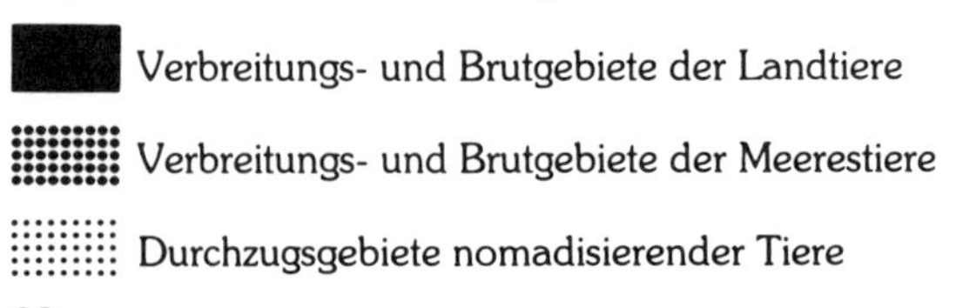

Verbreitungs- und Brutgebiete der Landtiere

Verbreitungs- und Brutgebiete der Meerestiere

Durchzugsgebiete nomadisierender Tiere

MEERESTIERE:

Das Korallenriff
The Coral reef

Mit 2'000 km Länge ist das Great Barrier Reef, vor der Küste Queenslands gelegen, das grösste zusammenhängende Korallenriff der Erde. Seine Entstehung begann vor ca. 25 Millionen Jahren. Die heutigen Koralleninseln entstanden erst vor 6'000 Jahren.

Den Grundstock des reichen Lebens an einer Korallenbank bilden die kalkerzeugenden Korallenpolypen. Das sind kleine, 1-30 mm grosse, am Meeresboden festgewachsene Tierchen, welche während der Nacht mit ihren Fangarmen Kleinstlebewesen des Planktons fangen. Während des Tages ziehen sie sich in ihr schützendes Kalkskelett zurück. (Neben kalkproduzierenden Korallen, gibt es noch viele Weichkorallen, welche kein Kalkskelett bauen und in diesem Sinne auch nicht zur Riffbildung beitragen.)

Im Vergleich mit den nährstoffreichen, polarnahen Gewässern sind die tropischen, glasklaren Meere arm an Nährstoffen und damit als nasse Wüsten zu bezeichnen. Die Korallentierchen können hier nur dank ihrer Lebensgemeinschaft überleben, die sie mit Pflanzen eingegangen sind. Mikroskopisch kleine Algen leben geschützt unter der Haut der Polypen und produzieren dort mit Hilfe des Sonnenlichtes für das Überleben der Korallenpolypen und den Riffbau wichtige Stoffe. Polyp und Alge ergänzen sich somit ideal. Erst durch diese Symbiose, das gegenseitige Geben und Nehmen in gegenseitiger Abhängigkeit, wurde es möglich, trotz der Nährstoffarmut des Wassers die intensive Sonneneinstrahlung dieser tropischen Breiten zum Aufbau reichen Lebens zu nutzen. Auf dieser Grundlage konnte am Riff eine Fülle von Lebensformen entstehen, wie wir sie sonst nur vom Tropischen Regenwald her kennen.

Wegen der Algen unter ihrer Haut sind Korallen sehr lichtbedürftig, sie können nur bis in eine Tiefe von 30 m leben und ihr aktivstes Wachstum findet vor allem zuoberst, im Gezeitenbereich, statt. Korallen, die hier leben, wachsen am schnellsten, je nach Art durchschnittlich 1 cm, höchstens aber 10 cm pro Jahr.

Für das Festland ist ein Riff von grossem Nutzen, denn die Wellen, welche bereits aussen am Riff gebremst werden, besitzen kaum noch Kraft, um am Ufer grosse Flutwellen und Erosionen zu verursachen.

Korallen finden wir nur in warmen Gewässern, denn um überleben zu können, benötigen sie eine Wassertemperatur, die nicht unter 17½°C fallen darf.

Alle Korallenriffe entstehen grundsätzlich auf die gleiche Weise. Im seichten Wasser, also meist in unmittelbarer Nähe der Küste, siedeln sich einzelne Korallenpolypen an. Nach und nach dehnt sich die Kolonie aus und bildet bald ein sogenanntes Saumriff.

Wieso liegen aber viele Korallenriffe weit draussen, oder gar mitten in einem Ozean? Wo sich das Festland in Zeiträumen von Jahrtausenden langsam absenkt, entfernt sich das Ufer immer weiter vom Riff, das schliesslich viele Kilometer weit vor der Küste draussen im Meer liegen kann. Andererseits besteht auch die Möglichkeit, dass sich nach einer Eiszeit durch das Schmelzwasser der Gletscher der Meeresspiegel gehoben hat, wodurch sich der Abstand des Riffs zum Festland ebenfalls vergrössert. Solche ausserhalb der Küste liegenden Riffe bezeichnet man als Barrieren-Riffs.

Die typische Ringform der Atolle entsteht andererseits, wenn eine Vulkaninsel versinkt, welche von einem Saumriff umgeben ist.

Wo Landmasse versinkt oder der Wasserspiegel steigt, werden die Korallen gezwungen in die Höhe zu wachsen. Dies tun sie auf dem darunter liegenden Fundament aus den Skeletten abgestorbener Korallenpolypen. Am Great Barrier Reef führte das zu über 500 m dicken Riffschichten. Das weltweit höchste vermessene Riff besitzt eine Höhe von 1'405 m (Eniwetok-Atoll, Marshall-Inseln).

Im Great Barrier Reef gibt es über 200 unbewachsene Korallensandinseln. Sie sind durch Rifferosion und Aufschüttung der erodierten Teile entstanden. Da sie aber sehr instabil sind, kann ein Zyklon sie leicht wieder zerstören. Solche Sandinseln bilden aber auch den Anfang von stabileren, pflanzenbewachsenen Koralleninseln, von denen es am Great Barrier Reef etwa 70 gibt.

Immer wieder sind Nachrichten zu vernehmen, Australiens Great

Barrier Reef stehe vor der völligen Zerstörung. In der Tat sind weite Teile des Riffs bereits geschädigt oder sogar ganz abgestorben. (Vergleiche auch Dornenkronen-Seestern, Seite 40.) Nicht nur in Australien, sondern auf der ganzen Welt sind die Korallenriffe der Zerstörung ausgesetzt. Vielerorts sind die ehemals mit vielfältigem Leben besetzten Riffe, bereits mit einem Algenschleier überdeckt, der kaum noch anderem Leben Raum lässt.

Die Gründe für dieses weltweite Sterben sind vielfältig. Die Vermutung, dass mehrheitlich durch Menschen verursachte Faktoren verantwortlich sind, liegt auf der Hand. Wenn auch gebietsweise natürliche Vorgänge mitschuldig sind, so bilden Umweltbelastungen wie Meeresverschmutzung, Überdüngung durch Abwässer und Ausschwemmung von Böden wesentliche Ursachen. Hinzu kommt die direkte Riffzerstörung der Menschen: Überfischung, Korallenernte für Souvenirs, Bootsanker und anderes.

Gefahren:

Bei Ebbe können Korallenriffe freigelegt werden, was für die Korallentierchen aber nicht den Tod bedeutet, denn sie vermögen ein paar Stunden ausserhalb des Wassers zu überleben. Je nach Jahreszeit und Region ist es möglich, dass die Riffe immer mit Wasser bedeckt bleiben.

Riffwandern ist eine beliebte Art, die geheimnisvolle Unterwasserwelt kennen zu lernen. Um Verletzungen durch Gifttiere oder scharfe Korallenskelette zu vermeiden, wird empfohlen, gute Schuhe zu tragen. Doch wer bedenkt, wie viele Lebewesen bei jedem Schritt zerstört werden können, der verzichtet aufs Riffwandern, da ohnehin erst beim Schnorcheln oder Glasbodenbootfahren die beeindrukkende Vielfalt und Schönheit des Riffs entdeckt werden kann. Denn dabei sind neben den Korallen auch alle anderen Riffbewohner zu beobachten, wie z.B. der Clownfisch, welcher in einer Seeanemone Schutz sucht, die Putzerfische, welche ihrer "Kundschaft" die Parasiten von der Haut oder aus dem Mund fressen, oder der Papageifisch, welcher sich mit deutlich hörbarem Geräusch grosse Korallenteile aus dem Riff herausbeisst und anschliessend das unbrauchbare Korallenskelett als Sand ausspuckt. Solche Erlebnisse können unzählig sein, und der Kontrast zwischen den Welten über und unter dem Wasser ist unbeschreiblich und zieht jeden unweigerlich in seinen Bann. - Wer trotzdem nicht auf eine Riffwanderung verzichten kann, muss darauf achten, nicht direkt auf die sehr langsam wachsenden Korallen, sondern dazwischen, auf die sandigen Stellen zu treten. Nichts anfassen, sehr viele Riffbewohner sind giftig!

Quallen

Klasse: Scyphozoa
Jellyfish

Quallen bilden zusammen mit den Seeanemonen und Korallen den Stamm der Nesseltiere. Korallen sind Lebewesen, welche am Boden festgewachsen sind, Seeanemonen können sich zum Teil auf dem Meeresgrund fortbewegen und Quallen schwimmen normalerweise frei im Meer herum. Die Körper und Tentakeln der Quallen bestehen zu fast 99% aus Wasser, sind geleeartig, durchsichtig und meist farblos. Die Tiere können aktiv schwimmen, indem sie aus ihrem schirm- oder glockenförmigen Körper Wasser verdrängen und dadurch einen Rückstoss erzeugen, oder indem sie die Glockenränder wellenförmig bewegen.

Quallen sind Fleischfresser und aktive Jäger. Mit ihren giftigen Tentakeln lähmen oder töten sie vor allem Fische und Garnelen. Eine weitere Nahrungsquelle ist das tierische Plankton.

Box jellyfish *(Chironex fleckeri):* Diese Würfelqualle misst ohne Fangarme ca. 10 cm. Es gibt aber auch Exemplare, welche 30 cm gross und über 2 kg schwer werden. Ausgewachsene Tiere können ihre Tentakeln bis über 3 m Länge ausdehnen. Diese sind mit Millionen von giftigen Kapseln bedeckt.

Der englische Name Box jellyfish bezeichnet die z.T. hochgiftigen Würfelquallen recht treffend: Die glockenförmigen Körper (box) der Tiere, bestehen aus einer geleeähnlichen Substanz (jelly). Quallen können zwar nicht so gut wie Fische schwimmen, vermögen sich aber doch aus eigenem Antrieb fortzubewegen. Obwohl der Name Box jellyfish eine Bezeichnung für alle Würfelquallen ist, wird in Australien nur die giftigste aller Quallenarten (Chironex fleckeri) so benannt.

Der Box jellyfish lebt in Küstengewässern. Flussaufwärts, aber immer noch im Gezeitenbereich der Flussmündungen, pflanzt er sich fort. Inseln, die nicht in unmittelbarer Küstennähe liegen, sind frei von Box jellyfish. Dies gilt auch für die Inseln im Bereich des Barrier Riffs, mit Ausnahme der Region im hohen Norden, wo die Korallenbauwerke bis nahe an die Küste reichen. Die Quallen kommen höchstwahrscheinlich nicht lückenlos im ganzen Verbreitungsgebiet vor. Im Sommer, während der Regenzeit, ziehen sie sich bei stürmischem Wetter ins tiefere Wasser zurück und suchen Schutz auf dem Meeresgrund. Denn im bewegten Wasser könnten sie leicht an den Strand gespült werden. An heissen, bewölkten, aber ruhigen Tagen, kommen die Tiere dann vom offenen Meer wieder ins seichte Wasser zum Fressen, wo sie vermehrt von den Flüssen herausgespülte Garnelen und kleine Fische finden. Nach einer aktiven Periode während der Regenzeit, zwischen Oktober und Mai, verschwinden die gefährlichen Jellyfish im grössten Teil ihres Verbreitungsgebietes wieder.

Dank einem Antriebsmechanismus, wie ihn auch die Tintenfische besitzen (Rückstoss durch Wasserauspressung), können Box jellyfish eine Schwimmgeschwindigkeit von über 9 km/h erreichen. Dieser wirkungsvolle Antrieb wird wohl auch dazu genutzt, ihren Hauptfeinden, den Hawksbill Meeresschildkröten, zu entkommen, welche allerdings nur noch sehr selten vorkommen.

Gefahr:

57 Menschen sind seit 1882 in Nordaustralien nachweislich an den Folgen des Giftes der Box jellyfish gestorben. Ein ausgewachsenes Tier besitzt schätzungsweise genügend Gift, um drei Menschen zu töten. Kleinkinder sind am meisten gefährdet, da sie eine dünnere Haut haben und im Verhältnis zur Giftmenge einen viel kleineren Körper besitzen. Je mehr Tentakeln die Haut berühren, desto gefährlicher ist die Vergiftung. Bei richtiger und sofortiger Hilfeleistung sollte jedoch jedes Opfer überleben. Die Ertrinkungsgefahr infolge Schocks ist oft schlimmer als die unmittelbare Giftwirkung.

Neben *Chironex fleckeri* kommt an der Ostküste von Queensland eine zweite, etwas kleinere, sehr giftige Qualle vor *(Chiropsalmus quadrigatus)*, von welcher auch schon Todesfälle bekannt geworden sind. Neben diesen zwei Arten sind weltweit keine anderen Quallen bekannt, welche für einen gesunden Menschen tödliches Gift enthalten.

Verhütung:

Nie gestrandete Quallen berühren, denn diese können auch in totem Zustand ihr Gift abgeben. Dasselbe gilt für Teilstücke von Tentakeln.

Der beste Schutz besteht darin, zwischen Oktober und Mai nicht in tropischen Küstengewässern zu baden, oder zumindest nur an überwachten Stränden, wo die Lebensretterklubs Quallenvorkommen kontrollieren und auf Warnschildern bekanntgeben. Ausnahmsweise können die Quallen auch im Winter an der Küste auftauchen.

Wer sich trotz allem einmal in gefährdetes Gewässer begeben muss, tut dies nur mit ganz bedecktem Körper. Es gibt sogar richtige Quallenschutzanzüge zu kaufen, welche aber sehr teuer sind. Im Notfall reichen auch gewöhnliche Kleider (Damenstrümpfe sollen besonders geeignet sein), sie sind immer noch viel besser als sich völlig schutzlos in die Gefahrenzone zu begeben.

Symptome:

Bei Berührung mit den Tentakeln dringt das Gift sofort in die Haut ein und verursacht unmittelbar heftige Schmerzen, welche sich später noch steigern. Das Opfer schreit meist panisch. Die Möglichkeit, dass der Schwimmer kollabiert, ist gross, vor allem bei hohen Giftmengen. Möglicherweise haften am Opfer noch abgerissene Tentakelteile. Auf der Haut zeichnen sich peitschenartige, rote Verbrennungsspuren ab.

Das Gift wirkt schnell, und in schlimmsten Fällen stirbt das Opfer innert 4-5 Minuten, wenn nicht lebensrettende Sofortmassnahmen getroffen werden. Normalerweise lässt die Giftwirkung nach 30-60 Minuten nach, so dass keine Lebensgefahr mehr besteht.

Erste Hilfe:

- Muss das Opfer aus dem Wasser geholt werden, gilt es darauf zu achten, allfällige Tentakelreste nicht zu berühren. Ist es nicht ansprechbar, Puls und Atmung kontrollieren, allenfalls beatmen und Herzmassage ausführen.
- Ist das Opfer bei Bewusstsein, dieses beruhigen und dafür sorgen, dass es auf keinen Fall versucht, anhaftende Tentakeln wegzunehmen, an der Wunde zu kratzen oder zu reiben, da dies höchstens die Giftwirkung verstärkt.
- Um zu verhindern, dass weitere Giftkapseln ihr Gift abgeben, muss das ganze Wundgebiet mit normalem Haushaltessig übergossen werden. Zu dieser Behandlung niemals etwas anderes als Essig verwenden. Es ist empfehlenswert, immer Essig mit sich zu führen, auch wenn dieser "nur" zur Hilfe für andere dient.
- Wenn die Wunde gross ist und sich an einem Glied befindet, sollte nach der Essigbehandlung die Druck/Immobilisations-Methode

(siehe Seite 260) angewendet werden, anschliessend die Bandagen erneut mit Essig übergiessen.
- Zur Linderung der Schmerzen können danach Eiswasserpackungen aufgelegt werden (siehe Seite 264).
- Das Opfer überwachen und nie alleine lassen.
- So schnell als möglich Hilfe bei Arztpersonen oder Lebensretterklubs holen lassen, damit das Gegengift verabreicht werden kann.

Harmlosere Giftquallen kommen in verschiedenen Gattungen in allen Küstengewässern, Buchten, Flussmündungen und Lagunen von Australien und Tasmanien vor. Kontakte mit den Tieren verursachen lokale, brennende, mässige bis starke Schmerzen, welche meist längere Zeit anhalten. Möglicherweise können folgende **Symptome** auftreten: Brechreiz, Bauchschmerzen, Muskelkrämpfe, Atemschwierigkeiten, Husten und Schwitzen. Die betroffene Stelle kann anschwellen und sich rot verfärben. Anschliessend besteht die Möglichkeit dass sich Blasen und Geschwüre bilden.

Erste Hilfe: Essigbehandlung wie beim Box jellyfish, oder auch nur mit Wasser alle Tentakeln wegspülen. Danach zur Schmerzlinderung Eiswasserpackungen auflegen. Bei heftigen Reaktionen ärztliche Hilfe suchen.

Portugiesische Galeere (*Hydrozoan hoaxers* / **Blue-bottle**): Dieses interessante Meerestier sieht zwar einer echten Qualle sehr ähnlich, ist jedoch keine. Immerhin ist sie ihnen aber nahe verwandt. Der Körper der Portugiesischen Galeere ist gasgefüllt und ragt daher immer als Segel über die Wasseroberfläche hinaus. Vom Wind angetrieben treibt die "Galeere" über die Meere. Eine der giftigen Tentakeln ist bis 10 m lang und dient neben dem Beutefang auch als Anker.

Weil die Tiere oft in grossen Schwärmen an der Wasseroberfläche dahertreiben, können sie für Badende zum Problem werden. Manchmal müssen ganze Strände wegen ihnen geschlossen werden. Die Giftigkeit der Tentakeln entspricht den oben beschriebenen harmloseren Quallen. **Symptome:** Die Körperreaktion ist ein sofortiger, scharfer Schmerz, der sich ausbreitet und meist etwa 2 Stunden anhält. An der betroffenen Hautstelle können im schlimmsten Fall Narben zurückbleiben.

Erste Hilfe: gleich wie bei den harmloseren Quallen.

Kegelschnecken

Conus geographus u.a.
Cone shells

Unter den weltweit 500 bis 600 Kegelschneckenarten gibt es zwar bis über 20 cm grosse Riesen, die meisten Arten sind aber kleiner. Die Erscheinungsform der Schnecken ist mit leichten Abweichungen immer dieselbe, die schöne Zeichnung der Schneckenhäuschen jedoch variiert äusserst vielfältig.

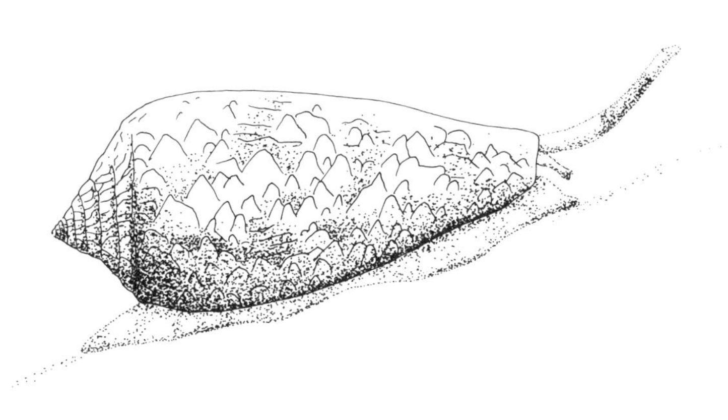

Kegelschnecken sind aktive Jäger, welche nachts, vor allem um Riffe herum, im seichten Gezeitenbereich auf Beute lauern. Während des Tages verstecken sie sich im Sand, Korallenschutt, oder unter Steinen. Um dabei die Atmung aufrecht zu halten, lassen die Schnecken ein schnorchelartiges Sipho herausragen, mit welchem Wasser durch die Kiemen gepumpt wird.

Kegelschnecken besitzen einen hohlen Giftpfeil, welcher mit Widerhaken versehen ist. Diese bei grösseren Arten bis 1 cm lange Harpune dient als wirkungsvolles Beutefanginstrument. In der Regel werden damit Würmer oder andere Weichtiere erbeutet, aber auch Fische gehören zu den Opfern. Die Beute, welche gleich gross sein kann wie die Schnecke selber, wird mittels der Harpune in den Mund gezogen.

Kegelschnecken sind an den meisten Küsten des Festlandes und der Inseln anzutreffen. Die Arten der kühleren Regionen sind kleiner und nicht so giftig wie jene des Nordens, obwohl auch sie stechen.

Gefahr:

Auch Menschen können, z.B. beim unvorsichtigen Muschelnsammeln, von Kegelschnecken harpuniert werden. Der Giftpfeil wird maximal so weit geschossen wie die Schnecke lang ist und jede Stelle des Gehäuses kann damit erreicht werden. Das Gift einiger Kegelschneckenarten ist so stark, dass es für uns Menschen tödlich wirkt. In den Gewässern des Fünften Kontinents ist die sehr seltene Geographer Cone die gefährlichste Kegelschnecke. Gegengift gibt es keines. Aber in Australien kennt man erst einen nachweislichen Fall, bei dem ein Muschelsammler gestorben ist. Doch auch ein weniger dramatisch verlaufender Stich kann schmerzhafte lokale Symptome hervorrufen, welche die Ferien verderben können.

Verhütung:

Als vorbeugende Massnahme lässt sich nur empfehlen: alle Kegelschnecken in Ruhe zu lassen.

Symptome:

Ein Stich kann sofortige lokale Schmerzen verursachen, denen ein Taubheitsgefühl folgt. Nach einem Stich mit hoher Giftdosis wird zudem ein Prickeln an den Lippen verspürt, danach treten bald Atemprobleme und Sehstörungen auf, bis schliesslich Bewusstlosigkeit einsetzt.

Erste Hilfe:

Druck/Immobilisations-Methode anwenden (siehe Seite 260).

Medizinische Hilfe suchen, da Atemprobleme auftreten können, welche eine längere künstliche Beatmung erfordern. Die Auswirkung des Giftes lässt innerhalb einiger Stunden nach und hinterlässt keinen Schaden.

Tintenfische, Kalmare und Kraken

Klasse: Cephalopoda (Kopffüsser)
Squids and Octopus

Tintenfische, Kalmare und Kraken besitzen kein stützendes Knochengerüst und ihr Kopf beginnt unmittelbar an der Basis der Glieder. Die zusammenfassende Bezeichnung der Zoologen heisst Tintenschnecken.

Das grösste Tier unter den Wirbellosen finden wir bei den torpedoförmigen Dauerschwimmern, den Kalmaren. Riesenkalmare können einschliesslich der Arme eine Länge von 25 m erreichen. Diese Riesen leben vorwiegend in der Tiefsee. Aber auch bei den Kraken gibt es Arten, welche mehrere Meter lang werden können. Die meisten Kopffüsser messen aber keine 30 cm, die kleinsten gar nur 1 cm.

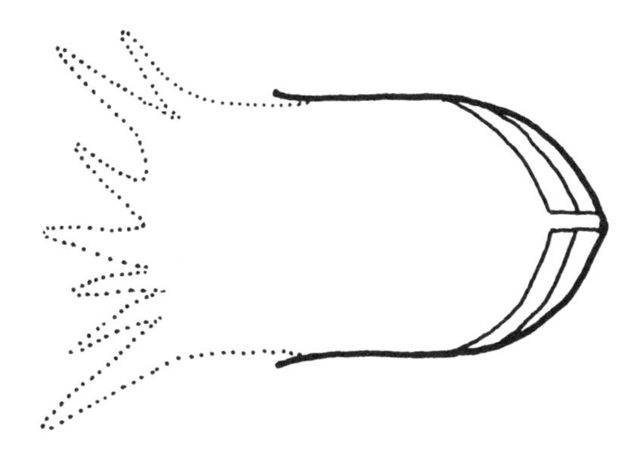

Die schneckenähnlichen Vorfahren der Kopffüsser, besassen vor 570 Millionen Jahren eine äussere, gasgefüllte Schale, welche den Tieren Schutz und Auftrieb verlieh.

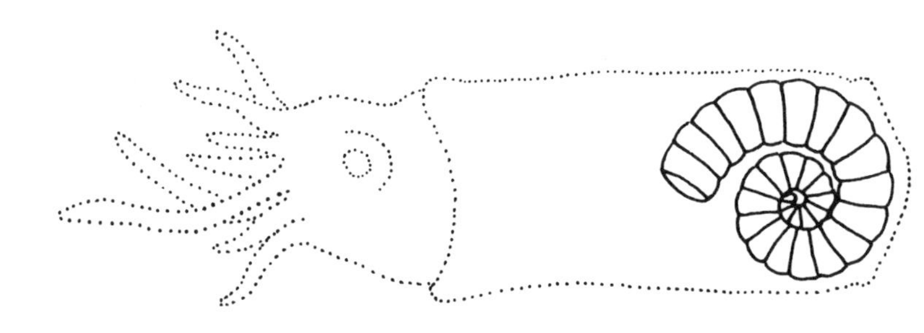

Dieses "Schneckenhaus" ist bei den heutigen Kopffüssern in den verschiedensten Formen erhalten geblieben: Tintenfische der Gattung Spirula besitzen eine kleine, schneckenhausförmige, gasgefüllte innere Schale.

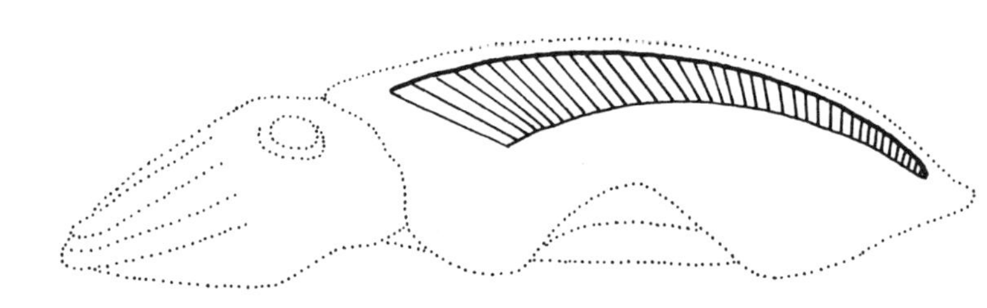

Bei den Tintenfischen der Gattung Sepia ist diese Kammer auf eine flache Schale reduziert. Diese kalkige Schale (Sepiaschale) wird in der Ziervogelhaltung als Kalkspender und als "Schnabelwetzstein" verwendet.

Im Gegensatz zu den Tintenfischen und Kalmaren besitzen die Kraken anstelle der 10 Arme nur deren 8. Die Glieder der Kopffüsser besitzen Saugnäpfe, die aber nie giftig sind, sondern zum Festhalten der Beute dienen. Das Gift, welches nur die Kraken besitzen, ver-

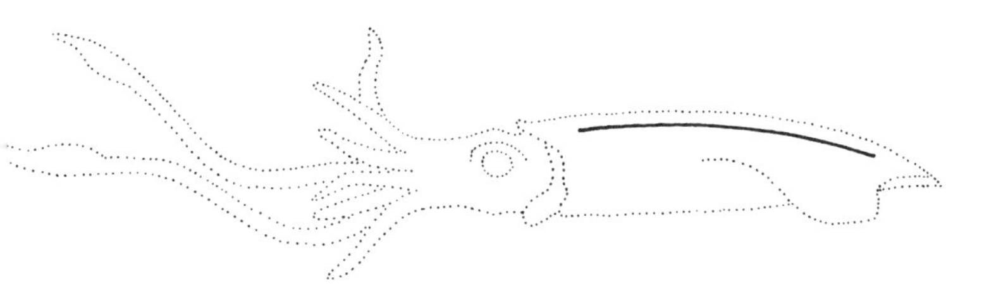

Bei den Kalmaren der Gattung Loligo ist nur noch eine hornige Platte zurückgeblieben.

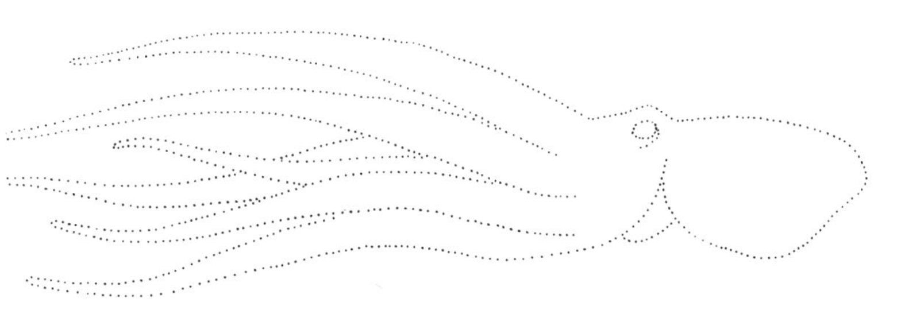

Kraken der Gattung Octopus besitzen bereits seit 136 Millionen Jahren keine Schale mehr.

wenden sie zum Betäuben und Verdauen ihrer Beute, es wird direkt durch einen Biss, oder einfach ins Wasser abgegeben.

Als Fisch-, Krebs- und Muschelfänger sind Tintenschnecken zwar selber erfolgreiche Jäger, aber auch sie müssen sich vor Feinden

(Raubfischen, Meeressäugern, Sturmvögeln und Pinguinen) in acht nehmen. Viele Tintenschnecken können einen dunklen Farbstoff ("Tinte") ausscheiden, was den Gegner verwirrt, seinen Geruchssinn vorübergehend ausschaltet und somit dem Angegriffenen eine geschützte Flucht ermöglicht. Ebenfalls zur Feindabwehr dient die Fähigkeit schnell die Körperfarbe und -form zu verändern, beziehungsweise der Umgebung anzupassen. Ein weiteres Mittel, ihren Feinden zu entkommen, besitzen Kopffüsser darin, sich durch Rückstossantrieb fortzubewegen, wodurch vor allem den Kalmaren eine unglaubliche Schnelligkeit verliehen wird. Grössere Arten gehören über kurze Strecken zu den schnellsten Meeresbewohnern. Bei dieser Fortbewegungsart wird das Atemwasser mit grossem Druck ausgestossen.

Zahlreiche Kopffüsser vermögen durch Verletzung verlorene Körperteile neu zu bilden. - Neben sehr guten Augen besitzen sie auch eine recht grosse Intelligenz.

Vorsicht:

Mit Ausnahme des Blaugeringelten Kraken stellen Tintenfische, Kalmare und Kraken für uns keine Gefahr dar. Normalerweise haben die Tiere vor uns Angst, und auch die grossen Exemplare betrachten uns nicht als Beute. Sollten wir trotzdem einmal in die Fangarme einer grossen Tintenschnecke geraten, so wird uns diese bald wieder loslassen, wenn wir uns ruhig verhalten, denn das Tier hat uns vermutlich mit einem Artgenossen verwechselt.

Blaugeringelter Krake

Hapalochlaena maculosa, H. lunulata
Blue-ringed octopus

Blaugeringelte Kraken sind so giftig, dass sie darin weltweit nicht übertroffen werden. Dagegen ist die Grösse der Tiere äusserst unscheinbar. Über zwei Arme gemessen, werden sie selten länger als 20 cm. Durchschnittlich wiegen sie 40 Gramm.

Der Blaugeringelte Krake lebt in den Küstengewässern von ganz Australien und Tasmanien. Im Norden ist die etwas grössere Art verbreitet *(H. lunulata)*, welche sich aber nicht wesentlich von der südlichen unterscheidet. Beide leben bevorzugt in seichten, ruhigen Küstengewässern und sind durchaus nicht selten. Nur ihrer ausgesprochenen Nachtaktivität und ihrem gutmütigen Wesen ist es zu verdanken, dass nicht mehr Unfälle mit diesen hochgiftigen Tieren passieren. Während des Tages verstecken sie sich in allen möglichen Schlupfwinkeln, kleinen Höhlen, Felsspalten, unter Steinen, oder auch in leeren Büchsen unserer Wegwerfgesellschaft. Erst nachts gehen sie auf die Jagd nach allerlei Weichtieren, Krebschen und vor allem Krabben.

Gefahr:

Beim Baden von einem Blaugeringelten Kraken gebissen zu werden ist sehr unwahrscheinlich, zumal die Tiere normalerweise nur nachts unterwegs sind und ohnehin nicht angreifen, solange sie nicht gereizt werden. Vor allem bei Ebbe aber bleiben sie oft in grossen und kleinen Pfützen zurück. Hier warten die giftigen Tiere geduldig auf die nächste Flut, vorausgesetzt, dass sie nicht zuvor von einem unwissenden Strandgänger aus dem seichten Wasser gefischt werden, welcher sich von der faszinierenden Farbveränderung, des mittlerweile in Panik geratenen Kraken hinreissen lässt und damit die Gefahr eines tödlichen Bisses auf sich nimmt.

Symptome:

Das Gift wirkt in schlimmen Fällen innert weniger Minuten lähmend. Der Gebissene verspürt zu Beginn rund um den Mund ein

Prickeln, welches sich über die Zunge, den Rest des Gesichts bis zum Nacken ausdehnt. Sprachschwierigkeiten, Sehstörungen, gestörte Koordination, Atemnot, Übelkeit und Erbrechen treten auf. Die Lähmungserscheinungen verschlimmern sich rasch, der Betroffene wird ohnmächtig und seine Atmung setzt aus.

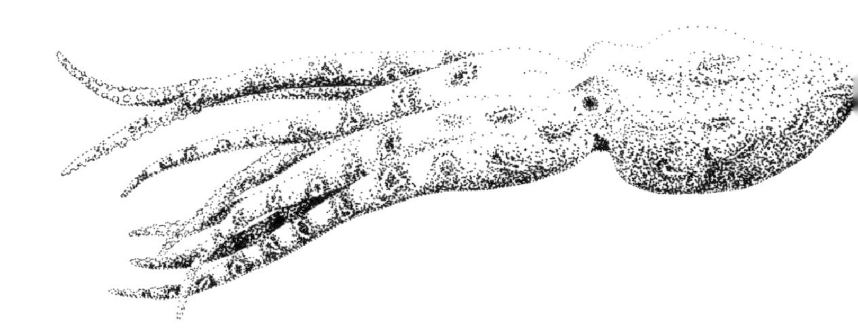

Der ganze Körper des Blaugeringelten Kraken ist mit mehr oder weniger deutlichen, dunklen Streifen bedeckt, auf denen schmale, unregelmässige, blaue Ringe (am Kopf Linien) sichtbar sind, welche als Warnung, bei Erregung intensiv, pfauenblau aufleuchten.

Erste Hilfe:

- Druck/Immobilisations-Methode anwenden (siehe Seite 260).
- Seitenlagerung.
- Nach Atemstillstand sofort künstlich beatmen. Möglicherweise über einige Stunden nötig (siehe Seite 265).
- Transport zum Arzt.

Das Gift verliert normalerweise nach ca. 12 Stunden seine grösste Wirkung. Kann so lange die Atmung aufrecht erhalten werden, ist die Lebensgefahr gebannt.

Seesterne

Klasse: Asteroidea
Starfish

Das Erscheinungsbild der meist leuchtend farbigen Seesterne ist sonnenähnlich oder sternartig, mit normalerweise fünf, selten auch mehr Armen. Die Tiere blicken auf eine über 500 Millionen Jahre alte Geschichte zurück. Zusammen mit den Schlangensternen, Seeigeln, Seelilien und den Seegurken, bilden sie den Stamm der Stachelhäuter *(Echinodermata)*.

Seesterne kommen in allen Weltmeeren vor. Von den warmen bis in die kalten Gewässer, von der Gezeitenzone bis in Tiefen von 8'000 m, sogar im Brackwasser sind sie anzutreffen. Die Mehrzahl der Arten hält sich aber in den seichten Küstengewässern auf. Sie leben auf felsigen und auf sandigen Böden.

Seesterne können sich zwar nicht schnell fortbewegen, sind aber trotzdem gefürchtete, hauptsächlich nachts jagende Tiere. Die meisten Seesterne führen ein räuberisches Leben, sie fressen Korallen, Plankton, Muscheln und sogar andere Stachelhäuter. Viele Seesterne besitzen die sonderbare Fähigkeit, ihren Magen durch die Mundöffnung nach aussen zu stülpen, so dass die Nahrung ausserhalb des Körpers verdaut werden kann. Seesterne haben nur wenige Feinde, da viele Arten wegen giftiger Gewebebestandteile ungeniessbar sind oder schützende Stacheln besitzen. Deshalb müssen sich die Tiere nicht besonders verstecken und sind oft auch am Tag, wenn sie ruhen, zu beobachten.

Zur Fortpflanzung werden in der Regel einfach grosse Mengen Eier und Samenzellen ins Wasser abgegeben. Aus den befruchteten, frei schwimmenden Eiern entstehen kleine Larven, welche sich nach ihrer Entwicklung auf den Boden begeben, wo sie sich in noch winzige, oft nur 1-2 mm grosse Seesternchen verwandeln. Einige Seesternarten betreiben dagegen verschiedene Formen mehr oder weniger ausgeprägter Brutpflege. Andere wiederum, vor allem in kühleren Regionen lebende Arten, können sich auch durch Teilung vermehren. Dabei werden einfach die fehlende Rumpfhälfte und die Arme regeneriert. Aus der Fähigkeit vieler Seesterne, verlorene, oder zur Feindabwehr absichtlich abgeworfene Glieder regenerieren zu können, haben verschiedene Arten der Gattung *Linckia* eine weitere Variante der Fortpflanzung entwickelt. Bei ihnen sind nämlich allein einzeln abgeworfene Glieder imstande, sich zu vollständigen Tieren zu regenerieren.

Dornenkronen-Seestern

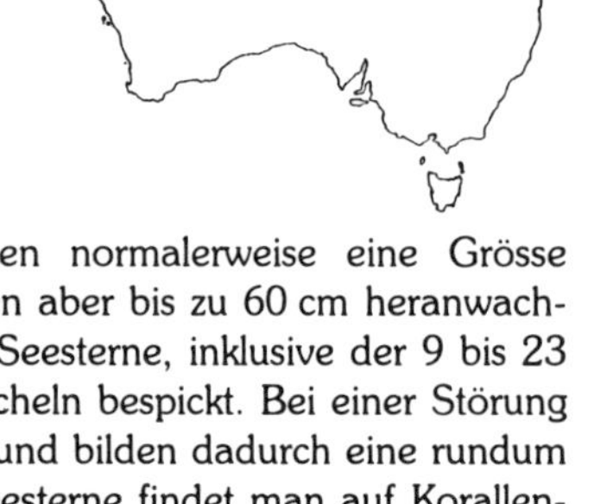

Acanthaster planci
Crown of thorns starfish

Dornenkronen-Seesterne erreichen normalerweise eine Grösse von 30 cm im Durchmesser, können aber bis zu 60 cm heranwachsen. Die gesamte Oberseite dieser Seesterne, inklusive der 9 bis 23 Arme, ist mit giftigen, scharfen Stacheln bespickt. Bei einer Störung ziehen sie sich wie Igel zusammen und bilden dadurch eine rundum geschützte Kugel. Die stachligen Seesterne findet man auf Korallenbänken, wo sie fast ausschliesslich Korallenpolypen fressen. Normalerweise leben auf einem Quadratkilometer zwei bis drei Dornenkronen.

Bis 1960 galt die Art noch als recht selten. Die Vorliebe für Korallenpolypen, verbunden mit einer Populationsexplosion, haben den räuberischen Seestern inzwischen aber berühmt berüchtigt gemacht. Manchmal ziehen die Dornenkronen nun in grossen Ansammlungen über ein Riff, wobei die meisten Korallenstöcke bis auf das weisse, tote Kalkskelett buchstäblich abgeweidet werden. Nach einem solchen Vernichtungsfeldzug verlassen auch die Korallenfische das abgestorbene Riff und machen den Algen Platz, für welche sich hier ein neuer Lebensraum eröffnet. Eine geschädigte Korallenbank benötigt etwa 10 bis 20 Jahre um sich wieder zu erholen.

Die Dornenkronen drohen nicht nur das Great Barrier Reef zu schädigen, sondern auch andere Riffs des Pazifiks. Über die Ursache dieser vernichtenden Populationsexplosion sind sich die Wissenschaftler alles andere als einig. Die einen betrachten die Zerstörung als natürlichen und notwendigen Vorgang, welcher schon vor 8'000 Jahren stattfand und sich alle 100 bis 200 Jahre wiederholen soll, im Sinn eines Regenerationsmechanismus, um beispielsweise langsam wachsenden Korallen eine Lebenschance zu geben, ähnlich der Buschfeuer, welche dem überalterten Wald zu neuem Leben verhelfen.

Eine grosse Tritonshorn-Schnecke überwältigt einen Dornenkronen-Seestern. Nur wenige andere Feinde vermögen eine ausgewachsene Dornenkrone zu töten. Zu wirkungsvoll ist ihr giftiger, perfekter Igelschutzschild.

Andere Wissenschaftler anerkennen die "Beweise", welche die obige Theorie stützen, nicht, und glauben die Ursache der überdurchschnittlichen Seesternvermehrung anderswo zu finden. Dornenkronenweibchen vermögen 10 bis 30 Millionen Eier ins Wasser abzugeben, von denen natürlich immer nur ein kleiner Teil überlebt. Wenn aber äussere Bedingungen ändern, so dass das Überleben der Larven begünstigt wird, vermehren sich die Dornenkronen schnell ins Uferlose. Solche Veränderungen können z.B. starke Monsunregenfälle hervorrufen, welche übermässig viel Nährstoffe ins Meer schwemmen. Dadurch wird der Algenwuchs gefördert, was wiederum die Dornenkronenlarven begünstigt, welche sich hauptsächlich von Algen ernähren. Diese an sich natürliche Nährstoffausschwemmung wurde in den letzten Jahrzehnten durch Waldrodung wegen forst- und landwirtschaftlicher Expansion wesentlich erhöht. Aber auch die chemisch betriebene Landwirtschaft, die Industrie und die Haushalte helfen mit, die Gewässer zu überdüngen.

Eine dritte Theorie geht davon aus, dass, egal wie viele Seesternlarven überleben, die natürlichen Feinde der Dornenkronen die Anzahl dieser immer im Rahmen zu halten vermöchten. Durch übermässiges Riff-Fischen und Muschelnsammeln würde dieses Gleichgewicht aber zu stark gestört, um noch funktionieren zu können. Die Tritonshorn-Schnecke *(Caronia tritonis)* zum Beispiel, welche sogar erwachsene Dornenkronen zu überwältigen imstande ist, gilt als beliebtes Souvenir für Touristen.

Gefahr:

Für uns Menschen sind Dornenkronen nur dann gefährlich, wenn wir sie berühren, oder darauf treten. Bereits ein leichter Stich kann sofort einen enormen Schmerz verursachen, welcher Stunden andauern kann. Mehrfachstiche können einen Schock auslösen und zu wiederholtem, starkem Erbrechen führen.

Erste Hilfe:

Abgebrochene Stacheln sorgfältig und gerade herausziehen, ohne dabei die Haut zu drücken. Danach die Wunde auswaschen und leicht abdecken; auf keinen Fall einbinden. Den verletzten Körperteil ruhig halten. Ein Bad des betroffenen Gliedes in heissem Wasser, kann Schmerzen lindern (siehe Seite 264). Ein Arzt sollte wegen der grossen Infektionsgefahr in jedem Fall aufgesucht werden, um allfällige Stachelreste zu entfernen und die Wunde zu reinigen; Gegengift gibt es keines.

Bei Verletzungen durch **Seeigel** *(Klasse: Echinoidea* / **Sea urchins**) sind die gleichen Massnahmen zu ergreifen wie oben beschrieben.

Haie

Ordnung: Selachii
Sharks

Unter den weltweit etwa 350 Hai-Arten gibt es Winzlinge von nur 24 cm Länge und Riesen, welche bis 18 m messen. Haie sind faszinierende, z.T. hoch entwickelte Tiere, mit bemerkenswerten sozialen Systemen, deren Wurzeln bis ca. 400 Millionen Jahre zurückreichen.

Erkennen lassen sich Haie leicht an ihren fünf bis sieben Kiemenpaaren seitlich des Kopfes. Alle anderen Fische, ausser Rochen, besitzen nur ein Kiemenpaar. Die Rochen stehen den Haien denn auch verwandtschaftlich am nächsten. Ein grundlegender Unterschied zu den übrigen Fischen liegt auch im Skelettbau. Im Gegensatz zu den Knochenfischen besteht das Skelett der Haie und Rochen ausschliesslich aus Knorpeln.

Haie sind Vielzähner, das heisst, ihre Zähne werden regelmässig ausgewechselt und auch bei Verlust rasch ersetzt, so dass immer ein messerscharfes Gebiss zur Verfügung steht. Auch in der Entwicklung des auftriebgebenden Organs sind Haie andere Wege gegangen. Anstelle der Luftblasen besitzen sie eine grosse Leber, welche besonders viel Öl enthält.

Neben den oben erwähnten Eigenentwicklungen haben Haie parallel zu den Säugetieren sogar einige Warmblüter hervorgebracht (z.B. Weisser Hai und Mako Hai). Um diese Warmblütigkeit aufrecht zu erhalten, brauchen die Tiere mehr Energie (Beute), dafür sind sie aber viel leistungs- und anpassungsfähiger.

Auch bei der Vermehrung haben Haie ein erstaunliches Mass an Entwicklung erreicht. Bei allen Knorpelfischmännchen sind die hinteren Teile der Bauchflossen zu Begattungsorganen (Klasper) umgewandelt. So kann bei ihnen immer eine innere Befruchtung stattfinden. Die Weiterentwicklung der befruchteten Eier ist recht unterschiedlich. Einige Arten legen ihre Eier in Felsspalten oder an Wasserpflanzen. Bei anderen Arten werden die Eier im mütterlichen Eileiter ausgebrütet. Noch vor der eigentlichen Geburt schlüpfen die

Jungen aus den Eiern und ernähren sich vom Dottersack, oder saugen einen Nährstoff auf, der von der Mutter ausgeschieden wird. Die dritte Möglichkeit, wie sich Junghaie entwickeln können, kommt derjenigen der Säugetiere gleich. Die Jungen sind mittels einer Nabelschnur mit einem plazentaähnlichen Organ verbunden, welches sie mit Nährstoffen versorgt. Kurz vor der Geburt kann sich diese Art der Ernährung erheblich ändern. Die Ungeborenen fressen nämlich die zu diesem Zweck laufend produzierten, unbefruchteten Eier, oder sogar die älteren Geschwister.

Auch die Effizienz der Sinnesorgane ist erstaunlich. Haie können kleinste Duftpartikel, z.B. von Blut, Urin und Eingeweiden, über grosse Distanzen wahrnehmen. Zudem vermögen sie Druckimpulse, hervorgerufen durch hektische Bewegungen von verletzten Beutetieren, zu empfangen. Haie besitzen ein ausgezeichnetes Sehvermögen, auch bei Dunkelheit. Sie können ihre Augen bei Angriffen durch eine Hautfalte schützen, oder nach hinten richten, um nicht verletzt zu werden.

Haie sind je nach Art intelligente Tiere, welche in Versuchen gleich schnell lernen wie Ratten.

Haie gibt es überall. Sie kommen in tropischen Meeren wie auch in kalten Eismeeren vor. Sie sind im kniehohen Flachwasser zuhause, wie auch im offenen Meer. Es gibt Arten die auf dem Bodengrund leben und solche die stetig im freien Wasser schwimmen. Sogar im Süsswasser leben ganz wenige Hai-Arten.

Entsprechend dieser Vielfalt ist auch ihr Menüplan. Gefressen wird vom Plankton bis zu Seelöwen und Walen fast alles. Haie sind ausgesprochene Fleischfresser; sie bevorzugen frische Beute.

Haie leben als Einzelgänger. Sie haben je nach Art eine Lebenserwartung von über 30 Jahren. Einige Wissenschaftler vermuten, dass es sogar Haie gibt, die 100 Jahre alt werden können.

Gefahr:

Das weltweit höchste Risiko, von einem Hai angegriffen zu werden, liegt statistisch gesehen in australischen Gewässern. Die Angst der Menschen vor Hai-Attacken ist aber unverhältnismässig gross. Die Möglichkeit, auf dem Weg zum Strand, ob als Fussgänger oder als Autofahrer, durch den Strassenverkehr unverschuldet getötet zu werden ist viel, viel grösser, als von einem Hai verwundet zu werden. An Land und auf der Strasse sind wir zuhause, hier fühlen wir uns trotz grosser Gefahren sicher; das Wasser ist uns aber fremd, wir sind darin unbeholfen und fühlen uns dementsprechend unsicher. In Australien werden pro Jahr durchschnittlich nur drei Personen durch Haie verletzt und weniger als eine getötet. Weil sich aber die grosse Angst vor Haien nicht einfach durch Vernunft und mittels Zahlen wegwischen lässt, und weil das geringe Risiko, von einem Hai angegriffen zu werden, durch richtiges Verhalten, noch vermindert werden kann, seien nachfolgend einige Schutzmassnahmen zusammengefasst.

Verhütung:

Vielerorts werden die Strände durch grosse Haiabwehrnetze geschützt. Zusammen mit der Strandüberwachung der "Life Saving Clubs" (Lebensretterclubs) bieten diese einen nahezu hundertprozentigen Schutz. Grosser Nachteil dieser Netze ist, dass viele Tiere wie harmlose Haie, Fische, Delphine und stark gefährdete Tiere wie Meeresschildkröten und Dugongs darin den Tod finden. Eine echte Alternative zu den Netzen besteht offenbar in der Erzeugung von elektromagnetischen Feldern als Abschrankung. Bleibt zu hoffen, dass solche Alternativen baldmöglichst zur Anwendung gelangen.

An Stränden ohne Haischutzmassnahmen ist zu beachten:

- Nie an Orten ins Wasser gehen, wo sich bekanntermassen gefährliche Haie aufhalten. Meist können Einheimische diesbezüglich Auskunft geben. Vor allem Robbenkolonien ziehen Haie an, weil diese Meeressäuger zu ihrer natürlichen Nahrung gehören. In Gebieten wo Abwässer ins Meer gelangen, vor allem in Flussmündungen und Häfen, oder wo gefischt wird, auch in Fischerbootnähe, sind Hai-Angriffe vorprogrammiert, denn zappelnde Köder, Fänge, oder Kanalisationsabfälle locken die Tiere an. Unruhiges, strömungsreiches oder trübes Wasser ist zu meiden. Abrupt tiefer werdende Stellen, wie z.B. Riffkanten sind ungünstige Badeorte.
- Es sollte nie eine Person alleine baden.
- Zu bevorzugen sind offene Strände.
- Laut Statistik geschehen die meisten Hai-Unfälle in Wassertiefen unter 1,5 m und innerhalb von 60 m Entfernung zum Ufer. Grundsätzlich ist aber das Schwimmen in tieferem Wasser auf offener See gefährlicher. Speerfischer tragen das grösste Risiko. Das Bild wird nur verfälscht, weil die meisten Badenden sich im seichten Wasser, in unmittelbarer Strandnähe aufhalten.

- In der Dämmerung, oder nach Sonnenuntergang sollte aufs Baden verzichtet werden, denn dann sind die Haie am aktivsten.
- Hunde oder andere Tiere nicht mit ins Wasser nehmen.
- Nicht mit offenen Wunden baden. Weiter sollte auch nicht ins Wasser uriniert werden; Haie können wie gesagt solche Duftspuren aus grosser Entfernung wahrnehmen.
- Ein regelmässiger Kontrollblick, vor allem in Richtung See, lässt uns herannahende Haie frühzeitig entdecken, so dass genügend Zeit bleibt, um das Wasser zu verlassen. Auch aufgeregt fliehende Meerestiere können auf einen Hai hindeuten.
- Schwimmen wir vor einem Hai davon, so soll das so ruhig und rhythmisch als möglich geschehen. Nicht in Panik geraten, nicht strampeln und aufs Wasser klatschen, wie dies früher oft empfohlen wurde. Dies wäre das Schlimmste, was man tun kann, denn dadurch imitiert man ungewollt einen verletzten, zappelnden Fisch, der so schnell als möglich, gefahrlos angegriffen werden kann.

Die oben angeführten Schutzmassnahmen stehen wie gesagt in keinem Verhältnis zur eigentlichen Bedrohung, welche Haie für uns darstellen. Andererseits soll nicht unerwähnt bleiben, wie gross dagegen die Bedrohung ist, welche wir Menschen für die Haie bedeuten. Durch schonungslose Jagd, welche ihren Höhepunkt in der Haifischflossenfischerei findet, sind verschiedene Arten mittlerweile so selten geworden, dass sie bald der Liste der vom Aussterben bedrohten Tiere beigefügt werden müssen. Haie sind als Gesundheitspolizisten des Meeres ein unentbehrliches Bindeglied in der Kette des ökologischen Gleichgewichts.

Rochen

Ordnung: Rajiformes
Rays

In grauer Vorzeit haben sich einige Haie von ihrer herkömmlichen Beutefangmethode abgewendet und sich darauf spezialisiert, bodenlebende Tieren zu fangen. Diese neue Ernährungsweise veränderte die Gestalt der Tiere grundlegend und liess die unverkennbare, abgeflachte Form der Rochen entstehen. Die Beutetiere der Rochen, Muscheln, Schnecken, Krabben usw. zeichnen sich nicht durch Schnelligkeit aus, daher ist auch für die Rochen ein ruhiges Wesen zum Charakteristikum geworden.

Mit einigen Ausnahmen lassen die meisten Rochen ihre Hai-Verwandtschaft nicht erahnen. Zu diesen Übergangsformen gehören die seltsamen, bis 7 m langen **Sägefische** *(Familie: Pristidae)*. Die bekannten Fische, mit der dolchbezahnten, zu einem Schwert langgezogenen Schnauze, schwimmen wie Haie. Ihr Schwanzteil ist nicht zurückgebildet. Die bauchunterseitig angeordneten Kiemen verraten aber eindeutig die Zugehörigkeit zu den Rochen. Auch der grösste aller Rochen, der **Riesenmanta** bildet - zumindest was seine Ernährung anbelangt - eine Ausnahme. Mit über 6 m Spannweite gleitet er gemächlich, wie die Bartenwale und Riesenhaie, planktonfressend durch die Meere.

Eine andere Besonderheit unter den "beflügelten" Knorpelfischen stellen die **Zitterrochen**, oder Elektrischen Rochen dar. Diese Tiere wussten die Elektrizität schon lange vor dem Menschen zu nutzen. Sie sind in der Lage, zum Beutefang oder für die Feindabwehr, dank zwei grossen elektrischen Organen, Stromstösse bis zu 200 Volt abzugeben. Bei Gefahr flüchten Zitterrochen im Gegensatz zu den Stachelrochen nicht, sondern vergraben sich leicht und senden Stromstösse aus. **Vorsicht:** Diese Stromstösse sind für einen Schwimmer nicht zu spüren, solange er den Rochen nicht berührt. Die Berührung aber kann einen kurzen Muskelkrampf verursachen. Weitergehende Folgen wurden noch nie dokumentiert. Die Stromimpulse werden bei Gefahr und Angst ausgesendet, also auch dann noch, wenn die Tiere gestrandet sind.

Neben den berüchtigten Stachelrochen, von denen eine weitaus grössere Gefahr ausgeht als von den Zitterrochen, gibt es noch viele unerwähnt gebliebene Rochen-Arten, welche keine gefährlichen Abwehrwaffen besitzen.

Stachelrochen

Familie: Dasyatidae
Stingrays

Die weltweit grössten, giftigen Fische findet man unter den vielen Stachelrochenarten. Sie sind auch in australischen Gewässern beheimatet und besitzen eine beeindruckende Spannweite bis zu 2 m und eine Länge bis 4,2 m. Aber auch die kleineren Arten sind von beträchtlicher Grösse; selten messen sie weniger als 80 cm.

In Australien gibt es überall Stachelrochen. Sie gehören hier zu den häufigsten grossen Fischen.

Gefahr:

Die Gefährlichkeit der Stachelrochen besteht darin, dass sich etwa in der Mitte des langen peitschenartigen Schwanzes 1 bis 2 Stacheln mit Widerhaken befinden. Diese Stacheln fanden bei den Aborigines als Speerspitzen Verwendung. Sie sind messerscharf und zudem bei etwa zwei Dritteln der Arten mit Gift versehen. Die Stacheln, welche bei grossen Rochen die Länge eines Brotmessers erreichen, können tiefe Wunden erzeugen. Nicht einmal Lederschuhe, oder Tauchanzüge bieten Schutz.

Das Verhalten der Rochen hilft meist, Zusammenstösse vermeiden. Viele der Tiere sind nachtaktiv. Am Tag verstecken sie sich oft in Höhlen und Spalten. Zudem sind Rochen nicht nur scheu, sondern auch wachsam, so dass sie drohende Gefahr früh genug erkennen und jegliche Chance nutzen, die Flucht zu ergreifen, noch bevor wir ihnen zu nahe kommen.

Das Stachelrochengift gefährdet das Leben eines gesunden Menschen nicht. Es verursacht jedoch Schmerzen und verzögert die Heilung. Daneben besteht eine grosse Infektionsgefahr, vor allem weil oft Stachelteile in der ohnehin nur langsam heilenden Wunde zurückbleiben.

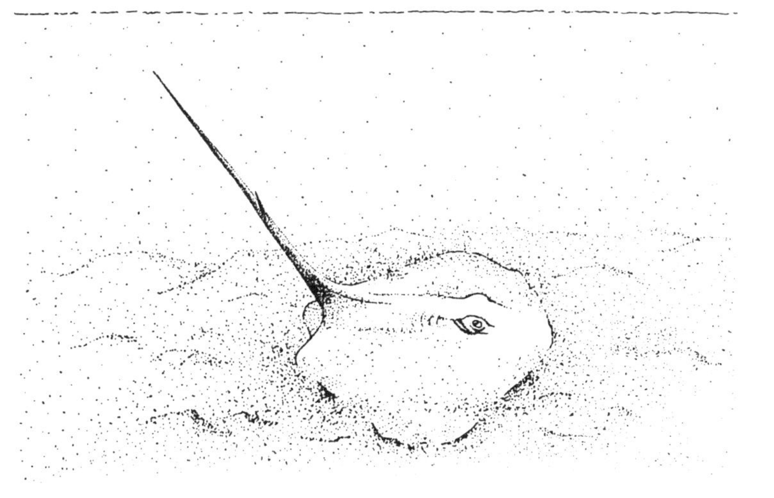

Im Sand verborgene Stachelrochen sind leicht zu übersehen, oft verrät nur der schräg nach oben gerichtete Schwanz ihre Anwesenheit. Dieser funktioniert wie eine automatische Alarmanlage; bei Berührung wird er hochgeschleudert, wobei der Angreifer durch die Schwanzstacheln verletzt und somit vertrieben wird.

Verhütung:

- Die meisten Verletzungen entstehen an den Beinen, vor allem wenn im seichten Wasser gewatet wird. Anstatt von oben aufzutreten, empfiehlt es sich zu schlurfen, was die Rochen verscheucht.
- Im Wasser immer um sich schauen und allen Rochen aus dem

Weg gehen. Besondere Aufmerksamkeit ist geboten, wenn nahe dem Meeresboden geschwommen wird.

Erste Hilfe:

- Bei schlimmen Verletzungen besteht Schockgefahr (siehe Seite 268).
- Wenn möglich Stachelreste sorgfältig entfernen. Wunde auswaschen, nur abdecken, nicht einbinden. Arzt aufsuchen. Grundsätzlich gilt, dass jede Verletzung wegen der grossen Infektionsgefahr dem Arzt gezeigt werden muss.
- Der durch die Vergiftung hervorgerufene Schmerz kann oft durch Baden des verletzten Körperteils in heissem Wasser gelindert werden (siehe Seite 264).

Steinfisch

Synanceia trachynis, S. verrucosa
Stonefish

Steinfische können zwar eine Länge von 50 cm erreichen, normalerweise werden sie aber nur etwa halb so gross. Die schwerfälligen Tiere sind schlechte Schwimmer. Als perfekte Tarnkünstler mit giftigen Verteidigungsstacheln ist dies für sie jedoch kein Problem. Die Fische sondern durch die Haut einen klebrigen Schleim ab, an dem anorganische Partikel und Organismen wie beispielsweise Algen kleben bleiben; sogar Seeanemonen werden auf den Steinfischrükken geduldet. Dadurch erhalten die Giftfische einen wirkungsvollen Tarnanzug, welcher sie buchstäblich mit der Umgebung verschmelzen lässt.

Steinfische sind recht häufig, besiedeln ihr Verbreitungsgebiet aber nicht lückenlos. Sie bewohnen Korallenriffe, Küstengewässer und Flussmündungen, wo weicher Bodengrund bevorzugt wird. Die Tiere sind bis in eine Tiefe von 40 m anzutreffen, sie können aber auch im

Gezeitenbereich, halb aus dem Wasser ragend, einige Stunden überleben.

Zusätzlich zur perfekt getarnten Hautoberfläche graben sich Steinfische oft mit ihren kräftigen Vorderflossen im Boden ein, wo sie regungslos und geduldig auf vorbeischwimmende Beute, wie kleine Fische und Krustentiere, warten. Ihre Opfer schnappen sie dann blitzschnell mit dem grossen, nach oben geöffneten Maul.

Gefahr:

Steinfische gelten als die weltweit giftigsten Fische. Ihre dreizehn scharfen Rückenstacheln werden bei Gefahr aufgerichtet und sobald ein Feind mit genügend Druck gegen diese stösst, entleeren sich die Giftdrüsen. Steinfische, wie auch die meisten anderen Giftfische, können also nicht aus eigener Kraft Gift abgeben. Nur das ahnungslose Opfer selbst kann die Entleerung der Giftdrüsen bewirken.

Neben lokalen, gewebezerstörenden Auswirkungen und starken Schmerzen, kann nach einigen Stunden auch die Herzmuskulatur geschädigt werden.

Jährlich werden in Australien einige Dutzend Menschen durch Steinfische verletzt. Im Gegensatz zu anderen Ländern sind aber auf dem Fünften Kontinent noch keine Todesfälle registriert worden.

Verhütung:

Die grösste Gefahr, sich an einem Steinfisch zu stechen, besteht beim unvorsichtigen Hantieren mit einem Fischfang oder beim Umherlaufen im Wasser. Wenn fest aufgetreten wird, können die Stacheln mit Leichtigkeit Turnschuhe durchdringen. Schuhe mit stärkerer Sohle und vorsichtiges Schlurfen bieten aber recht guten Schutz.

Gestrandeten, toten Fischen ist mit grösster Vorsicht zu begegnen, denn ihr Gift kann noch nach Tagen genauso wirkungsvoll sein wie jenes von lebenden Fischen.

Symptome:

Unmittelbar nach einer Stichverletzung entwickeln sich lokale, heftige Schmerzen. Diese können mehrere Stunden anhalten und bei grosser Giftmenge unerträgliche Qualen verursachen. Die Stichstelle schwillt rasch an, danach breitet sich die Schwellung oft übers ganze Glied aus. Muskelschwäche und vorübergehende Lähmung des betroffenen Gliedes können auftreten. Die Auswirkungen des Giftes beschränken sich normalerweise auf die Region der Stichstelle.

Bei schlimmen Vergiftungen besteht Schockgefahr. Atem- und Herzstillstand sind weitere mögliche Folgen.

Erste Hilfe:

- Opfer so rasch als möglich aus dem Wasser holen: Ertrinkungsgefahr.
- Umgehend medizinische Hilfe suchen, da schmerzlindernde Medikamente benötigt werden und in ernsthaften Fällen Gegengift verabreicht werden muss.
- Falls dies nicht sofort möglich ist, betroffenes Glied in heissem Wasser baden (siehe Seite 264).
- Eventuell Schocklagerung (siehe Seite 268).
- Bereitmachen für lebensrettende Sofortmassnahmen (siehe Seite 265).
- Wegen der grossen Infektionsgefahr sollte auch bei scheinbar unbedeutenden Verletzungen immer ein Arzt aufgesucht werden.

Giftfische

Klasse: Osteichthyes (Knochenfische)
Stinging Fish

Neben den Steinfischen (Seite 50) gibt es in australischen Gewässern eine Anzahl anderer giftiger Fische, die uns in unangenehme oder gar gefährliche Situationen bringen können. Darüber, wie die verschiedenen Fischgifte genau wirken, ist nur wenig bekannt. Auch existieren ausser für Steinfische keine Gegengifte. Die Gefahr, welche von Giftfischen ausgeht, ist jedoch nicht überaus gross.

Viele giftige Fische gehören zur Familie der Skorpionfische. Diese sind den Steinfischen nahe verwandt und oft auch bezüglich Aussehen und Verhalten ähnlich. Eine Ausnahme bilden die giftigen Feuer- und Schmetterlingsfische, welche mit ihrer Farbenpracht und den seltsamen Flügelflossen beeindrucken.

Die Katzenfische bilden eine weitere grosse Giftfischgruppe mit über 30 verschiedenen Arten. Die nachtaktiven, am Boden fressenden Tiere besitzen auffällige, lange Tastantennen an den Unterkiefern.

Giftige Fische sind in den Küstengewässern rund um Australien und Tasmanien anzutreffen, ebenso im Riff-Bereich und in brackigen Flussmündungen. Katzenfische bewohnen zudem Flüsse und Süsswasserseen.

Gefahr:

Die Stichverletzung eines Giftfisches verursacht normalerweise heftige Schmerzen, welche allerdings oft innerhalb einiger Minuten wieder schwächer werden. Halten die quälenden Schmerzen jedoch länger an, so besteht Schockgefahr. Ein Schock ist besonders bei physisch geschwächten Personen immer ein lebensbedrohender Zustand, der ernst genommen werden muss.

Neben den Auswirkungen des Giftes ist auch den Verletzungen durch die manchmal mit Widerhaken bestückten Stacheln Aufmerksamkeit zu schenken. Die teilweise recht tiefen, ausgefransten Wunden sind oft mit Fischgewebe und Bakterien verunreinigt, wodurch schlimme Infektionen entstehen können.

Verhütung:

Bei bodenlebenden Fischen: grundsätzlich gleich wie bei den Steinfischen.

Stiche von frei schwimmenden Fischen sind leicht zu vermeiden, indem genügend Abstand eingehalten wird.

Symptome und Erste Hilfe:

Gleich wie bei Steinfischen.

NIEDERE TIERE:

Landegel

Familie: Haemadipsidae
Bush leeches

Australien besitzt verschiedene Arten von Landegeln. Die Tiere erreichen je nach Art eine Länge von 2-8 cm. Sie sehen aus wie Würmer und gehören denn auch zur Klasse der Gürtelwürmer *(Clitellata)*. Sie sind meist dunkel gefärbt, mit hellen Längsstreifen. Landegel bewegen sich wie die sogenannten "Tuchmesser-Raupen" fort. Im Gegensatz zu diesen besitzen sie aber an Stelle der Beine je einen Saugnapf an beiden Körperenden.

Landegel leben in den Regenwäldern der Ostküste, von Tasmanien bis zur Cape York Halbinsel und in den Monsunwäldern im Küstengebiet des Northern Territory.

Landegel befallen Säugetiere, Vögel, Frösche, Reptilien, und auch Menschen und ernähren sich von deren Blut. Die Tiere warten im Gestrüpp auf vorbeiziehende Opfer, an welchen sie sich festhaften können. Sie sind in der Lage, Bodenvibrationen wahrzunehmen, haben aber auch einen guten Geruchssinn, so dass sie ein ruhendes Opfer orten und darauf zukriechen können. Die Schmarotzer saugen pro Mahlzeit etwa 10 Minuten lang Blut; von diesem Vorrat zehren sie dann wochenlang.

Vorsicht:

Sobald sich die Egel an uns herangemacht haben, zwängen sie sich rasch durch die kleinsten Lücken unserer Kleidung und gelangen so auf die Haut, häufig unter den Socken. Den Biss der Tiere spüren wir meist gar nicht. Während sie saugen, sondern sie eine Substanz ab, welche die Blutgerinnung hemmt. Dies hat zur Folge, dass, wenn sich der Egel gelöst hat, die kleine Wunde länger blutet, als dies bei einer gewöhnlichen Verletzung der Fall wäre. Der Blutverlust, den ein paar Tiere verursachen, ist dennoch so gering, dass dies für uns kein Problem darstellt.

Saugende Blutegel sollten nicht abgerissen werden, weil dies die Haut zusätzlich verletzt und dadurch die Gefahr von Infektionen entsteht. Einen Blutegel 10 Minuten weitersaugen zu lassen wird daher zur kleinen Mutprobe.

Skorpione

Gattung: Urodacus
Scorpions

Die kleinsten australischen Skorpione werden nur etwa 3 cm lang, die grössten bis 18 cm. Die den Spinnen sehr nahe verwandten Skorpione besitzen neben den zwei grossen Fangscheren einen Giftstachel am Schwanz.

In Australien gibt es etwa 30 Skorpionarten. Obwohl man die Tiere nur selten zu Gesicht bekommt, sind sie recht häufig und oft auch in Gärten anwesend. Skorpione besiedeln den ganzen Kontinent, sind also an alle klimatischen Bedingungen angepasst. Die meisten Arten leben aber nicht in Wüsten, sondern in Wäldern, Savannen und Steppen.

Entsprechend ihrer flachen Körpergestalt verstecken sich Skorpione gerne in Spalten. Oft findet man sie unter Baumrinden, Blättern, Steinen oder sogar bis 2 m tief im Boden eingegraben - zum Schutz vor der Hitze.

Die nachtaktiven Skorpione sind Einzelgänger. Sie ernähren sich vorwiegend von Insekten, Spinnen und anderen Gliederfüssern. Skorpione können längere Zeit ohne Nahrung überleben. Ihr Giftstachel am Schwanz kommt zum Einsatz, wenn die Beute sehr gross ist und sich übermässig zur Wehr setzt, aber natürlich auch dann, wenn sich Skorpione vor Feinden schützen müssen.

Einige Skorpionarten kennen ausgedehnte Paarungstänze, welche bis zu einer Stunde dauern können. Dabei halten sich die Tiere gegenseitig an den Scheren.

Viele Skorpionkinder verlassen unmittelbar nach der Geburt ihre Eihüllen (ovovivipar). Einige Arten sind sogar echt lebendgebärend (vivipar); der Nachwuchs wird im Mutterleib durch ein plazentaähnliches Gewebe ernährt. Die ungefähr 12 weissen neugeborenen Skorpione klettern der Mutter auf den Rücken, wo sie bis zu ihrer ersten Häutung optimalen Schutz geniessen.

Vorsicht:

Die nachtaktiven Skorpione verstecken sich tagsüber manchmal auch in Häusern, und bei Gelegenheit in Zelten und Schuhen von Campierenden.

Skorpione sind grundsätzlich nicht aggressiv und stechen erst, wenn sie stark bedrängt werden und keinen Ausweg mehr sehen. Daher sind Stiche relativ selten. Die Tiere können ihren Giftschwanz nach vorne und auch seitwärts bewegen.

Symptome:

Im Gegensatz zu amerikanischen und afrikanischen Skorpionen, an deren Gift schon viele Menschen gestorben sind, bedeuten die australischen Arten für uns keine Lebensbedrohung. Im schlimmsten Fall leidet man für mehrere Tage an heftigen Schmerzen und Schwellungen. Ein Stich in den Fuss, kann das ganze Bein in Mitleidenschaft ziehen. Eine weitere Ausdehnung der Symptome ist sehr selten.

Erste Hilfe:

Da australische Skorpione nur schwaches Gift besitzen, sind ausser schmerzlindernden Mitteln keine Massnahmen erforderlich. Eiswasserpackungen können das Leid verringern helfen (siehe Seite 264). Bei starken Schmerzen, Arzt aufsuchen, um gezielt Schmerzmittel einzusetzen.

Spinnen

Ordnung: Araneae
Spiders

Die Spinnen waren schon vor über 300 Millionen Jahren eine artenreiche Tiergruppe mit wirkungsvollen Beutefangmethoden. Die nächsten Verwandten der Spinnen sind Weberknechte, Zecken, Milben und Skorpione. Spinnen sind also keine Insekten, sie lassen sich auch leicht von diesen unterscheiden, denn Spinnen besitzen acht Beine und nicht nur deren sechs.

In Australien sind über 2'000 verschiedene Spinnen bekannt. Man darf aber davon ausgehen, dass wesentlich mehr den Fünften Kontinent besiedeln. Es gibt wohl kaum einen Lebensraum, wo nicht irgend eine Art zuhause ist.

Um wachsen zu können, sind Spinnen auf Häutungen angewiesen, da sie ein hartes Aussenskelett besitzen. Spinnen häuten sich pro Jahr zwei bis acht Mal. Normalerweise leben sie auch nicht länger als ein Jahr. Insbesondere einige Falltürspinnen (Trapdoor spiders) können aber über 20jährig werden.

Spinnen ernähren sich ausschliesslich von anderen Tieren. Um diese zu fangen haben sie verschiedenste Methoden entwickelt. Fast alle Spinnen besitzen Giftzähne, mit welchen die Beute gelähmt oder getötet wird. Beutetiere sind vor allem kleine Insekten, aber auch andere Spinnen und weitere Gliederfüsser werden gefressen.

Die Seidenfäden, welche Spinnen produzieren können, dienen den verschiedensten Zwecken. Beispielsweise seilen sich die Tiere bei Gefahr damit ab, oder sie werden dazu verwendet, die gefangene Beute einzuwickeln, wodurch diese bewegungsunfähig gemacht wird. Ebenfalls aus dem Seidengespinst wird für den zukünftigen Nachwuchs ein Kokon (Brutkammer) hergestellt. Die bekannteste Verwendung findet der seidene Faden aber beim Radnetz, dem wirkungsvollen Fanginstrument für fliegende Beute. Die Zusammensetzung der Spinnfäden ist nicht immer gleich, beim Kokonbau beispielsweise erhärtet das Material zu einer pergamentartigen Hülle, beim Radnetzbau ist nur der spiralige Verbindungsfaden zwischen den Spannfäden klebrig, denn die nichtklebrigen Spannfäden braucht die Spinne um darauf zu gehen. Die Spinnfäden sind übrigens stärker als Stahl in gleicher Dicke.

Spinnenmännchen sind meist wesentlich kleiner als die Weibchen und werden bei einigen Arten nach der Begattung von diesen gefressen. Zum Teil haben sich die Männchen raffinierte Tricks ausgedacht, um nicht dem starken Beutefangtrieb der Weibchen zum Opfer zu fallen. Da wird zum Beispiel der Braut eine tote Fliege als "Hochzeitsgeschenk" mitgebracht, mit welchem diese dann beschäftigt ist, solange das Männchen die Begattung vollzieht.

Die Art und Weise, wie Spinnen sich vermehren, ist vielgestaltig. Dabei soll es nicht erstaunen, dass sich bei einer so artenreichen und alten Tiergruppe ausgeprägte Brutfürsorgetechniken entwickeln konnten. Da werden beispielsweise die aus ihren Eiern geschlüpften Jungen von der Mutter von Mund zu Mund gefüttert, und nachdem die Mutter gestorben ist, dient sie dem Nachwuchs weiterhin, indem sie als Nährboden zur Verfügung steht und von den Jungen ausgesogen wird.

Giftspinnen

Ordnung: Araneae
Poisonous spiders

Gefahr:

Es gibt nur wenige Spinnen die keine Giftdrüse besitzen. Allerdings sind die meisten Spinnen nur klein. Im Verhältnis zum Menschen ist also die Giftmenge nur sehr gering und die Giftzähne sind zu winzig, um überhaupt durch unsere Haut dringen zu können. Wenn einige wenige Spinnengifte trotzdem für uns tödliche Folgen haben, so sind die dafür verantwortlichen Substanzen "unbeabsichtigte" Nebenprodukte, welche niemals zum Töten so grosser "Beute" entwickelt wurden.

Die Gifte der **Redback spider**, der **Sydney-, Toowoomba-** und der **Tree-dwelling funnelweb spider** können bei uns Menschen ohne ärztliche Hilfe tödliche Folgen haben. Man vermutet, dass auch die möglicherweise erst kürzlich eingeführte **Fiddleback spider** (rund um Adelaide) und vor allem die **Mouse spiders** tödliches Gift abgeben können. Mouse spiders gibt es in ganz Australien, ausser in Tasmanien. Sie besiedeln nicht nur bewaldete Gegenden, sondern auch Trockengebiete. Weil sich der Mensch zunehmend in ihrem Lebensraum ansiedelt steigt auch die Wahrscheinlichkeit, den Spinnen zu begegnen. Ihr Äusseres ist demjenigen der Sydney funnelweb spider ähnlich, nur sind sie kleiner.

Eine weitere Gefahr geht von einer **Wolf spider** und der **White tailed spider** aus. Beide geben Gifte ab, die bei uns Hautschäden (eine für australische Spinnengifte ungewöhnliche Reaktion) mit heftigen Schmerzen verursachen. Weil die Wunden manchmal kaum heilen, mussten schon Finger- oder Zehenamputationen vorgenommen werden. Das Verbreitungsgebiet dieser Spinnen deckt ganz Australien ab.

Bei einem Grossteil der vielen anderen australischen Spinnen kann das Gift unangenehme, lokale Reaktionen hervorrufen. Vor allem bei Spinnen ab etwa 1 cm Körpergrösse ist Vorsicht geboten.

Für uns nicht gefährlich sind alle Spinnen, die Radnetze bauen.

Verhütung:

Nie mit blossen Händen in Spinnenverstecke greifen: Löcher und Spalten, unter Holz, Steinen und anderen herumliegenden Gegenständen. Spinnen halten sich auch gerne in liegengelassenen Kleidern, Schuhen und Schlafsäcken auf. Solche Dinge also vor Gebrauch immer zuerst vorsichtig ausschütteln.

Entdecken wir grosse Spinnen an uns selbst oder in Räumen: nicht in Panik geraten, sondern den Tieren Fluchtwege öffnen. Bleibt dies ohne Erfolg, Spinnen an loser Kleidung abrütteln, an enger Kleidung möglichst mit einem Gegenstand und einer gezielten Bewegung abwischen. Grössere Tiere in Räumen mit einem Gefäss überdecken und anschliessend einen Karton darunter schieben, danach das Ganze wenden und die Spinne an den Gefässboden schütteln. Nun kann sie gefahrlos ins Freie entlassen werden.

Erste Hilfe:
- Nach einem Spinnenbiss: Arzt aufsuchen und wenn möglich Spinne zur Identifikation mitnehmen.
- Eiswasserpackungen können die Schmerzen lindern (siehe Seite 264).
- Sonst sind, mit Ausnahme der Sydney-, Toowoomba- und Tree-dwelling funnelweb spider, keine Erste-Hilfe-Massnahmen angebracht.

Sydney Trichternetzspinne

Atrax robustus
Sydney funnelweb spider

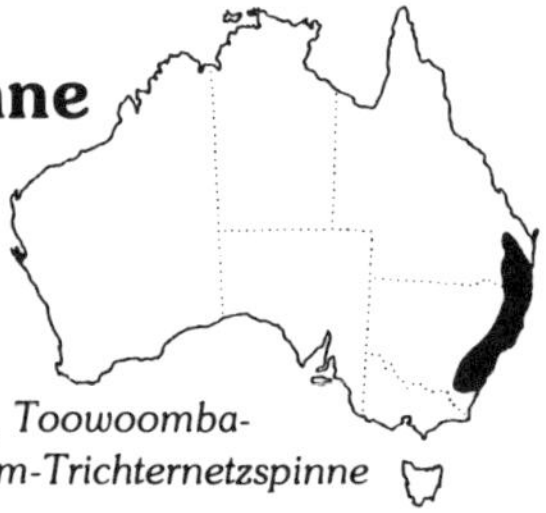

Sydney-, Toowoomba- und Baum-Trichternetzspinne

Der Körper der Sydney Trichternetzspinnenmännchen misst rund 3 cm. Die Weibchen werden etwas grösser. Beide Geschlechter sind schwarz.

Das Verbreitungsgebiet der Sydney Trichternetzspinne liegt im Dreieck zwischen Lithgow, Newcastle und Nowra, etwa 160 km rund um Sydney.

Die Spinnen bevorzugen kühle Orte, die immer feucht bleiben. In Wohngebieten sind sie nicht selten in der Nähe von Schwimmbädern und in gut bewässerten Gärten zu finden. Ausserhalb des Siedlungsraums bevorzugen sie Schluchten.

An geschützten Orten wie unter Steinen, Holz oder Grasbüscheln, in Felsspalten, Baumstämmen oder in Spalten von Hausfundamenten errichten sie ihren Bau. Im offenen Gelände, etwa auf gepflegten Rasen, sind die Spinnen nicht anzutreffen. In den teilweise recht tiefen Wohnhöhlen kommt auch der Nachwuchs zur Welt. Die Wohnröhre und deren Eingang sind mit Spinnfäden ausgekleidet, wobei sich meist eher ein röhrenförmiges als ein trichterförmiges Netzmuster ergibt.

Diese Sydney Trichternetzspinne richtet sich auf, wie dies alle Trichternetzspinnen beim Angriff tun, um ihre Beute zu überwältigen.

Vom Eingang weg führen mehrere Fäden, welche die Aufgabe haben, der Spinne anzuzeigen, wann Beute herannaht. Wird ein Signalfaden bewegt, springt die im Eingang wartende Spinne heraus um die Beute mit einem Giftbiss zu betäuben. Die Sydney Trichternetzspinne ist hauptsächlich nachtaktiv. Normalerweise gehören Insekten, andere Spinnen und Schnecken zu den Opfern. Ausnahmsweise werden aber auch kleine Frösche und Echsen erbeutet.

Trichternetzspinnen sind grundsätzlich standorttreu. Trotzdem können jederzeit herumwandernde Tiere angetroffen werden, vor allem zwischen Januar und März, wenn die Männchen auf der Suche nach Weibchen sind. Während solchen Wanderzügen können die Spinnen durchaus auch in Häuser gelangen, insbesondere nach starken Regenfällen.

Gefahr:

Wenn wir einer Sydney Trichternetzspinne zu nahe treten, wird diese in der Regel nicht flüchten, sondern sich aufrichten und zubeissen. Das Gift, welches dabei injiziert wird, gehört zu den weltweit gefährlichsten Spinnengiften. Glücklicherweise wird meist eine zu geringe Menge abgegeben, um uns ernsthaften Schaden zuzufügen. Im schlimmsten Fall können wir jedoch innert Kürze daran sterben.

Die grösste Gefahr stellen für uns die männlichen Spinnen dar. Die enorm starke Giftsubstanz Atraxotoxin, die nur bei ihnen vorhanden ist, benötigen die Tiere interessanterweise gar nicht, um ihre Beute zu lähmen. Es ist unbekannt, welchem Zweck sie dient.

Verhütung:

Siehe Kapitel Giftspinnen.

Symptome:

Die ersten unmittelbaren Symptome sind Schmerzen und Rötung an der Bissstelle. Möglicherweise folgen Taubheitsgefühle rund um den Mund, Erbrechen, Bauchschmerzen und schwerfälliges Atmen, begleitet von übermässigem Schwitzen, starkem Speichel- und Tränenfluss, geistiger Verwirrung und heftigen Muskelzuckungen. Weitere Folgen können Schock und Koma sein. In jedem Fall ist sofortige Erste Hilfe lebenswichtig. In schlimmen Fällen ist Gegengift erforderlich.

Normalerweise lassen die Auswirkungen des Giftes innerhalb einiger Stunden nach und es besteht keine akute Lebensgefahr mehr.

Erste Hilfe:

- Druck/Immobilisations-Methode anwenden (siehe Seite 260).
- Patient so schnell als möglich ins Spital bringen.

Es existieren noch andere Trichternetzspinnen, welche für uns tödliches Gift besitzen. Zu diesen zählen sicher die **Toowoomba Trichternetzspinne** *(Hadronyche infensa* / **Toowoomba funnel-web spider**) und die **Baum-Trichternetzspinne** *(Hadronyche formidabilis* / **Tree-dwelling funnelweb spider**). Letztere ist noch etwas grösser als die Sydney Trichternetzspinne und besitzt im Gegensatz zu dieser einen rotbraunen Körper und grössere Kieferzangen. Wie der Name verrät, bewohnt diese Trichternetzspinne in der Regel Höhlen und Ritzen in Bäumen, sie kann ihr Nest aber durchaus auch am Boden, beispielsweise in Baumstrünken, bauen. Ihr Lebensraum sind abgelegene, dichte Waldgebiete. Das Verbreitungsgebiet reicht von Sydney bis nach Queensland.

Verhütung und Erste Hilfe:

Gleich wie Sydney Trichternetzspinne.

Verschiedene, kleinere, weniger aggressive Trichternetzspinnenarten stellen für uns höchstwahrscheinlich keine ernsthafte Gefahr dar. Ihre Verbreitungsgebiete schliessen auch Teile von Südaustralien, Victoria und Tasmanien ein.

Rotrücken-Spinne

Latrodectus mactans hasselti
Redback spider

Der Körperdurchmesser eines Rotrücken-Spinnenweibchens beträgt ca. 1 cm. Die Männchen erreichen nur etwa einen Drittel dieser Grösse. Auch in Farbe und Form sind die Geschlechter unterschiedlich. Die schwarzen Weibchen sind durch einen roten Rückenstreifen gekennzeichnet, der jedoch manchmal auch orange, rosa oder sogar hellgrau sein kann. Trotzdem sind die Weibchen von anderen Spinnen leicht zu unterscheiden.

Die Rotrücken-Spinne gehört zur gleichen Art wie die bekannten Schwarzen Witwen, welche mit mehreren Unterarten über die ganze Welt verbreitet sind. Höchstwahrscheinlich gelangte die Rotrücken-Spinne erst vor ca. 100 Jahren auf den Fünften Kontinent, wo sie sich aber dank optimalen Bedingungen rasch über das ganze Land verbreiten konnte.

Ausser in sehr heissen Wüsten und in kalten Bergregionen kommen Rotrücken-Spinnen überall vor und sind auch häufig anzutreffen, insbesondere in den Sommermonaten. Die Spinnen bauen ihre

Netze und Verstecke an trockenen, dunklen Orten im Unterwuchs. Genau so oft wie in der Wildnis sind sie in Wohngebieten zu finden, wo sie bevorzugt an ungestörten Plätzen wie in Aussentoiletten, Gerümpelkammern, hinter Garagen, in herumliegendem Unrat usw. ihre Netze spannen.

Eine weibliche Rotrücken-Spinne bewacht ihre Kokons.

Während des Tages verstecken sich die nachtaktiven Tiere in einem mit dem Fangnetz durch Fäden verbundenen Nest.

Das starke Fangnetz der Rotrücken-Spinnen besteht aus einem unordentlichen Fadengewirr. Erbeutet werden in den klebrigen Fäden vor allem Insekten und andere Spinnen. Gelegentlich fallen aber auch kleine Echsen oder sogar Mäuse diesen Spinnen zum Opfer. Durch einen giftigen Biss werden die Beutetiere gelähmt.

Zwischen Frühling und Herbst produziert das Weibchen nach der Paarung in seinem Versteck bis acht Kokons, wovon einzelne bis 300 Eier enthalten können. Je nach Wetter schlüpfen die Jungen schon nach 2 Wochen. Nach 2 bis 3 Monaten Jugendzeit und mehreren Häutungen sind die Tiere erwachsen. Allerdings erreichen nur wenige dieses Alter, da sie viele Feinde besitzen und sich auch gegenseitig verzehren. Ihr Leben dauert etwa 1 Jahr und geht in der Regel im Herbst zu Ende.

Gefahr:

Für den Menschen kann in schlimmen Fällen der Biss eines Rotrücken-Spinnenweibchens tödliche Folgen haben, wenn nicht Gegengift verabreicht wird. Die männlichen Tiere sind zu klein, um uns überhaupt wirkungsvoll beissen zu können. Das Gift dieser Spinnen wirkt glücklicherweise sehr langsam, so dass genügend Zeit bleibt ärztliche Hilfe zu suchen.

Bisse der Rotrücken-Spinnenweibchen sind nicht selten. Pro Jahr benötigen in Australien mindestens 300 Opfer Gegengift. Die meisten Unfälle passieren im Sommer, wenn die Weibchen erwachsen sind und ihren Nachwuchs beschützen.

Verhütung:

Wenn Gefahr droht ziehen sich Rotrücken-Spinnen zurück oder lassen sich auf den Boden fallen und stellen sich tot, sie greifen also nicht an. Am Tag verstecken sie sich ohnehin meist in ihrem Nest. Die Tiere beissen nur, wenn sie nicht mehr flüchten können oder ihre Kokons verteidigen müssen. Fast alle Bisse erfolgen denn auch an Händen und Füssen, wenn die Spinnen unbeabsichtigt angefasst, getreten oder beispielsweise beim Ankleiden eingeklemmt werden. Die meisten Bisse könnten also durch gebührende Vorsicht vermieden werden.

Symptome:

Der Biss selbst ist nicht schmerzhafter als ein Insektenstich. Innert Minuten beginnen dann aber die Schmerzen, die sich rasch im ganzen Glied ausbreiten und heftig werden. Die Bissstelle rötet sich und schwillt an. Häufig beginnt das Opfer nun an der Bissstelle, danach am betroffenen Glied, später manchmal auch am ganzen Körper zu schwitzen. In schlimmen Fällen dehnen sich die starken Schmerzen nach und nach auch auf andere Körperteile aus. Bauchschmerzen, Kopfschmerzen, Erbrechen, Muskelschwäche, Gelenkschmerzen und Koordinationsstörungen sind mögliche Folgen. Solange kein Gegengift verabreicht wird, können sich die Symptome bis 24 Stunden lang verstärken.

Erste Hilfe:

Betroffenes Glied auf keinen Fall einbinden. Das Zurückhalten des Giftes verstärkt die ohnehin heftigen Schmerzen nur noch. Wie erwähnt, wirkt dieses spezielle Gift nur sehr langsam, es vergehen Stunden oder sogar Tage bis tödliche Auswirkungen auftreten. Es sind keine Erste-Hilfe-Massnahmen erforderlich.

Ohne Panik Arzt aufsuchen.

Zur Schmerzlinderung kann eine Eiswasserpackung auf die Bissstelle gelegt werden (siehe Seite 264).

Zecken

Familie: Ixodidae
Ticks

Zecken gehören zur Unterordnung Schmarotzermilben und werden zu den Spinnentieren gezählt. Einige der ungefähr 70 Arten, die auf dem Fünften Kontinent vorkommen, sind nicht einheimisch. Sie wurden erst in den letzten 200 Jahren eingeschleppt. Die gefährlichste Zecke in Australien ist die **Paralysis tick** *(Ixodes holocyclus)*. Ausgewachsene Weibchen werden 3 mm lang, mit Blut vollgesogen erreichen sie eine Grösse von 13 mm. Diese Tiere geben mit ihrem Speichel ein Gift ab, das für uns Menschen im schlimmsten Fall eine tödliche, lähmende Wirkung hat. Für die Zecken selbst scheint das Gift keinen Nutzen zu haben, da sie ihre Opfer nicht töten wollen. Einheimische Tiere, welche oft von diesen Zecken befallen werden, sind gegenüber dem Gift meist immun.

Paralysis ticks leben vor allem in küstenseitig gelegenen, feuchten Wäldern der Ostküste. Ihr Verbreitungsgebiet ist nicht lückenlos. Wo beispielsweise grosse Buschfeuer wüteten, können die Schmarotzer für einige Jahre völlig fehlen. Die Küstengebiete nördlich von Sydney haben den schlechtesten Ruf bezüglich Paralysis tick-Verseuchung. Aber auch überall in den mit viel Grün durchzogenen Vororten der Küstenstädte sind die Zecken anzutreffen, insbesondere wenn die

Gärten des nachts von Bandikoots besucht werden. Denn diese Beutler werden häufig von Paralysis ticks befallen, da sie sich auf ihrer Nahrungssuche hauptsächlich im Unterholz herumtreiben.

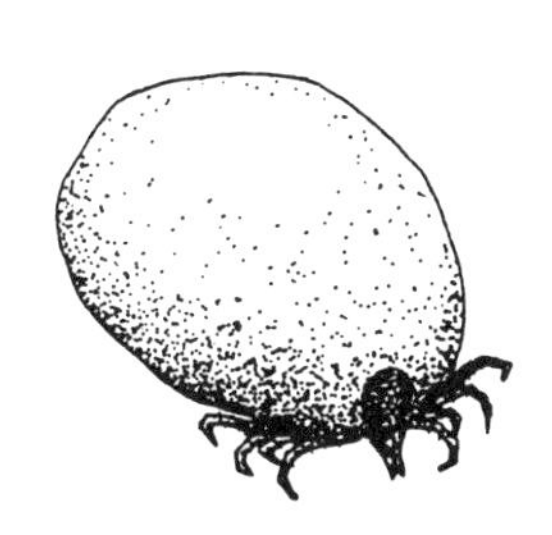

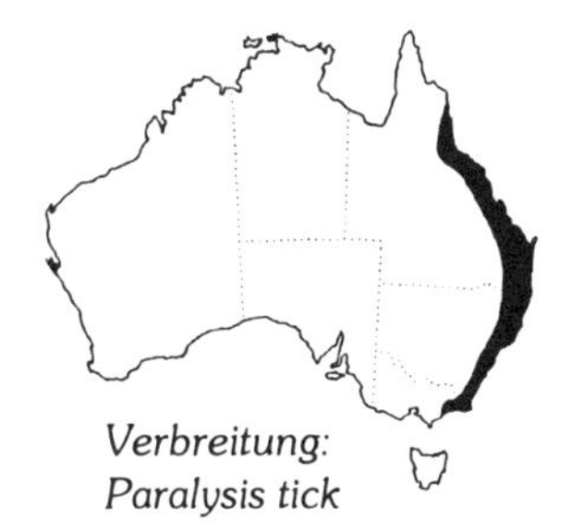

Verbreitung: Paralysis tick

Wenn wir von einer Zecke befallen werden, kann das zwar ausnahmsweise zu unangenehmen Komplikationen führen, Panik ist dabei aber fehl am Platz. In erster Linie gilt es, die Symptome nicht zu missachten.

Die Abbildung zeigt eine mit Blut vollgesogene Paralysis tick.

Wenn Temperatur und Feuchtigkeit hoch sind, können Paralysis ticks das ganze Jahr über angetroffen werden.

Zecken sind Vollparasiten und leben ausschliesslich vom Blut das sie von Warmblütern oder ausnahmsweise auch von Reptilien saugen.

Zecken besitzen weder Augen noch Fühler. Wenn sie mit einem ihrer Opfer in Berührung kommen, klammern sie sich sofort fest und verkriechen sich an einen geschützten Ort, wo sie nicht mehr so schnell abgestreift werden können. Dort saugen sie dann mehrere Tage lang das Blut ihres Opfers, von dem sie sich anschliessend loslösen.

Die Weibchen der Paralysis ticks legen 2'000-3'000 Eier, woraus kleine, sechsbeinige Larven schlüpfen die nach der ersten Häutung acht Beine besitzen.

Gefahr:

Die meisten Zeckenarten bedeuten für uns keine Gefahr. Einige Arten, welche auch ausserhalb des Verbreitungsgebietes der Paralysis tick vorkommen, können aber unangenehme Symptome hervorrufen wie Kopf-, Nacken- und andere Schmerzen, Erbrechen und Magenkrämpfe. In solchen Fällen ist ein Arzt aufzusuchen.

Ernsthafte Komplikationen können aber, wie erwähnt, durch die Paralysis tick verursacht werden. Am meisten sind Kleinkinder unter vier Jahren gefährdet. Für ganz schlimme Fälle existiert ein Gegengift.

Verhütung:

Der Biss einer Zecke wird normalerweise nicht bemerkt. Man sieht die kleinen Plaggeister auch nicht so schnell wenn man nicht gezielt nach ihnen sucht. Nach einem Aufenthalt im hohen Gras, Gebüsch oder Wald sollten insbesondere Kinder nach Zecken abgesucht werden. Beliebte Zeckenverstecke sind in den Haaren, im Nacken, hinter den Ohren und in allen Hautfalten und Körperöffnungen.

Symptome:

Nur ausgewachsene Zeckenweibchen können ernsthafte Lähmungen verursachen, und auch nur dann wenn sie unentdeckt längere Zeit Blut saugen konnten. Ab dem dritten Tag zeigen sich meist die ersten Symptome. Bei unerklärlicher Schwäche, vor allem in den Beinen, Schwindel, Kopfschmerzen, Teilnahmslosigkeit, Müdigkeit (langer Schlaf, kaum weckbar), Appetitverlust, Seh- und Sprachstörungen, ist unverzüglich ein Arzt aufzusuchen. Wird die Zecke in einem frühen Stadium der Vergiftung entfernt, bessert sich der Zustand des Opfers meist von alleine.

Werden die frühen Symptome missachtet so treten 2 bis 3 Tage später ernsthafte Lähmungen auf.

Erste Hilfe:

Die Zecke ist raschmöglichst zu entfernen, da sie während des Saugens kontinuierlich Gift abgibt. Zum Loslösen bringt es keinen Vorteil, das Tier mit irgend einem Mittel betäuben oder töten zu wollen, denn solche Massnahmen verursachen sogar noch eine höhere Giftabgabe. Mann sollte auch nicht versuchen eine Zecke mit den Fingern herauszuziehen, denn durch das unvermeidbare Zusammendrücken ihres Leibes erhöht sich die Giftmenge welche abgegeben wird ebenfalls. Das richtige Werkzeug ist eine Pinzette; mit dieser kann man ohne den Zeckenleib zu berühren, oben am Kopf ansetzen und das Tier herausdrehen.

Nach dem Entfernen der Zecke kann, wenn nötig, die Druck/Immobilisations-Methode angewendet werden (siehe Seite 260).

Hundertfüsser

Klasse: Chilopoda
Centipedes

Hundertfüsser sind je nach Art von unterschiedlicher Grösse. Neben kleinen, wie sie auch bei uns in Mitteleuropa häufig vorkommen, gibt es in wärmeren Regionen solche mit beachtlichem Körperausmass. So sind denn auch in Australien die grössten Arten im hohen Norden anzutreffen. Mindestens 12 cm Länge erreichen diese Tiere der Ordnung *Scolopendromorpha.*

Hundertfüsser besitzen je nach Art 15-177 Beinpaare. Das hinterste Beinpaar ist umgebildet und dient zum Kämpfen und Festhalten. Durch die ebenfalls umgewandelten vordersten zwei Beine können die Tiere Gift abgeben, mit welchem sie ihre Beute lähmen und töten.

Hundertfüsser sind aktive Jäger die sich hauptsächlich von Insekten ernähren, es werden aber je nach Art auch Nacktschnecken, Würmer, Spinnen und andere kleine Tiere erbeutet. Die Jagd findet in der Nacht statt. Am Tag verstecken sich die Tiere an irgendwelchen, dunklen, möglichst feuchten Stellen, weil ihre Haut wasserdurchlässig ist und sie daher schnell austrocknen.

Versteckt unter Laub, Holz, Steinen, usw. sind sie auch gut geschützt vor Feinden. Einige Arten besitzen die Möglichkeit, Beine zur Feindablenkung abzuwerfen, was für die Hundertfüsser selber kein grosser Verlust darstellt.

Hundertfüsser vermehren sich durch Eier, wobei die meisten Arten diese einfach in den Boden legen und sich selbst überlassen. Die grossen Skolopenderarten dagegen betreiben eine ausgeprägte Brutpflege. Um die Eier vor Verpilzung zu schützen werden sie in den Mund genommen und abgeleckt. Zudem beschützen sie Eier sowie Jungtiere, indem allfällige Feinde angegriffen und vertrieben werden.

Vorsicht:

Die Giftigkeit der Tiere nimmt entsprechend ihrer Grösse zu. Glücklicherweise bedeutet auch die grösste Art in Australien für uns keine ernsthafte Bedrohung. Der Biss eines grossen Skolopenders kann jedoch mehrere Tage andauernde Schmerzen verursachen, möglicherweise begleitet von Übelkeit und Lymphknotenschwellung.

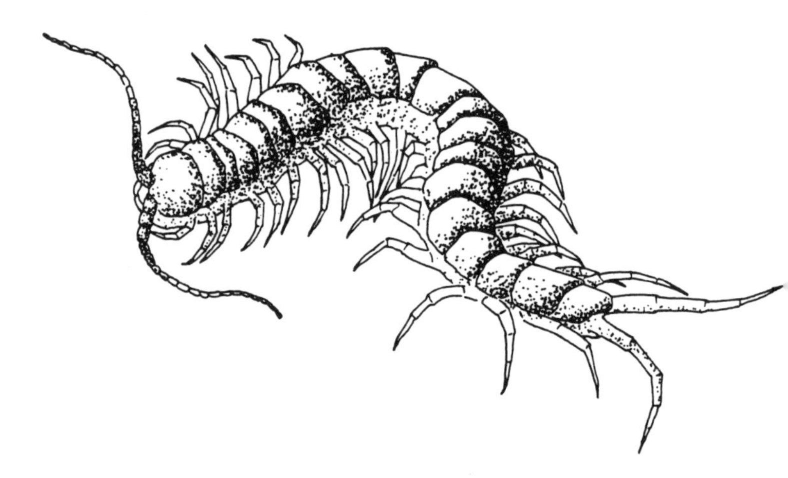

Ob im Regenwald oder in der Wüste, Hundertfüsser sind überall anzutreffen, wo feuchte Verstecke zur Verfügung stehen.

Erste Hilfe:
Bissstelle desinfizieren. Sonst sind keine weiteren Massnahmen nötig. Bei anhaltend starken Schmerzen eventuell Arzt aufsuchen.

Gespensterschrecken und Stabschrecken

Ordnung: Phasmida
Stick insects

Australiens grösste Stabschrecke wird über 30 cm lang. Die äussere Erscheinung der Gespenster- und Stabschrecken ist von Kopf bis Fuss eine perfekte Tarnung. Viele ähneln in Form und Farbe einem Zweig, andere sind mit Blättern ihrer Futterbäume zu verwechseln. Die Körperfarbe kann teilweise sogar gewechselt werden. Bei einigen Arten besitzen vor allem die Männchen zusammenfaltbare Flügel. Allerdings sind diese Tiere meist nur schlechte Flieger.

Als Vegetarier ernähren sich Gespenster- und Stabschrecken hauptsächlich von Baum- und Strauchblättern. Oft hoch oben in den Eukalyptusbäumen gehen sie des Nachts auf Weidegang. Manchmal werden ganze Bäume kahlgefressen. In Australien gibt es auch zwei Arten, die gelegentlich landwirtschaftliche Kulturen befallen.

Während des Tages harren die Tarnkünstler meist regungslos im Geäst. Für den Fall, dass sie trotzdem entdeckt und angegriffen werden, besitzen einige Arten sogar eine chemische Feindabwehr. Sie können bei Gefahr übelriechende oder giftige Sekrete ausscheiden. Weiteren Schutz bietet ein Mechanismus, der ihre Beine an vorgegebener Stelle abbrechen lässt (Autotomie), wenn diese von Feinden gepackt werden. Die Glieder können bei den nächsten Häutungen regeneriert werden.

Gespenster- und Stabschrecken gehören zu den Insekten, also zu jener weitaus grössten Tiergruppe die weltweit gegen eine Million bekannter Arten beinhaltet. Insekten können wegen des harten Aussenskeletts nicht stetig wachsen. Daher sind sie auf Häutungen angewiesen, die ihnen ein Wachstum in Schüben ermöglichen. Der Häutungsprozess findet zum Schutz der Tiere normalerweise nachts statt, denn der vorerst weiche Körper braucht ein paar Stunden bis er wieder erhärtet ist. Gespenster- und Stabschrecken benötigen vier bis sechs Häutungen, bis sie zu ausgewachsenen, geschlechtsreifen Tieren herangewachsen sind.

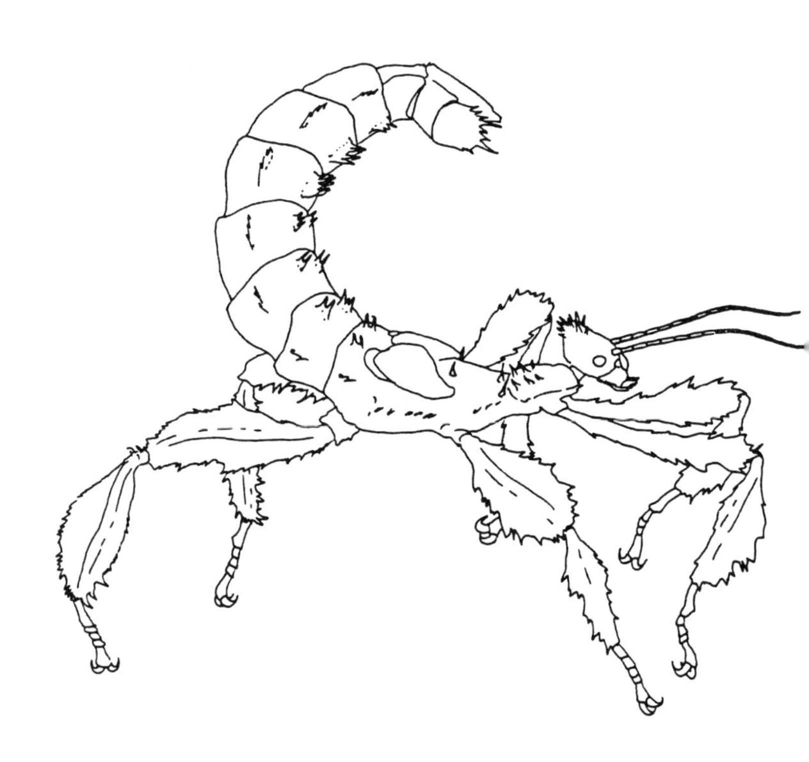

Mit dem nach vorn gekrümmten Hinterleib sieht dieses Dornbusch bewohnende, australische Gespensterschreckenweibchen (Elteatosoma tiaratum) in der Tat angsteinflösssend aus. Es versucht so, Angreifer zu vertreiben. Die Männchen dieser Art besitzen grosse Flügel und einen dünnen, langen, unbedornten Körper, sehen also völlig anders aus als die Weibchen. Zu Studienzwecken wird diese Art gerne in Terrarien gehalten.

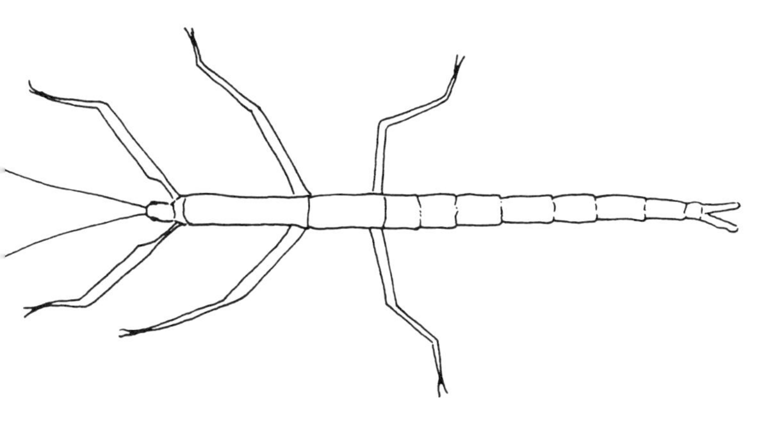

Die seit Millionen von Jahren unverändert gebliebenen Gespenster- und Stabschrecken haben sich optisch in perfekter Weise ihrem Lebensraum angepasst, so dass sie nahezu unsichtbar sind. Bei Gefahr lassen sich die Tiere oft auf den Boden fallen und legen die Beine an den Körper, wodurch sie kaum mehr von einem kleinen Zweig zu unterscheiden sind.

Zwar ist bei Gespenster- und Stabschrecken die zweigeschlechtliche Fortpflanzung die Regel, aber nicht selten ist auch die eingeschlechtliche anzutreffen. Das heisst, bei der sogenannten Jungfernzeugung (Parthenogenese) können die Weibchen Eier produzieren, die ohne Befruchtung entwicklungsfähig sind. Bei diesen Arten sind sodann die männlichen Tiere nur sehr selten (eins auf mehrere Tausend) oder sind überhaupt nicht vorhanden. Die normalerweise sehr kleinen Eier haben das Aussehen von Pflanzensämchen. Sie werden meist einfach fallen gelassen.

Termiten

Ordnung: Isoptera
Termits

In Australien sind ca. 300 Termitenarten bekannt. Mit einer Länge von 2-20 mm besitzen die Tiere in etwa die Grösse von Ameisen, in ihrer Gestalt ähneln sie diesen aber wenig. Zu Gesicht bekommt man Termiten nur selten, denn am Tag leben sie versteckt in ihren Bauten und kommen in der Regel nur nachts heraus. Die meisten Termitenarten wohnen in unterirdischen Nestern, andere bauen auf Bäumen oder im Holz ihre Wohnungen. Doch die auffälligsten Behausungen sind die freistehenden Hügelbauten in den Trockengebieten, welche die verschiedensten Formen aufweisen. Dabei fallen vor allem die manchmal bis 8 m hohen Gebäude der Kathedraltermiten und die extrem dünnen Scheibenbauten der Kompasstermiten auf. Wie die Kathedraltermitenbauten wegen ihrer Höhe, so sind die Kompasstermitenbauten wegen der seltsamen Form und exakten Ausrichtung einmalig auf der Welt. Kompasstermiten kommen nur in einigen Kolonien in der Nähe von Darwin vor, Kathedraltermiten im tropischen Norden Australiens.

Die nächste verwandtschaftliche Verbindung führt zu sozial lebenden Schaben, aus welchen sich die Termiten vor über 200 Millionen Jahren entwickelt haben. Damit sind sie etwa 75 Millionen Jahre vor den Ameisen und Bienen entstanden. Die weltweit urtümlichste Termitenart kommt in Nordaustralien vor.

Die meisten der über 2'000 Termitenarten die auf der Erde leben, bevorzugen die Tropen und Subtropen, sind also auf ein sehr warmes Klima beschränkt. Sie bewohnen sowohl Regenwälder, wie auch Trockengebiete.

Kleine Termitenkolonien bestehen manchmal nur aus wenigen hundert Tieren. Eine Kolonie hügelbauender Termiten kann sich aber aus mehreren Millionen Einwohnern zusammensetzen. Auch eine solch grosse Gemeinschaft besitzt nur ein Königspaar und nur dieses produziert Nachwuchs. Die Königin ist eine riesige, raupenähnliche "Gebärmaschine" die jeden Tag bis 40'000 Eier legen kann. Einige Holztermitenarten bringen es dagegen nur auf 1 Ei pro Tag.

Die seltsame Scheibenform und die exakte Nord-Süd Ausrichtung der Kompasstermitenbauten dienen dem Zweck der grossen Mittagshitze zu entgehen, denn die Sonne trifft dann auf die Schmalseite des Hügels, wo sie nur eine kleine Fläche des Bauwerks erwärmen kann. Dafür wird während der kühlen Morgen- und Abendstunden an den Seitenflächen viel Wärme aufgenommen. Durch diese einfache Konstruktion bleibt die Innentemperatur während des ganzen Tages ungefähr gleich, was für die Termiten lebenswichtig ist. Bereits eine Abweichung von mehr als 10° bei der Ausrichtung des Hügels hat früher oder später den Untergang des Staates zur Folge.

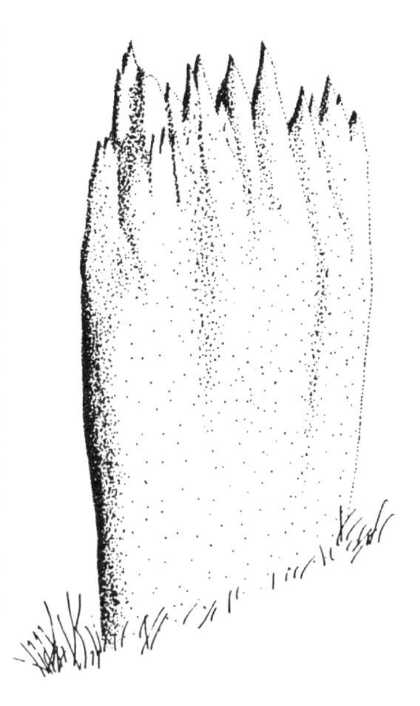

Die jungen Termiten sind meist Miniaturausgaben der erwachsenen Tiere und nicht gliedlose Larven wie bei den Ameisen. Sie bleiben Angehörige des mütterlichen Staates und wandeln sich durch wiederholte Häutungen zu fertigen, meist blinden Arbeitern oder Soldaten. Termiten können vorzüglich Gerüche und Vibrationen wahrnehmen. Ihre gesamte Kommunikation findet mittels Duftstoffen statt.

Zu gewissen Zeiten (vielerorts zu Beginn der Regenzeit) entwickeln sich aus den Eiern sehende Geschlechtstiere mit grossen Flügeln, die dann bei vielen Arten zu Tausenden in riesigen Schwärmen ausfliegen um neue Staaten zu bilden. Allerdings schaffen nur wenige dieses Ziel. Nachdem die Tiere ihre Flügel abgeworfen und sich Paare gefunden haben, gründen diese einige Zentimeter unter der Erdoberfläche neue Königreiche, die über 50 Jahre bestehen können. Kein anderes Insekt wird so alt wie eine Termitenkönigin. Im Extremfall können Kolonien sogar über 130 Jahre bestehen, wie ein bewohnter Hügel in Nordaustralien beweist. Allerdings lösen sich in solchen Fällen mehrere Königspaare ab.

Termiten ernähren sich hauptsächlich von totem Holz und Gras. Hölzerne Bauwerke wie Häuser und Brücken können manchmal von Trockenholztermiten in Besitz genommen und vollständig ausgehöhlt werden, bis im Extremfall ein ganzes Bauwerk zusammenbricht. Urtümliche Termitenarten besitzen in ihren Verdauungsorganen Bakterienstämme, die ihnen die nur sehr schwer verdauliche Zellulose (Hauptbestandteil der dürren Gras- und Holznahrung) zu verdauen helfen. Höher entwickelte Arten sind nicht mehr auf diese Symbiose angewiesen, denn sie legen in ihren klimatisierten Bauten Pilzkulturen an, welche die Zelluloseverarbeitung übernehmen. Diese Kulturen gedeihen auf dem eingetragenen Holz und Gras. Gefressen wird das durch die Pilze veränderte Material oder die Pilze selber. In einem Bau können bis 50 kg Pilze zur Anwendung kommen.

Zusätzlich benötigen Termiten viel Wasser, das manchmal aus 50 m Tiefe heraufgeholt wird. Zwar haben die Tiere einen riesigen Nahrungsbedarf, grüne Pflanzenkost nehmen sie aber nur in Notfällen zu sich. Als Abfallverwerter übernehmen die Termiten in den trockenen und heissen Regionen die gleiche Aufgabe wie bei uns die bodenbelebenden Kleintiere, Würmer und Pilze, welche die organischen Abfälle verwerten und dadurch den Boden düngen.

Der grosse ökologische Wert dieser Termiten ist unbestreitbar, da sie hier einen Kreislauf eröffnen der ohne sie gar nicht bestehen könnte. Durch ihre unterirdischen Gangsysteme wird der Boden gelockert und durchlüftet oder werden beim Hügelbau Mineralien aus tieferen, für die Pflanzenwurzeln ansonsten unerreichbaren Erdschichten an die Oberfläche befördert. Im weiteren kommt hinzu, dass die Termitenbauten vielen anderen Tierarten (z.B. Fröschen, Vögeln, Waranen) Verstecke bieten. Oder dass die Termiten selbst anderen Tieren als Nahrung dienen.

Termiten stellen also nur scheinbar eine Konkurrenz für Kühe und Schafe dar, auch wenn eine Kolonie etwa gleich viel organisches Material zu sich nimmt wie eine Kuh auf entsprechender Fläche. Einzig wo ohnehin eine Überweidung durch das Hausvieh besteht, wirken sich zusätzliche Termitenkolonien negativ aus.

Obwohl z.B. Numbate, Ameisenigel, Dornenteufel, andere Echsen und Schlangen Unmengen an Termiten vertilgen, sind nicht diese ihre Hauptfeinde, sondern räuberische Ameisen mit denen sie in ständigem Kampf leben. Termitensoldaten können sich je nach Art auf verschiedene Weise zur Wehr setzen. Die einen besitzen riesige Köpfe mit kräftigen Kieferzangen, die andern verteidigen sich mit einer klebrigen, chemischen Flüssigkeit, die 2-3 cm weit gespritzt werden kann.

Der Baustoff für die Termitenhügel besteht meist aus Sandkörnern die mit Hilfe von Exkrementen zusammengeklebt werden. Der oberirdische Termitenhügel mit seinen Lüftungsschächten ist nur ein Teil des riesigen Bauwerks, auch unterirdisch dehnen sich Gang- und Raumsysteme aus. Neben der Königskammer und den angrenzenden Brutkammern, die sich etwa auf Bodenhöhe befinden, werden auch Vorratskammern, Abfallkammern und Totenkammern angelegt, letztere werden am Schluss zugemauert. Die Temperatur in den bewohnten Hügelteilen wird mit Hilfe verschiedener Kanalsysteme konstant auf etwa 30°C gehalten. Genügt diese Regulationsmethode nicht, wird Wasser herbeigeschafft, das durch Verdunstung Kühlung erzeugt.

Ameisen

Familie: Formicidae
Ants

Die Ameisen, denen wir heute auf allen Kontinenten in fast allen erdenklichen Biotopen begegnen, sind "erst" vor etwa 50 Millionen Jahren entstanden. Sie leben normalerweise in riesigen Staaten, welche Tausende von Individuen umfassen.

Gehen wir aber zum Ursprung dieser Insekten zurück, so finden wir eine ganz andere Lebensform. Ameisen stammen nämlich von einzeln (solitär) lebenden Wespen ab.

Westaustralien beherbergt die primitivste aller Ameisenarten, ***Nothomyrmecia macrops.*** Eine Kolonie dieser längst ausgestorben geglaubten Tiere wurde erst 1977 entdeckt. Vorher kannte man sie nur von rund 100 Millionen Jahre alten Fossilfunden. Sie stellen ein Bindeglied zu den Urameisen dar.

Die etwa 2 cm lange *Nothomyrmecia* besitzt wie die Wespen einen Giftstachel am Hinterleib. Ihre Kolonien bestehen in der Regel aus weniger als 100 Tieren und liegen unter dem Boden. Diese urtümliche Ameise geht alleine und nur nachts auf Beutefang. Ihre Opfer, die meistens auf Bäumen gefunden werden, sind oft grosse und wehrhafte Insekten. Weil *Nothomyrmecia* aber nur dann auf die Jagd geht wenn die Temperatur wenig über dem Gefrierpunkt liegt, sind ihre Opfer leicht zu fangen, denn Insekten werden normalerweise erst ab etwa 12°C aktiv.

Neben *Nothomyrmecia* wird Australien aber noch von anderen grossen Ameisen besiedelt. Es handelt sich dabei um die, je nach Art, bis 4 cm grossen **Bulldoggenameisen** *(Gattung: Myrmecia /* **Bulldog ants** und **Jumper ants**). Diese Arten sind in ihrer äusseren Erscheinung der Nothomyrmecia sehr ähnlich und nach dieser die ältesten noch lebenden Ameisen. Sie besiedelten einstmals die ganze Welt, heute aber kommen sie ausser in Australien nur noch in Neu-Kaledonien vor. Obwohl die Tiere eine hoch organisierte Gemeinschaft bilden, welche gemeinsam die Larven pflegt und das unterirdische Nest verteidigt, umfasst eine Kolonie nur ein paar 100 Tiere, die auch nur alleine auf Futtersuche gehen.

Ihre jüngsten Larven werden mit unbefruchteten, eigens dafür produzierten Eiern gefüttert, ältere vor allem mit Insekten und Spinnen. Ausgewachsene Tiere bevorzugen Blumennektar und Honigtau, der von Blattläusen ausgeschieden wird.

Die Jumper ants werden nicht ganz so gross wie die Bulldog ants, vermögen aber je nach Art bis 20 cm weit zu springen. Alle Arten besitzen sehr kräftige Kiefer, mit welchen sie ihre Beute festhalten, und einen giftigen Stachel am Hinterleib. Diese Waffen sind recht effizient und lernen sogar Echsen und Vögel, die Ameisen in Ruhe zu lassen.

Bulldoggenameisen besiedeln ganz Australien, bevorzugen aber südliche Regionen. Sie leben in verschiedensten Biotopen. Die unterirdischen Bauten liegen oft an erhöhter Stelle oder an einem Hang, denn die Überflutung des Nestes ist so ziemlich das schlimmste was der Kolonie passieren kann. Das Aushubmaterial in Form eines Hügels oder Kraters, verrät uns manchmal das Vorhandensein eines Nestes.

Vorsicht:

Der Stich einer Bulldog oder Jumper ant ist vergleichbar mit einem Wespenstich. An sich besteht also kein Grund zur Panik. Speziell bei Kindern, die in ein Ameisennest geraten und mehrfach gestochen werden, können aber Probleme auftreten. Wegen der starken Schmerzen und der Schockgefahr sollte in solchen Fällen ein Arzt aufgesucht werden.

Ernsthafte Komplikationen sind bei Allergikern möglich, bei ihnen kann sich die Reaktion auf das Gift mit jedem Mal, da sie gestochen werden, verstärken. Solche allergische Reaktionen können schlimmstenfalls zum Tode führen. Dieselbe Gefahr besteht aber in gleicher Weise bei Wespen- und Bienenstichen.

Bulldog und Jumper ants gelten als sehr angriffslustig. Doch diesem schlechten Ruf werden sie eigentlich nur in Nestnähe gerecht, im Radius von ungefähr 3 m. Vor allem an warmen Sommertagen verteidigen sie ihre Baue mit den Larven tatsächlich mit wilder Entschlossenheit.

Neben den urtümlichen Bulldoggenameisen gibt es nur eine höher entwickelte Ameisenart, welche dieselben Probleme verursachen kann, die **Greenhead ant,** die fast in ganz Australien vorkommt. Speziell an diesen Tieren der Gattung *Rhytidopenera* ist, dass sie bevorzugt in Vorgärten ihre Nester anlegen.

Symptome:

Brennende Schmerzen und Schwellung der Stichstelle.

Erste Hilfe:

Auflegen von Eiswasserpackungen zur Schmerzlinderung (siehe Seite 264).

Bei heftigen oder gar allergischen Reaktionen, Arzt aufsuchen.

WIRBELTIERE:

Lungenfisch

Neoceratodus forsteri
Lungfish

Der australische Lungenfisch wird bis 180 cm lang und bis zu 50 kg schwer. Neben den Kiemen, mit welchen er dem Wasser Sauerstoff entzieht, besitzt er auch eine Lunge, zum Atmen an der Luft. Lungenfische waren in urgeschichtlicher Zeit weltweit verbreitet. Nur sechs Arten überlebten bis in die heutige Zeit. Von ihnen ist der australische Lungenfisch der urtümlichste.

Er lebt ausschliesslich in Flüssen, wo er sich bevorzugt von Krusten- und Weichtieren ernährt, aber auch pflanzliche Kost nicht verschmäht. Entdeckt wurden die Tiere nur in den Flüssen Burnett und Saint Mary in Queensland. Fossile Funde, welche in die Zeit vor einigen hunderttausend Jahren zu datieren sind, belegen aber ein viel grösseres Verbreitungsgebiet. Weil die Eier der Lungenfische sehr empfindlich und nicht klebrig sind, können sie nicht auf natürlichem Wege durch Wasservögel weiter verbreitet werden. Um die Tiere vor dem völligen Aussterben zu bewahren, wurden sie auch in anderen australischen Gewässern angesiedelt.

Zwar besitzen die interessanten Fische Lungen - wichtigste Voraussetzung um an Land leben zu können - trotzdem waren nicht sie das Bindeglied, welches den ersten Schritt vom Wasser ans Land machte, sondern Vertreter flussbewohnender Quastenflosser, die neben einer Lunge auch die idealen Flossenansätze besassen, welche sich leicht zu Beingliedern umwandeln liessen.

Der Umstand, dass viele australische Flüsse in der Trockenzeit teilweise oder ganz austrocknen, bringt die betroffenen Fische oft in grösste Lebensgefahr. Die Möglichkeit der Lungenatmung schafft nun dem Lungenfisch wesentliche Vorteile. Wenn sich das Wasser immer mehr zurückgezogen hat, kann er über längere Zeit in kleinsten Pfützen überleben, in welchen alle anderen Fische längst an

Sauerstoffmangel gestorben sind. Regelmässig kommt er an die Oberfläche um Luft einzuatmen und wartet ab, bis ihn heftige Niederschläge aus der misslichen Lage erlösen. Kommt der Regen aber zu spät und die Pfütze trocknet ganz aus, so kann auch der Lungenfisch nicht überleben.

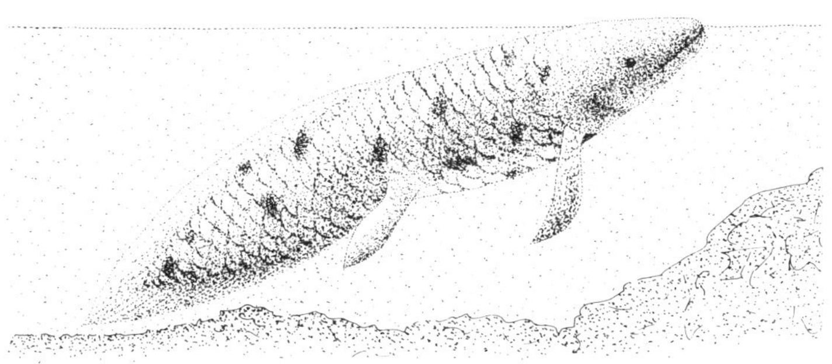

Der australische Lungenfisch wird zu Recht als "lebendes Fossil" bezeichnet, denn seine Vorfahren, welche vor rund 200 Millionen Jahren lebten, unterschieden sich in ihrer äusseren Erscheinung kaum von den heutigen Tieren.

Frösche und Kröten

Ordnung: Salientia
Frogs and Toads

Die wechselwarmen Amphibien waren die ersten Wirbeltiere, welche vor ca. 370 Millionen Jahren das Wasser verliessen, um auf dem Festland Schutz vor Raubfischen zu suchen, neue Nahrungsquellen zu erschliessen, oder sich von austrocknenden Tümpeln in tieferes Wasser zu begeben. Als Larven besitzen Amphibien immer noch Kiemen; sie sind daher während ihrer Entwicklung (Metamorphose) auf Wasser angewiesen. Die ausgewachsenen Tiere atmen dann durch Lungen, was ihnen den Aufenthalt am Land ermöglicht. Neben der Lungenatmung geschieht ein beträchtlicher Teil des Gasaustausches direkt über die feuchte, schleimige Haut. Weil diese Haut weder mit einem Schuppenpanzer, noch mit Haaren oder Federn bedeckt ist, müssen sich die Tiere vor Feuchtigkeitsverlust, Hitze und Kälte besonders schützen, indem sie sich frühzeitig in entsprechende Verstecke zurückziehen.

Froschlurche entwickelten verschiedenste Strategien, um nicht nur in der Umgebung eines nie austrocknenden Sumpfgebietes zu überleben, sondern auch in kargen Wüstengebieten. So sind sie trotz ihrer empfindlichen Hautoberfläche, welche eine grosse Einschränkung darstellt, auch in Australien in die verschiedensten Biotope vorgedrungen. Zur Zeit sind etwa 150 verschiedene Arten bekannt. Dagegen fehlen auf dem Fünften Kontinent Schwanzlurche (Salamander und Molche) völlig.

Die verschiedenen Froschlurche unterscheiden sich nicht nur wesentlich in ihrer Lebensweise und dem Verbreitungsgebiet, sondern auch in ihrer meist perfekten Tarnkleidung.

Vorsicht:

Froschlurche besitzen feuchtigkeitsabsondernde Hautdrüsen. Die Sekrete welche durch diese Drüsen abgegeben werden, schmecken meist scheusslich, bei manchen Arten sind sie sogar giftig. Dadurch sind Froschlurche für viele Tiere, welchen sie sonst zum Opfer fallen würden, ungeniessbar. Auch für uns Menschen ist Vorsicht geboten und nach Kontakten mit Fröschen gründliches Händewaschen empfohlen, damit die Sekrete nicht in unsere Augen gelangen, wo sie möglicherweise über Stunden Schmerzen verursachen können.

Der ca. 7 cm grosse **Wasserreservoirfrosch** *(Cyclorana platycephalus)* lebt als echtes Wüstentier im trockenen Landesinneren von ganz Australien, ausser Victoria. Um in dieser unwirtlichen Gegend überleben zu können, legt er sich während der kurzen, feuchten Periode im eigenen Körper einen riesigen Wasservorrat an, was ihm das Aussehen eines kleinen Ballons verleiht. Danach vergräbt er sich im austrocknenden Schlamm bis 1 m unter den Boden, und wartet, bis nach vielen Monaten heftige Regenfälle ihn erneut nach oben zum Brutgeschäft treiben.

Der seltsame, 3,5 cm grosse **Schildkrötenfrosch** *(Myobatrachus gouldii)* besitzt neben dem stark abgeflachten Körper extrem kurze, aber kräftige Vorderbeine. Er lebt fast ausschliesslich unter Tag. In sandigen Böden, weit weg von Wasserstellen, gräbt der Schildkrötenfrosch sich oft von unten an Termitennester heran, deren Bewohner seine Hauptnahrung darstellen. Nach starken Regenfällen können die im Südwesten Australiens beheimateten Tiere, gelegentlich an der Oberfläche beobachtet werden.

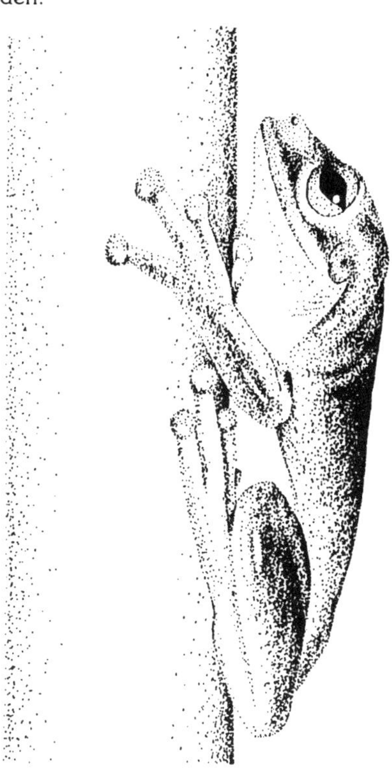

Dieser Grosse Baumfrosch lässt sich hier am Abflussrohr eines Toilettenhäuschens, durch den regen Betrieb der Campierenden, nicht im geringsten stören.

Im Gegensatz dazu hat sich der grüne **Grosse Baumfrosch** *(Litoria infrafrenata)* einem ganz anderen Lebensraum angepasst. Dank grosser Saugnäpfe und einer klebrigen Substanz an seinen

Zehen ist dieser Laubfrosch im Geäst von Bäumen und Sträuchern ein guter Kletterer. Am Boden ist er weniger gewandt, da ihn die mit Erde verschmutzten, klebrigen Füsse beim Gehen behindern. Als grösster einheimischer Frosch (bis 14 cm) bewohnt der Grosse Baumfrosch die Küstenregion von Nordost-Queensland.

Im Eungella Nationalpark (Queensland) lebt der seltene **Magenbrüterfrosch** *(Rheobatrachus vitellius)*. Er hat eine aussergewöhnliche Technik entwickelt, um seinen Nachwuchs während der gefährlichsten Zeit des Lebens (Larvenstadium), in einem geschützten Rahmen heranwachsen zu lassen, nämlich im Magen der Weibchen. Um die verschluckten Eier nicht zu schädigen, muss während der Brut die Produktion von Magensäften eingestellt werden. Wenn sich in den Eiern kleine Fröschchen entwickelt haben, werden diese geboren, beziehungsweise ausgespuckt.

Der **Wasserfallfrosch** *(Staurois)* lebt an reissenden Bächen im tropischen Regenwald, wo er sich bevorzugt in der Nähe eines Wasserfalls aufhält, oft auch hinter dem Wasservorhang. Dank einer Haftscheibe an der Kehle der Kaulquappen, können sich diese in der starken Strömung behaupten und entwickeln. Ausgewachsene Tiere besitzen spezielle Saugnäpfe an den Zehenspitzen, um in ihrem glitschigen Lebensraum nicht fortgespült zu werden. Bei Gefahr allerdings nutzen die Wasserfallfrösche das reissende Wasser, um sich schnell und ungesehen davontreiben zu lassen.

Die ca. 20 cm lange **Aga-Kröte** *(Bufo marinus)* stammt aus Südamerika und wurde 1935 als "biologisches Schädlingsbekämpfungsmittel" nach Australien geholt. Man hoffte, dass sie die ebenfalls eingeführten Käfer dezimieren würde, welche in den Zuckerrohrplantagen grossen Schaden verursachten. Doch die Aga-Kröten fanden so viele andere Nahrungsquellen, dass sie den Zuckerrohrpflanzern keinen Nutzen brachten. Heute vermehren sich die grossen Kröten ins Uferlose und bedrohen durch ihren Hunger einheimische Insekten, Spinnen, seltene Frösche, kleine Schlangen und Echsen. Zudem besitzen Aga-Kröten ein so starkes Gift, dass dies für die meisten Tiere, denen sie zum Opfer fallen, tödliche Auswirkungen hat. Daher hat sich das Verbreitungsgebiet der Aga-Kröten von

Queenslands Zuckerrohranbaugebieten unaufhaltsam vergrössern können. Heute sind die Tiere vom Cap York, über Mount Isa, bis zum nördlichen New South Wales anzutreffen.

REPTILIEN:

Reptilien

Klasse: Reptilia
Reptiles

Amphibien sind darauf angewiesen, zumindest ihr Larvenstadium im Wasser zu verbringen. Vor ca. 300 Millionen Jahren entwickelten sich aus den Amphibien die Reptilien, welche als erste Wirbeltiere vollständig unabhängig vom Wasser leben konnten. Dieser Schritt gelang ihnen dank der "Erfindung" des beschalten Eis. In ihm kann nämlich der Embryo an Land, ohne auszutrocknen, heranwachsen. Aber auch nach dem Verlassen des Eis müssen sich die Landbewohnenden Tiere vor dem Austrocknen wirkungsvoll schützen. Denn sonst würden sie durch die Haut zu viel Körperflüssigkeit verlieren und müssten sterben. Diesen Schutz bieten den Reptilien nicht Federn oder Haare, welche erst in einem späteren Entwicklungsstadium entstanden, sondern verhornte Schuppen und Schilder.

Reptilien sind wechselwarme Tiere, das heisst, sie sind nicht imstande, Körperwärme selber zu erzeugen. Um die notwendige Körpertemperatur für einen funktionierenden Organismus zu erreichen, sind Reptilien auf die Wärmezufuhr der Umgebung angewiesen. Daher finden die wärmebedürftigen Tiere in Australien ideale klimatische Bedingungen vor, was zur Folge hat, dass der Kontinent, insbesondere der Norden, reich an diesen Kriechtieren ist. Weil sie aber im Verborgenen leben, oft gute Tarnkleidung tragen und etliche von ihnen ein nachtaktives Leben führen, bekommt man viele nur selten zu Gesicht - trotz ihrer Häufigkeit.

Die Reptilien sind auf dem australischen Kontinent durch Schildkröten, Krokodile, Echsen und Schlangen vertreten.

Schildkröten

Ordnung: Testudines
Turtles / Tortoises

Die heutigen Schildkröten haben sich seit ca. 200 Millionen Jahren kaum verändert. Sie sind Abkömmlinge der ältesten Reptiliengruppe. Weltweit gibt es noch 230 Schildkrötenarten, welche in zwei Gruppen gegliedert werden. Diese lassen sich dadurch unterscheiden, dass die einen Tiere ihren Hals gerade in den Panzer zurückziehen können (Halsberger / *Unterordnung: Cryptodira)*, und die anderen ihn dazu seitlich abwinkeln müssen (Halswender / *Unterordnung: Pleurodira)*.

In Australien gibt es, abgesehen von den Meeresschildkröten, nur gerade eine Halsberger-Schildkröte, die Papua-Weichschildkröte. Ähnlich wie ihre Verwandten im Meer, ist sie in extremster Weise ans Wasserleben angepasst und kommt nur zur Eiablage an Land. Das weichpanzrige Tier besiedelt Binnengewässer Nordaustraliens.

Auch die 14 übrigen australischen Schildkröten sind Wasserschildkröten. Obwohl vor weniger als 2 Millionen Jahren in Queensland eine 2,5 m grosse Landschildkröte lebte, besiedelt heute keine einzige Art dieser Tiergruppe den Inselkontinent. Dies obschon zur Zeit für Landschildkröten optimale klimatische Bedingungen herrschen würden.

Von den 14 australischen Halswender-Schildkröten gehören 8 Arten zur Familie der **Schlangenhalsschildkröten** *(Chelodina /* **Snake-necked turtles**). Diese besitzen einen besonders langen Hals, der zusammen mit dem Kopf sogar länger als der Panzer sein kann. Schlangenhalsschildkröten gibt es nur in Australien, Neuguinea und Südamerika.

Die grösste australische Schlangenhalsschildkrötenart erreicht eine Panzerlänge von nahezu 50 cm. Neben den sehr langen Hälsen fallen die in der Regel stark abgeflachten Panzerformen auf. Dies ist eine Anpassung ans Wasserleben.

Während der Nahrungssuche tragen die Schlangenhalsschildkröten ihren Hals S-förmig angelegt. Die Beute wird dadurch überrascht, dass die Schildkröte ihren Kopf blitzschnell nach vorne wirft und so dem Opfer meist keine Chance lässt. Diese Jagdmethode wendet übrigens auch der Schlangenhalsvogel (Darter) an.

Alle australischen Schildkröten fressen vorwiegend tierische Nahrung. Dazu gehören Fische, Wasserinsekten und Kaulquappen, aber auch viele Wasserschnecken und Muscheln. Um die harten Muscheln zu öffnen, besitzen die Panzertiere sehr kräftige und scharfrandige Kiefer, mit welchen sie sich auch gegen Feinde zur Wehr setzen. Um ihre Beute aufzuspüren schwimmen sie ruhig in Bodennähe umher. Einige Arten suchen gelegentlich auch an Land nach Essbarem, wie z.B. Pandanussfrüchten (Schraubenbaum), Feigen und Schnecken.

Der Lebensraum der australischen Schildkröten liegt hauptsächlich in ruhigen Inlandseen, Flüssen und Sümpfen. Gelegentlich kann man die gepanzerten Reptilien an der Wasseroberfläche schwimmen sehen. Beim Sonnenbaden sind sie aber nur selten zu beobachten, da sie als sehr scheue Tiere bei geringsten Anzeichen von Gefahr ins schützende Wasser gleiten.

Wenn die Wohngewässer austrocknen, begeben sich viele der Wasserschildkröten auf eine kilometerlange Suche nach neuen Gewässern. Auf diesen Wanderungen müssen etliche ihr Leben lassen, denn mit ihren Flossenfüssen sind sie an Land recht hilflos. Hinzu kommen Zäune, welche ihnen den Weg versperren und sie damit den Feinden auf dem Servierteller präsentieren. Eine Art, welche nur in der Region Perth vorkommt, entzieht sich solch gefährlichen Wanderungen dadurch, dass sich die Tiere im Schlamm eingraben und in einen schlafähnlichen Zustand fallen, bis im Herbst der nächste ergiebige Regen sie wieder aufweckt. Im Extremfall können sie so bis zu einem Jahr überleben.

Meeresschildkröten

Familie: Cheloniidae
Sea turtles

Von den weltweit sieben Meeresschildkröten kommen sechs in Australien vor. Bis 2,5 m lang und über 500 kg schwer wird die grösste Art, die Lederschildkröte, welche allerdings in Australien keine Brutplätze hat. Vor etwa 80 Millionen Jahren lebten riesige Meeresschildkröten, welche eine Länge von 3,7 m erreichten.

Meeresschildkröten leben fast ausschliesslich im Wasser, nur zur Eiablage begeben sie sich für kurze Zeit an Land. Hiermit zeigen diese Reptilien das gleiche Verhalten wie viele Meeressäugetiere, die nach wie vor ans Land gebunden sind, um sich fortzupflanzen. Ausnahmsweise kann man auf einer ungestörten Insel einzelne Meeresschildkröten auch bei einem kurzen Sonnenbad beobachten. In der Nacht schlafen die Tiere, wobei sie mehrere Stunden unter Wasser bleiben, oder an der Oberfläche treiben. Je nach Art leben sie im offenen Meer oder in Küstennähe, in Buchten und an Flussmündungen.

Meeresschildkröten gehen in der Regel einzeln auf Futtersuche, wobei sie riesige Distanzen zurücklegen können. Sie ernähren sich je nach Art vegetarisch, als Gemischtköstler oder von rein tierischer Nahrung. Neben Fischen und niederen Meerestieren (Stachelhäuter, Weichtiere, Krebstiere, Muscheln, giftige Quallen und weiche Korallen) werden Seegras, Algen und Schwämme verspiesen. Die Jungtiere ernähren sich vermutlich vom eiweissreichen Plankton. Sie können kaum beobachtet werden. Man nimmt an, dass sie sich kurz nach dem Schlupf vom seichten Ufer entfernen und dann von der Strömung treiben lassen. Erst wenn sie eine Grösse von 40 cm erreicht haben, werden sie wieder in den Riffgewässern beim Fressen gesehen.

Die Eiablage der Meeresschildkröten findet immer wieder am eigenen Geburtsort statt. Die Anreise dahin kann nur einige dutzend, oft aber hunderte von Kilometern betragen. Über diese langen Reisen und darüber wie die Nistplätze genau gefunden werden, ist nach wie vor nur wenig bekannt. Nicht alle Arten kommen jedes Jahr zur Eiablage, es gibt solche die nur alle 3 Jahre Eier legen, dafür aber dann gleich mehrere Gelege im Abstand von etwa 2 Wochen. Die Paarung findet im Wasser, unmittelbar vor den Stränden der Eiablageplätze statt. Nur das Weibchen begibt sich unter grosser Anstrengung an Land und gräbt in einer Sanddüne eine Brutkammer. Sandstrände von Korallen- oder anderen Inseln werden bevorzugt, aber auch am Festland wird gelegt.

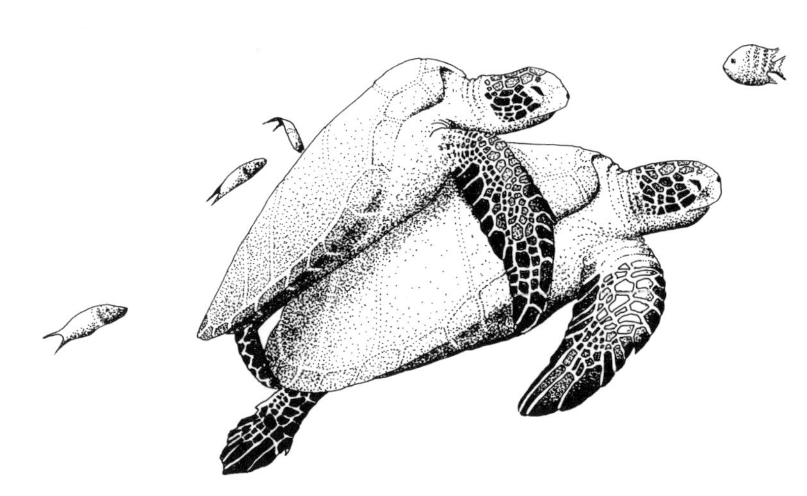

In Gefangenschaft können Meeresschildkröten unter optimalen Bedingungen schon mit 9 Jahren die Geschlechtsreife erreichen. In der Natur dauert es bis zu 50 Jahren, bevor sich die Tiere zum ersten Mal paaren und Eier legen.

Der Platz für die Eiablage muss oberhalb der Flutlinie liegen und sonnig genug sein, damit die nötige Bruttemperatur erreicht wird. Die Stelle muss aber auch genügend Feuchtigkeit besitzen, dass beim Nestkammerbau die Seitenwände nicht einstürzen. Durch die Feuchtigkeit werden auch die Eier vor dem Austrocknen geschützt. Falls sich die Stelle nicht eignet, sucht das Weibchen einen anderen Platz. Bis es diesen gefunden hat, treiben Störungen die Schildkröte zurück ins Meer, wodurch sie viel Energie verliert. Wenn das Weibchen mit dem Legen begonnen hat, lässt es sich nicht mehr stören und die Eiablage kann bei ruhigem Verhalten sogar aus nächster Nähe beobachtet werden. Nachdem es - normalerweise in der Nacht und bei einsetzender Flut - je nach Art seine rund 50-120 Eier abgelegt und zugedeckt hat, begibt sich das erschöpfte Reptil zurück ins Meer.

Ob aus den Eiern männliche oder weibliche Tiere schlüpfen, hängt von der Bruttemperatur ab. Bei der Eiablage ist das Geschlecht also noch nicht bestimmt. Tiefere Temperaturen begünstigen die Bildung von männlichen Tieren, wärmere diejenige von Weibchen. An der Mon Repos Beach bei Bundaberg schlüpfen beispielsweise hauptsächlich Weibchen.

Die Haupteiablagezeit findet im tropischen Sommer, zwischen Oktober und Februar statt. Die Jungtiere schlüpfen bis im Mai. Nachdem die Eier etwa 2 Monate lang von der Sonne ausgebrütet wurden, schlüpfen die neugeborenen Schildkröten einer Nestkammer fast alle gemeinsam und vor allem nachts, damit wenigstens einige den vielen Feinden (Vögel, Krabben und Landraubtiere), welche ihnen am Strand auflauern, entkommen können. Nachdem sie sich in anstrengender Arbeit durch die dicke Sandschicht gearbeitet haben und an der Oberfläche angelangt sind, begeben sich die Kleinen schnellstens ins Wasser, wo ihnen aber andere Raubtiere den Lebensstart schwer machen. Nur etwa 3% der geschlüpften Schildkröten überleben diesen gefahrvollen Lebensabschnitt. Damit die jungen Schildkröten nicht in die falsche Richtung laufen - der freie Blick aufs offene Meer ist oft durch Sanddünen verdeckt - orientieren sie sich offenbar an der relativen Helligkeit über der Meeresoberfläche, welche durch Reflektion von Sternen, Mond und Sonne erzeugt wird.

Grösster Feind der Meeresschildkröten ist nach wie vor der Mensch. Die Brutplätze der Tiere sind in Queensland vor allem durch die Folgen der zunehmenden Zivilisierung gefährdet. Für ausgewachsene Tiere sind die Fischer- und Haischutznetze, in denen die Schildkröten hängenbleiben und ertrinken, am verhängnisvollsten.

Beobachtungen: In Australien gibt es drei Schildkrötenbrutplätze welche sich eignen, um auch mit Kindern das unvergessliche Schauspiel von Eiablage und Schlupf miterleben zu können: Heron Island

(Rockhampton), Mon Repos Beach (Bundaberg), und Wild Duck Island (südlich von Mackay). Allerdings sind die Regeln der Rangers strengstens zu beachten, damit sich die verbliebenen Schildkrötenbestände wieder erholen können.

Krokodile

Familie: Crocodylidae
Crocodiles

Die nächsten Verwandten der Krokodile sind die Dinosaurier. Während die letzten Saurier vor 65 Millionen Jahren ausstarben, sind Krokodile trotz ihrer urtümlichen Körperform zu einer der erfolgreichsten Tiergruppen aufgestiegen. Seit 150 Millionen Jahren haben sich die furchteinflössenden Reptilien kaum verändert. Schon früh hat die Natur hier ein Tier geschaffen, welches zum Überleben bestens ausgerüstet ist. Erwachsene Tiere kennen ausser den Menschen keine Feinde; sie stehen zuoberst an der Nahrungskette, auch wenn sie nicht 15 m Länge erreichen, wie einige ihrer Vorfahren in urgeschichtlicher Zeit.

Krokodile leben ausschliesslich am und im Wasser. An das nasse Element sind sie denn auch in perfekter Weise angepasst. Grosse Tiere vermögen über eine Stunde unterzutauchen. Dabei werden Augen, Ohren, Nase und Mund wasserdicht verschlossen, das Auge ist sogar durch ein drittes Lid geschützt. Zum Schwimmen legen die Panzerechsen ihre Beine an den Leib, so dass die Stromlinienform des Körpers ihre Vollendung findet.

In Australien sind zwei Krokodilarten vertreten. Ihre Verbreitungsgebiete erstrecken sich über den hohen Norden, wo sich ihre Lebensräume gelegentlich überschneidet, niemals aber findet man beide Arten am selben Ort.

Süsswasserkrokodil

Crocodylus johnstoni
Freshwater crocodile

Das Süsswasserkrokodil (durchschnittlich 2 m lang) ist im Vergleich zum Salzwasserkrokodil eine verhältnismässig kleine Panzerechse. Neben der Grösse ist die schmale Schnauze der Süsswasserkrokodile das auffälligste Unterscheidungsmerkmal.

Das Süsswasserkrokodil ist ausschliesslich in Australien beheimatet. Wie der Name verrät, lebt dieses Tier in ruhigen Binnengewässern, also oft Hunderte von Kilometern im Landesinnern. Sein Lebensraum beschränkt sich auf das Wasser und die unmittelbare Ufernähe.

Ausgewachsene Süsswasserkrokodile ernähren sich von Fischen, kleinen Reptilien und Säugetieren, jungen Wasservögeln und Insekten.

In der Trockenzeit zwischen August und September, legt das Weibchen auf einer Sandbank in Wassernähe um die 20 Eier in ein selbstgescharrtes Loch. Nach rund 2 bis 3 Monaten, während denen das Weibchen die Ablagestelle gegen Eiräuber bewacht, schlüpfen die Jungen, welche sofort selbständig sind.

Gefahr:

Das Süsswasserkrokodil stellt für uns Menschen grundsätzlich keine Gefahr dar. Nur während der Brutzeit, oder natürlich dann, wenn die Tiere sich in die Enge getrieben fühlen, werden auch diese, an sich furchtsamen, zurückgezogen lebenden Panzerechsen angreifen und können uns dabei mit ihren scharfen Zähnen wüste Verletzungen zufügen. Ein genügend grosser Sicherheitsabstand ist also in jedem Fall einzuhalten.

Salzwasserkrokodil

Crocodylus porosus
Estuarine crocodile / Saltwater crocodile

Durchschnittlich messen Salzwasserkrokodile 5 m. Sehr alte Tiere sind jedoch wesentlich grösser. Im Gegensatz zum Süsswasserkrokodil ist seine Schnauze sehr breit und der Panzer dunkler gefärbt.

Das Verbreitungsgebiet des Salzwasserkrokodils ist riesig. Es erstreckt sich nicht nur über die Küstengebiete des hohen Nordens Australiens, sondern reicht bis nach Südindien, den Philippinen und den Fidschi-Inseln. Diese grosse Verbreitung ist auf die enorme Schwimmleistung der Tiere zurückzuführen, welche imstande sind, Hunderte von Kilometern im offenen Meer zurückzulegen.

Das Salzwasserkrokodil bewohnt nicht nur Flussmündungen, Küstensümpfe und abgelegene Lagunen, sondern kann bis etwa 80 km landeinwärts angetroffen werden, wo es auch in reinen Süssgewässern vorkommt. Auch werden ausnahmsweise auf der Suche nach neuen Futtergründen kürzere Distanzen über Land zurückgelegt.

Salzwasserkrokodile standen in Australien nach intensiver Bejagung kurz vor der Ausrottung. Dank Schutzmassnahmen haben sich heute die Bestände in einigen Regionen recht gut erholt.

Die "Salties", wie sie fast liebevoll von den Australiern auch genannt werden, jagen ausschliesslich am und im Wasser. Sie gehen vorwiegend nachts auf Beutefang. Ihre Hauptnahrung besteht aus Fischen; jedoch auch andere Tiere wie Landsäuger, Vögel, Schildkröten usw. werden von diesen ausgezeichneten Jägern nicht verschont. Grosse Beutetiere werden ins Wasser gezogen und dort so lange festgehalten, bis sie ertrinken. Falls das Opfer zu gross ist um ganz verschluckt zu werden, wird es mit enormer Kraft und ruckartigen Hin- und Herbewegungen des Kopfes auseinandergerissen, denn Krokodile können mit ihrem Gebiss weder kauen noch abbeissen.

Die Paarung findet gegen Ende der Regenzeit statt. Danach legt das Weibchen, hoch auf einer durch Büsche geschützten Uferböschung, durchschnittlich 50 Eier in seinen grossen Bruthügel, welcher aus zusammengescharrtem Laub, Sand, Schlamm und Zweigen besteht. Das Weibchen bleibt während der ganzen Brutzeit in Nestnähe um das Gelege vor allfälligen Eierräubern (vor allem Waranen) zu schützen. Die Jungen schlüpfen je nach Temperatur nach etwa 3 bis 5 Monaten.

Nach dem Schlupf werden die jungen Salzwasserkrokodile im Maul ihrer Mutter bis ins Wasser getragen. Damit ist der gefahrenvollste Lebensabschnitt der Heranwachsenden gesichert. Die Jungen geniessen sogar noch ein paar Tage länger den Schutz ihrer Mutter, denn viele Feinde trachten nach dem Leben der noch winzigen Panzerechsen. Eine solch ausgeprägte Brutpflege ist für Reptilien aussergewöhnlich.

Gefahr:

Salzwasserkrokodile, welche länger als 2 m sind, stellen auch für den Menschen eine grosse Gefahr dar. Daher ist in Gegenden, die von Krokodilen bewohnt sind, während jeder Jahreszeit ganze Aufmerksamkeit erforderlich, und ein genügend grosser Sicherheitsabstand zu gesichteten Tieren gehört zur Selbstverständlichkeit. Falls die riesigen Reptilien gestört werden, greifen sie durchaus auch kleinere Boote an.

Kommt man trotz aller Vorsicht einem Krokodil zu nahe, darf man niemals durch den Raum zwischen Panzerechse und Wasser fliehen.

Echsen

Unterordnung: Sauria
Lizards

Australien beherbergt keine Leguane und Chamäleons, dafür sind fünf andere Echsenfamilien stark vertreten, so dass gelegentlich vom Land der Echsen gesprochen wird. Die Zugehörigkeit der verschiedenen Arten zu einer der fünf Familien lässt sich in der Regel leicht anhand von typischen Erscheinungsmerkmalen und Verhaltensweisen bestimmen.

GECKOS:
Verhältnismässig kleine Echsen. Riesenaugen ohne Augenlider. Relativ grosser Kopf. Breite fleischige Zunge. Verbreiterte Zehen mit Haftpolstern. Hautschuppen körnig, nicht überlappig. Ausgeprägt gemustert. Kann Laute abgeben. Bissig. Nachtaktiv.

FLOSSENFÜSSE:
Schlangengestalt. Beinlos. Tag- und nachtaktiv.

AGAMEN:
Drachenähnliche Gestalt. Auffällige Halskragen und Stacheln. Der Kopf ist vom Körper deutlich abgehoben. Dünner, langer Schwanz. Tagaktiv.

SKINKE:
Eidechsengestalt. Glatte, glänzende Schuppenhaut. Kälteunempfindlichste Echsen. Z.T. lebendgebärend. Tagaktiv.
Blauzungenskinke sind kurzbeinig, dick und plump.

WARANE:
Saurierähnliche Gestalt. Faltige Haut. Schlund dehnbar. Gespaltene, dünne, lange Zunge. Grösste Echsen. Massiger Leib. Kräftige Beine. Muskulöser Schwanz. Lange dolchartige Krallen. Starke Kiefer und Reisszähne. Schlängelnder Watschelgang. Auch Aasfresser. Tagaktiv.

Geckos

Familie: Gekkonidae
Geckos

Von den weltweit etwa 670 Geckoarten, sind in Australien rund 90 beheimatet, welche je nach Art 7-25 cm lang werden. Die Familie der Geckos entwickelte sich vor etwa 40 Millionen Jahren.

Der mächtige, vom Rumpf meist deutlich abgehobene Kopf, besitzt überdimensionierte Augen, welche eine Anpassung an die ausgesprochene Nachtaktivität der Tiere sind. Die grossen Augen mit ihren senkrechten Pupillen besitzen keine sichtbaren Augenlider, denn diese sind im Verlauf der Entwicklungsgeschichte durchsichtig geworden und miteinander zu einer brillenglasartigen Schutzhaut verwachsen. Geputzt wird diese Schutzhaut mit der fleischigen Zunge.

Ein Grossteil der Geckos vermag an glatten Wänden, ja sogar an Glasscheiben hinauf und hinunter zu klettern und an Decken entlang zu gehen. Dazu befähigen sie die unterseitig verbreiterten Zehen, die auf lamellenartigen Haftpolstern unzählige, mikroskopisch kleine Hakenzellen besitzen, welche auf kleinsten Unebenheiten einzuhaken vermögen. Geckos, die vorwiegend am Boden leben, haben vogelähnliche, klauenförmige Füsse.

Die Hautschuppen sind nicht wie bei den anderen Kriechtieren überlappig, sondern aneinandergereiht. Die körnige Haut ist bei manchen Arten mit Knötchen bedeckt. Ein ausgeprägtes Hautmuster ziert viele Geckos und dient oft zur perfekten Tarnung.

Würden Geckos in die Hand genommen, so fühlte man ihre weiche, samtartige Haut. Aber besser lässt man die Echsen, wo sie sind, denn erstens stossen sie aus Angst sehr schnell ihren Schwanz ab und zweitens sind sie sehr beisslustig. Zwar wächst ein neuer, verkürzter Schwanz nach, aber dieser enthält keine voll ausgebildete Wirbelsäule mehr, sondern nur noch einen Knorpelstab. Auch Farbe und Musterung sind nicht mehr so intensiv und vor allem ist jede Schwanzregeneration eine grosse Belastung für den Körper des kleinen Geckos, zumal viele einen verdickten Schwanz besitzen, welcher als Energiereserve dient. Die Feinde der Geckos werden durch den abgeworfenen, wild zuckenden Schwanz abgelenkt, so dass den kleinen Echsen oft die Flucht ins sichere Versteck gelingt.

Gelegentlich findet man Geckos mit zwei oder gar mehreren regenerierten Schwänzen.

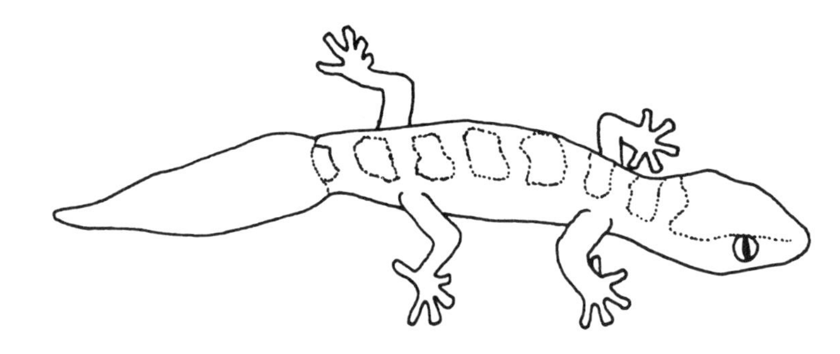

Dieser Fettschwanzgecko (Oedura Robusta) besitzt einen besonders ausgeprägten Speicherschwanz.

Geckos sind die einzigen Reptilien, welche über eine echte Stimmbegabung verfügen. Die Töne reichen von leisem Zirpen und Quaken bis zu lautem Bellen. Die Fähigkeit, Laute von sich zu geben, ist während der Nacht eine nützliche Kommunikationshilfe.

Geckos besetzen viele ökologische Nischen, so dass man sie in allen Klimazonen und Landschaftsformen antrifft.

Sie ernähren sich von Insekten, Spinnen und Tausendfüsslern. Ein paar grössere Arten machen sogar Jagd auf kleinere Artgenossen oder Skinke. Das ausgezeichnete Sehvermögen der Geckos ist auf Bewegung ausgerichtet. Sich völlig reglos haltende Beutetiere, bemerkt der jagende Räuber nicht.

Ein Geckogelege besteht aus nur 1 bis 2 Eiern. Manchmal kleben mehrere Weibchen an den selben geschützten Ort ihre Eier, so dass recht umfangreiche Gelege entstehen können.

Flossenfüsse

Familie: Pygopodidae
Legless lizards

Flossenfüsse sind 15-75 cm lange Echsen. Wie der englische Name verrät, besitzen sie keine Beine, was ihnen das Aussehen von Schlangen verleiht. Von diesen sind Flossenfüsse denn auch - zumindest auf den ersten Blick - nur schwer zu unterscheiden. Trotz der Ähnlichkeit besteht aber keine nähere Verwandtschaft zwischen diesen beiden schlängelnden Reptilien; Warane, zum Beispiel, stehen den Schlangen viel näher. Anhand einiger Merkmale lassen sich Flossenfüsse aber sicher als solche identifizieren: Bei den meisten Arten sind die Hintergliedmassen als unscheinbare Überreste in Form von flossenähnlichen, kleinen Schuppenläppchen erkennbar. Die Beschuppung der seltsamen Echsen ist rings um den Körper ziemlich gleichartig, wogegen alle landbewohnenden Schlangen eine deutliche Bauchseite aufweisen, welche aus breiten Bauchschienen (Schuppenplatten) besteht. Ebenfalls im Gegensatz zu den Schlangen besitzen Flossenfüsse sichtbare Ohröffnungen und eine breite, fleischige Zunge. Letztere deutet auf eine nahe Verwandtschaft mit den Geckos hin, wie auch die Fähigkeit, den Schwanz abzuwerfen.

Die artenarme Echsenfamilie der Flossenfüsse ist nur in der australisch-papuanischen Region beheimatet (insgesamt etwa 13 Arten). In Australien sind sie über den ganzen Kontinent verbreitet. Ihre Lebensräume reichen von den trockenen Halbwüsten bis zu den feuchten Küstengebieten und Regenwäldern. Allesamt sind sie Bodenbewohner, die sich beispielsweise unter Steinen, toten Pflanzenteilen, oder im Spinifex-Gras verstecken.

Die Flossenfüsse gehen sowohl am Tag wie auch in der Nacht auf Beutefang. Die meisten ernähren sich von Insekten, aber grosse Arten vermögen auch kleine Reptilien (Skinke) zu überwältigen.

Um sich zu schützen, ahmen einige Flossenfussarten in perfekter Weise das Verteidigungsverhalten von Giftnattern nach. Selber sind sie aber alle absolut ungiftig. Auch Zähne und Kiefer sind zu schwach, um einer Person etwas anzutun.

Ein Flossenfussgelege besteht nur aus 2 bis 3 länglichen Eiern. Die Jungen sind nach dem Schlüpfen selbständig.

Neben den oben beschriebenen Arten, gibt es recht seltene, grabende, unterirdisch lebende, wurmähnliche Flossenfüsse. Über ihre Lebensweise ist allerdings nur sehr wenig bekannt.

Agamen

Familie: Agamidae
Dragon lizards

Die auffälligsten Vertreter der vielgestaltigen Kriechtierwelt sind zweifellos die Agamen, oder Drachenechsen, wie sie von den Australiern treffend bezeichnet werden. Die Kragenechse und der Dornteufel sind wohl die bekanntesten Vertreter dieser spektakulären Familie. Agamen sind, mit insgesamt etwa 300 Arten, auch in Asien und Afrika heimisch. Auf dem Fünften Kontinent sind sie besonders vielfältig entwickelt und verbreitet (rund 65 Arten).

Die Grösse der australischen Agamen liegt zwischen 20 cm und 1 m. Ihre Gestalt entspricht in der Regel dem, was man sich unter "Echsen" vorstellt. Der recht grosse Kopf ist vom Rumpf klar abgehoben. Viele Arten sind mit eindrucksvollen Stacheln oder auffälligen Halskragen ausgerüstet. Ihre Haut ist rauh, z.T. eintönig oder aber auch recht bunt gefärbt und mit verschiedenen Mustern versehen. Der Schwanz ist lang und dünn. Die scharfen Krallen kommen ihnen beim Klettern und Graben zunutze.

Ein Grossteil der Agamen spezialisierte sich auf Wüstengebiete, die Tiere kommen aber in allen Klimazonen des Kontinents vor. Die meisten Agamen leben als Bodenbewohner. Es gibt aber einige Ausnahmen. Neben solchen, die vorzüglich klettern und viel auf Bäumen anzutreffen sind, gibt es auch Arten welche am Wasser leben und dieses als Zufluchtsort benutzen.

Dank ihrer ausgesprochen tagaktiven Lebensweise können Agamen trotz ihrer Flinkheit in ihren Hauptverbreitungsgebieten häufig beobachtet werden.

Agamen sind zum grössten Teil Insektenfresser, aber auch Pflanzen und Beeren werden vertilgt. Grössere Arten vermögen auch kleine Echsen und andere Wirbeltiere zu überwältigen.

Wo kein Baum oder keine Felsspalte genügend Schutz vor Feinden bietet, suchen einige Echsenarten auf zwei Beinen, mehr fliegend als laufend, ihr Heil in der Flucht. Diese aufgerichtete Stellung, oder das abwechslungsweise Anheben von Beinen und Schwanz, wird auch dazu benutzt, sich vor der Hitze des aufgeheizten Wüstenbodens zu schützen.

Je nach Temperatur und Agamenart dauert es 2 bis 4 Monate bis die 2 bis 25 Jungtiere aus den im Boden vergrabenen Eiern schlüpfen.

*Der etwa 15 cm lange **Dornteufel** (Moloch horridus / **Thorny***

devil) *ist ein ausgeprägter Nahrungsspezialist, welcher fast ausschliesslich Ameisen zu sich nimmt (täglich 2'000-3'000 Tiere). Dornteufel bewegen sich langsam, denn um Ameisen zu fangen brauchen sie keine flinken Beine. Bei Gefahr suchen diese seltsamen Echsen denn auch nicht in der Flucht ihr Heil, sondern bleiben regungslos stehen, drücken den Kopf zwischen die Vorderbeine und vertrauen auf ihre Tarnfarbe und den Stachelpanzer.*

Boyds Regenwalddrachen *(Gonocephalus boydii /* ***Boyds forest dragon)*** *bewohnt die tropischen Regenwälder von Nordqueensland. Diese fast 50 cm langen baumbewohnenden Echsen sind durch ihre hervorragende grün-braun-gelbe Tarnfärbung bestens geschützt. Der Kehlsack dient nicht in erster Linie der Feindabwehr, sondern spielt beim Balzverhalten eine Rolle.*

*Die **Kragenechse** (Chlamydosaurus kingii / **Frilled lizard**) hat das "Vortäuschen falscher Tatsachen" auf die Spitze getrieben. Der aufgestellte Halskragen (etwa 30 cm im Durchmesser) lässt den Kopf dieser eigenartigen Agame um ein Vielfaches grösser erscheinen. Wie ein Schirm wird die seltsame Hautfalte geöffnet und geschlossen. Bleibt dieser Bluff erfolglos, fegt die Kragenechse aufrecht auf den Hinterbeinen davon und flüchtet sich behend kletternd auf den nächsten Baum. Kragenechsen jagen in lichten Wäldern Nordaustraliens, am Boden und auf den Bäumen, nach Insekten und kleinen Wirbeltieren.*

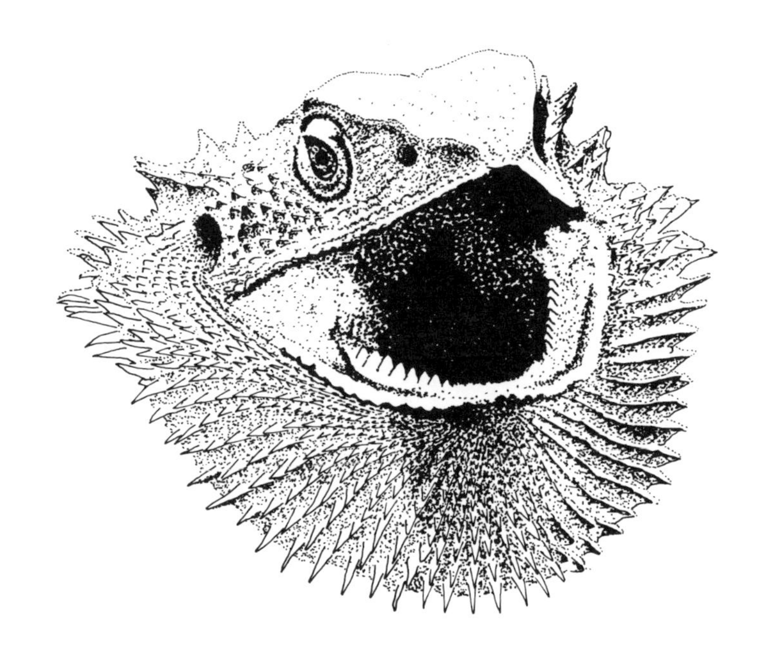

Die rund 60 cm lange ***Bartagame*** *(Amphibolurus barbatus /* ***Bearded dragon****) ist zwar eine flinke Jägerin, ihre Beute besteht aber nur aus kleinen Tieren wie Spinnen, Käfern, Faltern, Raupen und Weichtieren. Grössere Tiere brauchen sich vor den Bartagamen nicht zu fürchten, denn diese vermögen mit ihren kleinen Zähnen zu wenig zuzubeissen.*

Wird die an sich gut getarnte Bartagame selbst von einem Feind aufgespürt, muss sie denn auch etwas vortäuschen, was gar nicht ist. Dazu stellt sie ihren "Bart" heraus, plustert sich auf, öffnet das Maul weit und zischt bösartig.

Skinke

Familie: Scincidae
Skinks

Gemessen an der Artenvielfalt sind Skinke dank ihrer Anpassungsfähigkeit die erfolgreichste Echsenfamilie in Australien. Von den weltweit etwa 800 Arten leben rund 170 auf dem Fünften Kontinent.

Australische Skinke sind recht unterschiedlich in ihrer Grösse, Erscheinungsform und ihren Gewohnheiten. Grösstenteils sind sie klein gewachsen. Der Kleinste misst 9 cm, der Grösste 75 cm. Ihre Haut ist mit glatten, glänzenden Schuppen bedeckt, was ihnen neben der Bezeichnung Skinke, auch zum Namen Glattechsen verholfen hat.

Die meisten Skinke sind flinke Tiere. Sie zeigen sich in der typischen "Eidechsengestalt", mit langem Schwanz, welcher zur Feindablenkung abgeworfen werden kann.

Die kleine Gruppe der **Blauzungenskinke** *(Tiliqua* / **Blue-tongued lizards**) passt hingegen ganz und gar nicht zu diesem Bild. Denn sie sind in der Regel gross, erscheinen plump, träge und disproportioniert. Der schwere Körper wird von verhältnismässig kurzen Beinen getragen. Der Schwanz ist kurz und bei der Tannzapfenechse sehr stark verdickt. Feinde werden durch Herausstrecken der grossen blauen Zunge, eingeschüchtert. Blauzungenechsen sind sehr friedfertig und werden gerne als Terrarientiere gehalten.

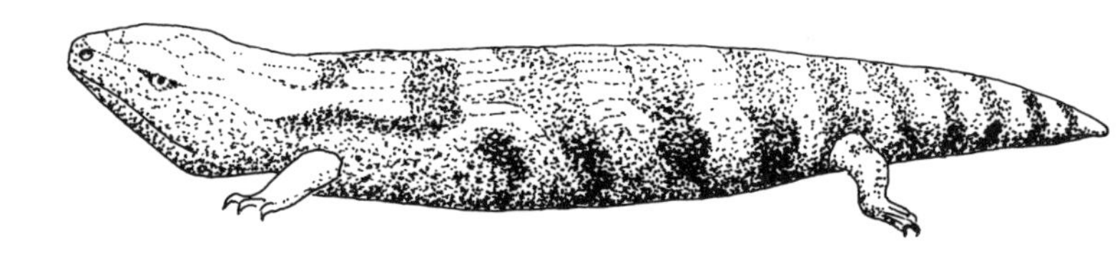

Blauzungenskinke sind ausschliesslich in Australien und Neuguinea verbreitet.

Die meisten Skinke sind Bodenbewohner. Nur wenige graben sich Höhlen; andere Arten leben teilweise auf Bäumen. Fast alle sind tagaktiv. Skinke ertragen die Kälte besser als andere Echsen, und sind daher auch in Tasmanien verhältnismässig häufig.

Die kleinen Skinke vertilgen eine Menge Insekten und Spinnen. Grössere Arten fressen auch Pflanzen.

Normalerweise sind Echsen eierlegend (ovipar). Vor allem unter den Skinken gibt es aber auch lebendgebärende Arten. Das heisst: die Eier reifen im Mutterleib heran und die fertig entwickelten Jungen durchbrechen die dünnen Eihüllen kurz vor, während, oder unmittelbar nach der Geburt (ovovivipar). Bei sehr wenigen Arten (z.B. dem Tannzapfenskink) findet diese Brutmethode noch eine Fortsetzung. Dabei werden die Embryonen teilweise mit Nährstoffen aus dem mütterlichen Stoffwechsel versorgt (vivipar). Hiermit haben diese Echsen eine Vermehrungsmethode entwickelt, welche mit jener von einigen Haifischarten und den Säugetieren zu vergleichen ist.

Warane

Familie: Varanidae
Goannas / Monitors

Von den weltweit 32 Waranarten leben 17 in Australien. Die Tiere erreichen hier, je nach Art, eine Grösse von 20 cm bis 250 cm. Trotz der enormen Grössenunterschiede ähneln sie sich so sehr, dass alle einer einzigen Gattung *(Varanus)* zugeordnet werden.

Die englische Bezeichnung für Waran wäre eigentlich Monitor, aber in Australien ist der Begriff **Goanna** beliebter und überall bekannt. Weil die ersten Siedler in den fremden Tieren Ähnlichkeiten mit den ihnen bekannten Leguanen (Iguana) sahen, gaben sie ihnen diesen Namen.

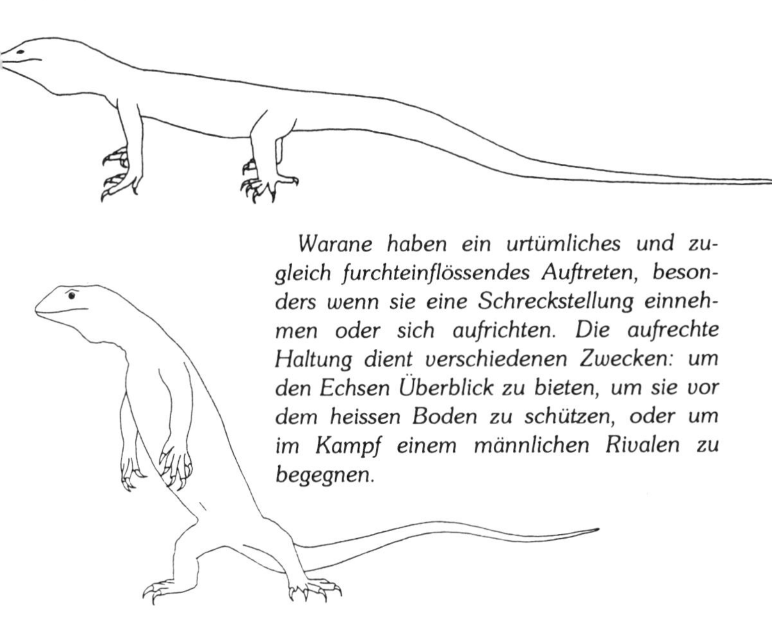

Warane haben ein urtümliches und zugleich furchteinflössendes Auftreten, besonders wenn sie eine Schreckstellung einnehmen oder sich aufrichten. Die aufrechte Haltung dient verschiedenen Zwecken: um den Echsen Überblick zu bieten, um sie vor dem heissen Boden zu schützen, oder um im Kampf einem männlichen Rivalen zu begegnen.

Die typische Erscheinung der Warane lässt sie leicht von anderen Echsen unterscheiden. Der keilförmige Kopf ist mit sehr starken Kiefern und Reisszähnen ausgestattet. Ihr langer Hals verbreitert sich unterseitig kehlsackartig, was den räuberischen Echsen beim Verschlingen von grossen Beutetieren zunutze kommt. Als einzige Echsen vermögen Warane nämlich wie die Schlangen ihren Schlund sehr stark zu vergrössern, was ihnen das Schlucken von unglaublich grossen Futterbrocken ermöglicht. Warane besitzen kurze, muskulöse Beine und lange, scharfe Krallen, mit denen sie ihre wehrhafte Beute festhalten und auch auf Bäume klettern können. Ihr Schwanz ist lang und kräftig. Er dient auch als Waffe, wobei gezielte, heftige Schläge verteilt werden können. Die Eigenart im Körperbau verleiht den Waranen einen unverkennbaren "schlängelnden Watschelgang". Eine faltige Haut bedeckt den massigen Leib. Sie ist zur Tarnung normalerweise in eintöniger, oft gelbgrauer Färbung gemustert. Auf eine nahe Verwandtschaft mit den Schlangen weist die sehr lange, tiefgespaltene Zunge hin. Deren Spitzen vermögen feinste Duftstoffe aus der Luft aufzunehmen, was den Echsen ein müheloses Folgen der Duftspur von Beutetieren ermöglicht.

Die wärmebedürftigen, tagaktiven Warane besetzen von der Wüste bis zum Regenwald die verschiedensten ökologischen Nischen, daher bekommt man sie im ganzen Land recht häufig zu Gesicht.

Die Mitglieder der Waranfamilie werden von Zoologen als intelligenteste Echsen gerühmt. Die Aborigines wussten die Tiere des guten Fleisches und ihrer Häufigkeit wegen zu schätzen, was sich auch gebührend in zahlreichen Fels- und Rindenmalereien und vielen Legenden niederschlug.

Warane verstecken sich in Felsspalten, hohlen Bäumen, in Kaninchenbauten, oder in tiefen, selbstgegrabenen Höhlen. Die meisten Warane können trotz ihrer scheinbaren Plumpheit gut klettern und laufen. Bei Gefahr finden sie Schutz auf Bäumen, oder erheben sich auf ihre Hinterbeine und rennen mit hoher Geschwindigkeit davon. Sie können ausnahmslos recht gut schwimmen. Bis auf eine Art, welche am Wasser lebt, im Wasser jagt und ins Wasser flüchtet, sind sie Bodenbewohner.

Warane sind Fleischfresser und besitzen zudem eine Vorliebe für Eier. Sie vertilgen praktisch jedes Tier, das sie überwältigen können: Vögel, Echsen, Schlangen, junge Koalas und Possums, Kaninchen, Schildkröten, Frösche, Insekten und ihre Larven. Sie fressen auch Aas. Am Wasser lebende Warane erweitern diesen Speisezettel noch um Fische und Krustentiere.

Ausser Krokodile und Menschen haben ausgewachsene Grosswarane kaum Feinde.

Die Gelegegrösse der Waranweibchen liegt zwischen 7 und 35 Eiern.

Vorsicht:

Grosswarane erscheinen nicht selten auf Zelt- und Picknickplätzen, weil sie da Essensreste finden.

Zwar sind Warane ungiftig, sie können jedoch auch dem Menschen tiefe Wunden zufügen, welche eine ärztliche Behandlung erfordern. Es wird jedoch kein Waran, welcher nicht erschreckt, oder gereizt wurde, einen Menschen angreifen.

Schlangen

Unterordnung: Serpentes
Snakes

Die Länge der australischen Schlangen liegt je nach Art zwischen 20 cm und über 3 m. Pythons können sogar über 8 m lang werden. Schlangen lassen sich in der Regel leicht als solche erkennen, denn wer besitzt schon 180, oder sogar bis weit über 400 Wirbel und Rippenpaare. Trotzdem gibt es Ausnahmen. Zum einen die Flossenfüsse, welche zwar Schlangengestalt besitzen, aber zu den Echsen gehören und zum anderen die Blindschlangen, welche zwar echte Schlangen sind, aber nicht selten mit Würmern verwechselt werden.

Australien wird von fünf Schlangenfamilien besiedelt: den **Blindschlangen** *(Typhlopidae)*, **Riesenschlangen** *(Boidae)*, **Nattern** *(Colubridae)*, **Giftnattern** *(Elaphidae)* und **Seeschlangen** *(Hydrophiidae)*. Die Familien der Vipern oder Ottern *(Viperidae)* und der Grubenottern *(Crotalidae)* fehlen in Australien. Denn sie sind erst entstanden, als sich der Fünfte Kontinent bereits von den anderen Erdteilen gelöst hatte.

Die Vorfahren der modernen Schlangen sind erst vor rund 80 Millionen Jahren aus waranähnlichen Echsen hervorgegangen. Trotzdem haben sie nur noch wenig mit diesen gemeinsam. Die Entwicklungsgeschichte hat dem Schlangenkörper eine derart "abnormale" Form verliehen, dass wir Menschen Mühe haben, eine ungestörte Beziehung zu diesen Kriechtieren zu finden, denn nichts was ins Auge fällt, haben Schlangen mit uns gemeinsam. Ihr langer, dünner Körper steht im krassen Gegensatz zu der menschlichen Gestalt. Sie besitzen weder Beine noch Arme, vermögen sich aber trotzdem blitzschnell fortzubewegen, sich aufzurichten und präzise ihre Beute zu ergreifen. Die Augen haben nur scheinbare Ähnlichkeit mit den unsrigen, denn der Augapfel einer Schlange ist kaum beweglich. Zudem lassen sich die Augen nicht schliessen, was ihnen den starren, fast hypnotisierend wirkenden Blick verleiht. Auch können wir aus diesem Grund den schlafenden Zustand einer Schlange kaum erkennen. Sie vermögen also so gut wie keine körpersprachlichen Signale auszusenden, die wir ohne weiteres verstehen. Daher bleibt uns das Wesen der Schlange nach einer flüchtigen Begegnung und mit nur oberflächlicher Kenntnis fremd und unverständlich. Dazu kommt unser Wissen, dass Schlangen giftig sein können. Ungewissheit vor dem Fremden, vermischt mit Angst, lässt dann bei den Menschen oft ein aggressives Verhalten hervortreten, das im sinnlosen Töten der Tiere ausarten kann. Aber auch Schlangen sind ein Glied im ökologischen System, welches nur dann optimal abläuft, wenn alle Kettenglieder funktionsfähig sind. Um die Angst und somit auch die Aggressivität gegenüber den Schlangen zu verlieren, müssen wir die Tiere besser kennen- und verstehen lernen.

Schlangen sind, wie alle Reptilien, wechselwarme Tiere. Ihre Körpertemperatur ist also von der Umgebungswärme abhängig. Der Wärmebereich, innerhalb dem Schlangen aktiv sein können, liegt in der Regel zwischen 10° und 40°C. Um ihre ideale Körpertemperatur zu halten (24° bis 32°C) müssen sie ständig zwischen Sonne und Schatten pendeln. Bei kalter Witterung oder während der heissen Nachmittagsstunden sind Schlangen somit nur in ihren Verstecken zu finden, welche vor grossen Temperaturschwankungen geschützt sind. Temperaturen unter 3°C, oder über 40°C, überleben die Tiere nicht. Sinkt die Temperatur zu schnell und für längere Zeit so tief, dass die Körperfunktionen und somit auch die Darmtätigkeit allmählich zu arbeiten aufhören, kann die Schlange an der eigenen Nahrung sterben, welche im Darm zu verwesen beginnt.

Die Geruchsorgane in den Nasenhöhlen sind weitgehend verkümmert. Trotzdem besitzen Schlangen einen exzellenten Geruchssinn. Mit Hilfe ihrer gespaltenen Zunge sind sie fähig, winzige Duftpartikel vom Boden oder aus der Luft aufzunehmen, die zur Registration in die Mundhöhle zum sogenannten Jacobsonschen Geruchsorgan geführt werden.

Wenn die Augen nicht gerade durch eine bevorstehende Häutung getrübt sind (vier bis sechs Häutungen pro Jahr bei Landschlangen), verfügen die meisten Schlangen im nahen Bereich über ein gutes Bewegungssehen. Auch räumliche Unterschiede müssen recht genau wahrgenommen werden. Unbewegte Objekte, oder solche in grösserer Entfernung können aber kaum oder gar nicht wahrgenommen werden. Daher vermögen die Kriechtiere ihre Beute nicht direkt zu jagen, sondern müssen ihrer Duftspur folgen.

Auf der Jagd zeigt sich nun der grosse Vorteil, den die Schlange dank ihrem langen, dünnen und vor allem beinlosen Körper gewinnt. Mit grösster Beweglichkeit gleiten die Tiere durch scheinbar undurchdringliches Unterholz, so dass sie rasch ihre Beute einzuholen vermögen, welche nichts von der Verfolgung ahnt, oder in ihrer Schnelligkeit durch Beine und Körpergrösse behindert wird. Über kurze Distanzen können sich Schlangen mit einer Geschwindigkeit von 7 km/h fortbewegen, normalerweise kriechen sie aber nicht schneller als 4 km/h.

Nicht nur auf der Jagd sind Schlangen durch ihren speziellen Körperbau bevorzugt, sondern auch beim Verstecken vor Feinden. Die Reptilien vermögen sich nämlich durch kleinste Löcher und Spalten zu zwängen, wo bestimmt kein Feind (ausser einer anderen Schlange) den Zugang passieren kann.

Schlangen sind so gut wie taub. Sie haben aber ein wirkungsvolles System entwickelt, mit welchem feinste Erschütterungen des Bodens wahrgenommen werden können. Dies geschieht mit Hilfe von unzähligen Nervenenden am ganzen Körper, die wie ein Seismograph funktionieren. Aber auch die Schädelknochen leiten Schallwellen weiter. Daneben besitzen die Tiere einen ausgeprägten Gleichgewichtssinn.

Der Körperbau der Schlangen hat sich im Kampf ums Überleben so gut bewährt wie kaum ein anderer. Denn die verschiedensten Schlangenarten besetzen (mit derselben Körperform) fast alle erdenklichen Biotope. Kriechend, grabend, kletternd oder schwimmend bewohnen sie das Meer, Flüsse und Seen, Wüsten, Halbwüsten, Trockenwälder, Regenwälder, Mangroven und Sümpfe. Wie bereits erwähnt, ist die Aktivität der Schlangen von der Umgebungstemperatur abhängig. Ob tag-, dämmerungs- oder nachtaktiv ist also klima- oder ortsabhängig.

Eine Giftschlange überwältigt ihr Opfer dadurch, dass sie es bei einem Überraschungsangriff packt und das lähmende oder tödliche Gift injiziert, die Beute danach gleich verschlingt, oder aber wieder laufen lässt und wartet, bis sie gelähmt oder verendet ist. Diese Jagdmethode erlaubt es den Giftschlangen grosse Beute zu machen, ohne dabei selbst verletzt zu werden. Vor allem Giftschlangen fressen selten etwas anderes als lebende oder frisch verstorbene Tiere. Hauptnahrung der Landschlangen sind, neben Fröschen und Echsen, Nager und andere kleine Säuger. Gelegentlich werden auch Vögel, Eier und andere Schlangen erbeutet. Die meisten Schlangen sind immun gegen ihr eigenes Gift. Seeschlangen ernähren sich hauptsächlich von Fischen. Frösche und Krabben werden aber auch gejagt. Weil die Beute nicht selten grösser ist als der Schlangenkopf, müssen die Kiefer entsprechend weit gespreizt und abwechslungsweise über das Opfer geschoben werden, um den grossen Brocken überhaupt verschlingen zu können. Die nach hinten gerichteten Zähne funktionieren als Widerhaken, so dass es der Beute kaum noch möglich ist zu entkommen. Wird die Grösse des Opfers unterschätzt, muss die Schlange an ihm zugrunde gehen, denn die Beute kann nicht mehr freigegeben werden. Keine Schlange kann ihr Futter kauen oder zerbeissen. Alles wird ganz und fast immer kopfvoran verschluckt. Unverdauliche Teile werden später durch den Darm ausgeschieden, oder heraufgewürgt. Viele Schlangen geben sich mit etwa 20 guten Mahlzeiten pro Jahr zufrieden.

Neben dem Hauptfeind Mensch, stellen vor allem Greifvögel, Kookaburras, Trappen (Bustard), Ibise, Flötenvögel (Magpies), andere Schlangen, grosse Warane und Beutelmarder (Quolls) den Schlangen nach.

Zum Schutz vor Nesträubern bewachen einige Schlangenarten ihre Gelege. Der Taipan *(Oxyuranus scutellatus)* beispielsweise ist etwa 15 Wochen lang mit dieser Aufgabe beschäftigt. Einige Pythons gehen aber noch weiter und "bebrüten" ihre Eier, indem sie durch Muskelkontraktion das Gelege bis 7°C erwärmen können. Lebendgebärende Schlangenmütter haben es dagegen einfach.

Schlangennachwuchs erblickt in der Regel im Frühling das Licht der Welt. Die Jungen sind gleich nach der Geburt selbständig und vermögen schon im Alter von ein paar Tagen Beute zu fangen. Ein Grossteil des Nachwuchses wird jedoch durch Feinde dezimiert. Wer aber diese gefährliche Jugendzeit überlebt, besitzt grosse Chancen, je nach Art 10-30 Jahre alt zu werden.

Blindschlangen

Familie: Typhlopidae
Blind snakes

Bei den Blindschlangen handelt es sich um harmlose, ungiftige, kleine Schlangen, deren grösste australische Art 60 cm lang wird. Da ihr Äusseres wurmähnlich ist und sich die Tiere häufig eingraben, werden sie oft mit grossen Würmern verwechselt. Ihre kleinen, grau oder rosarot gefärbten Schuppen ziehen sich gleichmässig, rund um den Körper und sind nicht auf der Bauchseite verbreitert, wie bei den anderen Landschlangen. Die Augen - mit reduzierter Sehfähigkeit - sind nur als zwei kleine, schwarze Punkte zu erkennen. Der sehr kleine, unterseitig angesetzte Mund, ist nur mit ein paar wenigen kleinen Zähnen besetzt. In Bedrängnis geratene Blindschlangen können einen penetranten Geruch verströmen.

Das Verbreitungsgebiet dieser eierlegenden Reptilien reicht vom feuchten Regenwald bis ins trockene Landesinnere.

Blindschlangen sind für uns meist nicht sichtbar. Nur manchmal nachts - insbesondere nach Regenfällen - sind sie an der Erdoberfläche zu beobachten. Die Tiere befinden sich gerne in der obersten Erdschicht oder unter Steinen oder Felsplatten, und speziell auch in Termitenbauten. Ameisen und Termiten bilden denn auch die Hauptnahrung dieser Tiere. Es werden aber auch andere im Erdboden lebende Gliederfüsser gefangen.

Pythons

Unterfamilie: Pythoninae
Pythons

Von den 12 australischen Pythonarten wird die kleinste etwa 55 cm lang, die grösste (Amethystpython) durchschnittlich 3,5 m, kann aber eine Länge von über 8 m erreichen und mehr als 20 kg wiegen. Solch extreme Grösse ist darauf zurückzuführen, dass Riesenschlangen zeitlebens weiterwachsen (über 20 Jahre).

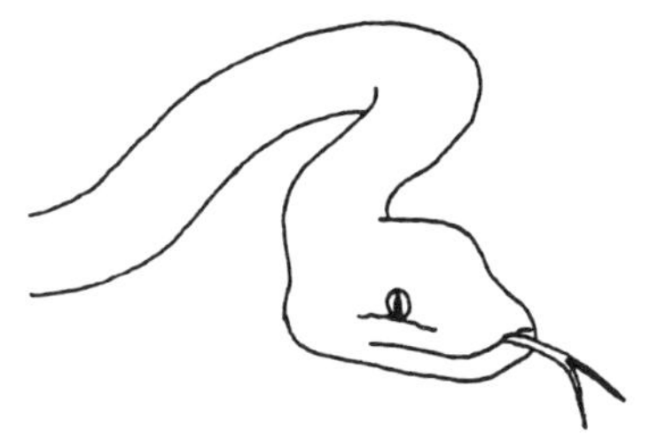

Neben der Körpergrösse und den verhältnismässig kleinen Schuppen, sind die typische Kopfform und die meist deutliche Abhebung des Kopfes vom Körper gute Erkennungsmerkmale der Pythonschlangen.

Pythons bilden die älteste Schlangengruppe. Daraufhin deuten die zurückgebildeten Beine, welche noch heute in Form eines Dornpaares am hinteren Teil der Tiere sichtbar sind. Wie ihre Vorfahren, (waranähnliche Echsen) sind auch die Pythons immer ungiftig. Sie besitzen dafür aber zahlreiche spitze, lange, nach hinten gebogene Zähne, mit denen sie ihr Opfer festhalten, bis sie es mit ihrem Würgegriff umschlingen und töten können. Danach verschlucken auch sie ihre Beute ganz.

Pythons sind gute Schwimmer und Taucher, sowie meist auch hervorragende Kletterer. Am Tag liegen sie normalerweise zusammengerollt auf Bäumen, oder am Waldboden. Vor allem nachts gehen sie auf Jagd nach Säugetieren und Vögeln. Es werden aber auch Echsen und Schlangen gefressen. Schwarzkopfpythons haben sich sogar darauf spezialisiert, Giftschlangen zu erbeuten. Die grösste Beute, welche von einem Python verschlungen werden kann, vermag etwa 400 mal seinen Tagesbedarf zu decken. Nach einem solchen Mahl sind die Tiere aber derart in ihrer Bewegungsfähigkeit eingeschränkt, dass sie sich vor möglichen Feinden doppelt in acht nehmen müssen.

Pythons sind eierlegende Reptilien. Die 10 bis 20 Eier werden bis 3 Monate lang bewacht oder gar "bebrütet". Dabei ringelt sich das Weibchen direkt über und um das Gelege.

Der **Amethystpython** *(Liasis amethystinus* / **Rock python**) besitzt eine Zickzackmusterung. Er ist im östlichen Nordqueensland beheimatet und lebt sowohl in Regen- und Mangrovenwäldern, auf Koralleninseln, wie auch auf trockenem, offenem Weideland.

Der **Teppichpython** *(Morelia spilotes* / **Carpet python**) wird 2-2,5 m lang, im Maximum bis 4,5 m. Die hell gefärbte Schlange besitzt schwarz umrundete, dunkle, grosse Flecken und Bänder. Ihr Verbreitungsgebiet erstreckt sich über das ganze Land, nur in den alpinen Regionen und den südostaustralischen Küstengebieten ist der Teppichpython - die häufigste australische Würgeschlange - nicht anzutreffen. Selbst Siedlungsgebiete werden aufgesucht, wobei die Tiere manchmal sogar in Häusern nach Ratten und Mäusen jagen.

Der 2-2,5 m lange **Diamantpython** *(Morelia spilotes spilotes* / **Diamond python**) ist oberseitig schwarz gefärbt, mit kleinen hellen Tupfen. Sein Verbreitungsgebiet liegt an der Ostküste von New South Wales. Der Diamantpython ist sowohl ein Boden- wie auch ein Baumbewohner.

Der bis 2 m lange **Grüne Baumpython** *(Chondropython viridis* / **Green python**) lebt im tropischen Regenwald von Nordost-Queensland. Während seiner ersten zwei Lebensjahre trägt dieser wunderschöne Python ein leuchtend gelboranges Jugendkleid. Danach wechselt er zur hellgrünen Farbe mit weissem, unterbrochenem Rückenband. Dieser Python ist wegen seiner bestechenden Schönheit ein beliebtes Terrarientier geworden. Die nachtaktiven Jäger verstecken sich tagsüber oft in Farnen und Baumstrünken. Gejagt wird vorwiegend in den Bäumen, daher hat sich ihr Schwanz zu einem echten Greiforgan ausgebildet.

Vorsicht:

Der Amethystpython gehört zu den grössten Schlangen der Welt, wird aber nicht so dick wie der Netzpython, Tigerpython und die Anakonda. Im Gegensatz zu diesen drei Riesenschlangen aus Asien, Afrika und Südamerika, welche auch schon Menschen getötet haben, stellt der Amethystpython für uns keine lebensbedrohende Gefahr dar. Pythonbisse können jedoch tiefe Wunden verursachen, welche schwer zu desinfizieren sind und schlecht heilen. Jede Bisswunde sollte dem Arzt gezeigt werden, um vor allem die Infektionsgefahr zu bannen.

Verhütung:

Um unvorbereitete Begegnungen mit Pythons zu vermeiden, hat man sich grundsätzlich gleich zu verhalten wie bei den Giftschlangen. Dazu kommt, dass Pythons sich häufig im Geäst sonnen, wo sie dann die Bodenvibration nur schlecht spüren und uns daher nicht bemerken. Man sollte sich also nie blindlings an Sträuchern und Bäumen festzuhalten versuchen.

Giftschlangen

Familie: Elaphidae

Venomous snakes

Schlangen mit Giftzähnen gibt es sowohl unter den Bodenschlangen wie auch unter den Baum- und Wasserschlangen. Die gefährlichsten Arten gehören aber allesamt zu den bodenbewohnenden Schlangen. Von den über 100 australischen Landschlangen sind mehr als die Hälfte giftig. Davon können um die 20 Arten für uns lebensbedrohendes Gift abgeben.

Um die Art einer Schlange sicher zu bestimmen, muss manchmal sogar der Fachmann die Schuppen und Zähne einer intensiven Untersuchung unterziehen. Vorsichtshalber sollten wir ohnehin alle Schlangen nur aus gebührender Distanz beobachten, aus der für den Laien eine Artbestimmung meist nicht möglich ist. Wir beschreiben deshalb nicht einzelne Arten von Giftschlangen. Indem aber die folgenden für Landschlangen allgemein gültigen Regeln beachtet werden, können Kontakte mit ihnen vermieden werden, was die wirksamste Vorbeugung gegen Schlangenbisse ist.

Auf dem Fünften Kontinent werden jährlich um die 3'000 Menschen von Schlangen gebissen. Nur wenige Leute erleiden jedoch eine ernsthafte Vergiftung. Fortgeschrittene Erste-Hilfe-Techniken und wirksame Gegengifte verhüten fast immer das Schlimmste. Nur etwa ein oder zwei Todesfälle werden pro Jahr registriert. Dagegen verlieren auf australischen Strassen täglich mehrere Menschen das Leben. Giftschlangen müssen also vergleichsweise geradezu als harmlos eingestuft werden.

Die Rangliste der weltgiftigsten Landschlangen wird von zehn Tieren aus Australien angeführt. Dies heisst aber nicht, dass diese für uns auch die grösste Bedrohung darstellen. Denn die Gefährlichkeit einer Schlange hängt zusätzlich von verschiedenen Faktoren ab, wie z.B. der geographischen Verbreitung, der Aggressivität, der injizierbaren Giftmenge, der Giftzahnlänge und davon, wie oft nacheinander zugebissen wird. Es sind mehrere hochgiftige Schlangenarten bekannt, welche noch kein Menschenopfer gefordert haben. Die meisten australischen Giftschlangen sind im Vergleich zu denen anderer Kontinente wenig angriffslustig. Inhaberin des australischen Giftzahnlängenrekords ist der Taipan. Die Maximallänge von 12 mm wird allerdings nur selten erreicht. Dagegen besitzen Schlangen anderer Erdteile Giftzähne bis zu 30 mm Länge. Solche Riesenzähne müssen nach hinten geklappt werden, damit sich die Tiere nicht selber verletzen.

Schlangen greifen nichts freiwillig an, das grösser ist als die Beute, welche maximal verschlungen werden kann. Die Tiere werden vor uns die Flucht ergreifen, falls ihnen Zeit und die Möglichkeit dazu bleiben. Grundsätzlich gilt also: jeder Schlangenbiss wird von uns provoziert.

Man dürfte nun annehmen, dass Schlangenbisse fast immer durch zufälliges Darauftreten oder Berühren verursacht werden. Dies trifft auch in den meisten Fällen, in denen Kinder gebissen werden, zu. Die Mehrheit der Angriffe auf Erwachsene geschehen jedoch, wenn versucht wird, Schlangen zu töten, zu fangen, oder wenn die Tiere belästigt und gereizt werden.

Verhütung:

Vorweg müssen die häufigsten und beliebtesten Aufenthaltsorte der Schlangen kennengelernt werden, um den Tieren soweit als möglich aus dem Wege gehen zu können. In unmittelbarer Umgebung von Gebäuden sind vor allem Ratten und Mäuse ein sicheres

Zeichen dafür, dass es auch Schlangen gibt. Im kurz geschnittenen Rasen werden wir kaum auf eine Schlange treffen, aber überall wo Äste, Holzbretter, Kisten, Gartenabfälle, Dachziegel usw. gelagert werden oder herumliegen, finden die Tiere ein Versteck. Schlangen dringen manchmal auch in Häuser ein, falls sie Gelegenheit dazu finden. Unter Steinplatten, in hohes Gras, Höhlen, Ritzen und ähnliches sollte niemals blindlings gegriffen werden, denn hier suchen die Tiere Schutz vor Sonne und Kälte.

Grundsätzlich gilt, Kinder nicht im hohen Gras, oder in der Nähe von umgefallenen Bäumen spielen zu lassen. Kinderspielplätze sollten vorweg auf Schlangenvorkommen abgesucht werden. Weil Schlangen kleinste Bodenvibrationen wahrnehmen können, bewährt sich heftiges auf den Boden stampfen in den meisten Fällen, um die Gifttiere zu vertreiben. Eine Ausnahme bildet jedoch die **Death adder**, die sich kaum verscheuchen lässt. Sie flüchtet erst im allerletzten Augenblick, oder wartet so lange, bis sie ihr Heil nur noch im Gegenangriff sieht. Eine Erklärung findet diese Eigenart in ihrer unten beschriebenen, abwartenden Beutefangmethode.

*Die durchschnittlich 56 cm lange **Death adder** (Acanthophis antarcticus) lässt sich, im Gegensatz zu den anderen Giftschlangen, dank ihrer speziellen Körperform recht sicher bestimmen. Sie ist in ganz Australien verbreitet, mit Ausnahme von Tasmanien, Victoria und der südöstlichen Spitze Südaustraliens. Die Beutefangmethode*

dieser überproportioniert dicken Schlange besteht darin, sich im Bodengrund (Sand, Laub, Kies) leicht einzugraben und das dünne, herausragende Schwanzende hin und her zu bewegen, um damit Beute anzulocken.

Man darf davon ausgehen, dass alle Schlangen (als wechselwarme Tiere) zwar nicht die Hitze, aber doch die Wärme suchen. Dies schliesst nicht aus, dass man sogar im Schneegrenzbereich aktive Copperheads antreffen kann, oder andererseits bei Tag und grösster Sommerhitze ausnahmsweise auf ein gefährliches Kriechtier stossen kann.

Nachts sollte grundsätzlich eine Taschenlampe benutzt werden. Vor allem in warmen Sommernächten sind oft besonders viele Schlangen aktiv. Schlafsäcke, Schuhe, Schachteln und ähnliches vor Gebrauch immer vorsichtig ausschütteln und untersuchen, denn Schlangen verkriechen sich gerne in solch wärmende und schützende Schlupfwinkel. Zelt und Auto nie offen lassen.

Äusserste Vorsicht ist auch bei vermeintlich toten Schlangen geboten, denn ihr Beissreflex funktioniert noch bis 50 Minuten über ihren Tod hinaus. Auch Schlangen im Süden, welche im Winter in eine Kältestarre fallen, können bei einer Störung blitzschnell aktiv werden. Wenn eine in die Enge getriebene Schlange auf uns zukommt, heisst das noch nicht, dass sie uns beissen will, daher sollten wir die Nerven nicht verlieren und ihr ruhig aus dem Wege gehen.

Vor allem beim Wandern entlang Flussläufen oder in Gegenden, wo wir nicht direkt auf den Boden sehen können, im dichten Gras, oder in Wäldern, sollten immer starke, hohe Schuhe, lange Socken und Hosen getragen werden. Gamaschen bieten bis auf Kniehöhe optimalen Schutz, kommen aber wohl nur für den Extremwanderer in Betracht. Grundsätzlich sei gesagt: Australiens Giftschlangen besitzen relativ kleine Giftzähne. Je besser also der Schutz über unserer Haut, um so kleiner ist die Gefahr, dass eine Schlange wirkungsvoll zubeissen kann.

Symptome:

Schlangenbisse dürfen niemals ignoriert werden. Jede Bisswunde sollte einem Arzt gezeigt werden. Weil die Giftzähne der australischen Schlangen nur klein, aber sehr scharf und recht dünn sind, ist es vor allem bei Kindern durchaus möglich, dass der Biss gar nicht

bemerkt wird, die Bissstelle nicht gefunden werden kann, oder nur sehr schwach ersichtlich ist. In solchen Fällen dürfen die Symptome, welche bei starker Anstrengung bereits innert ein paar Minuten, spätestens jedoch nach einer Stunde einsetzen, nicht missachtet werden. Anzeichen, welche auf einen Giftschlangenbiss hindeuten:
- starke Kopfschmerzen
- Brechreiz und Erbrechen
- Verwirrung
- zeitweiliger Verlust des Bewusstseins
- veränderte Stimme oder Aussprache
- Sehstörungen, Doppelbilder
- Schluckbeschwerden
- Bauchschmerzen
- langblutende Bissstelle (Das Gift einiger Schlangenarten kann den Prozess der Blutgerinnung stören. Anstatt 4-10 Minuten, kann die Wunde bis über eine Stunde bluten.)

Obwohl Schlangengifte Bestandteile enthalten, welche helfen, das Gift im Körper schnell zu verteilen, hat man bei richtigem Vorgehen in der Regel genügend Zeit, einen Arzt aufzusuchen.

Damit das richtige Gegengift verabreicht werden kann, steht den Ärzten heute im ganzen Land ein zuverlässiger Test zur Verfügung, falls nicht wirklich mit 100% Sicherheit feststeht, welche Schlange zugebissen hat.

Erste Hilfe:
- Opfer beruhigen
- Patient sollte sich nicht mehr bewegen
- Druck/Immobilisations-Methode anwenden (siehe Seite 260)
- unverzüglich Arzt aufsuchen oder holen lassen
- Erste-Hilfe-Massnahmen, welche man von früher kennt, vergessen, denn sie schaden mehr als sie nützen.

Seeschlangen

Familie: Hydrophiidae
Sea snakes

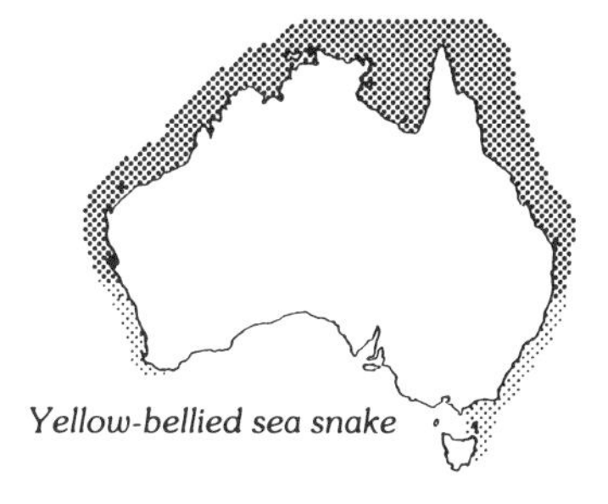

Yellow-bellied sea snake

Australische Seeschlangen werden je nach Art von 30 cm bis über 2 m lang. Von insgesamt rund 50 Seeschlangenarten leben über 30 in australischen Gewässern. Sie sind alle giftig, die meisten sogar sehr.

Die häufig schön gefärbten Seeschlangen sind Abkömmlinge von Landschlangen. Sie sind aber nicht zu verwechseln mit den an Land lebenden Wasserschlangen, welche nur zur Beutejagd ins Wasser gehen, nicht aber darin leben. Seeschlangen halten sich als exzellente Schwimmer ausschliesslich im Meer auf. An Land sind sie sehr unbeholfen und vermögen sich nicht recht fortzubewegen, denn es fehlen ihnen vor allem die breiten, zum Kriechen nützlichen Bauchschuppen. Weil diese Bauchschuppen im Wasser funktionslos sind, haben sie sich völlig zurückgebildet. Eine weitere Anpassung an das Leben im Meer ist die teilweise abgeflachte Körperform, insbesondere aber der platte Schwanz, welcher als Paddel Verwendung findet.

Man geht davon aus, dass sich die Seeschlangen in der australischen Region entwickelt haben, und zwar vor nicht allzu langer Zeit. Ihr Verbreitungsgebiet liegt im Indischen und Pazifischen Ozean. Weil die wechselwarmen Tiere nicht in kalten Regionen leben können, bilden Amerika und Afrika natürliche Schranken, welche ihre Ausbreitung in den Atlantik verhindern. Seeschlangen sind also erst in jenem geschichtlichen Zeitabschnitt entstanden, als die Kontinente bereits ihre heutige Lage aufwiesen.

Die meisten Seeschlangen sind wegen der wärmeren Temperaturen auf den tropischen Norden, insbesondere den Gulf of Carpentaria beschränkt. Die Yellow-bellied sea snake *(Pelamis platurus)* hat sich am weitesten in den Süden verbreitet. Sie lebt ganzjährig auch in den Regionen um Sydney und Perth. Mit warmen Sommerströmungen wandern die Tiere sogar bis Tasmanien hinunter. Die

Yellow-bellied ist die einzige australische Seeschlange, welche auch im offenen Meer vorkommt. Alle anderen leben in Küstennähe, vor allem um Korallenriffe. Einige dringen auch ins Brackwasser vor. Es gibt Spezialisten welche auf der Jagd bis in 100 m Tiefe tauchen können. Andere Arten halten sich vorwiegend an der Wasseroberfläche auf.

Die Fähigkeit bis 2 Stunden unter Wasser zu bleiben, verdanken die Reptilien ihrem rechten Lungenflügel, welcher sich derart verlängert hat, dass genügend Atemluft gespeichert werden kann. Etwa 20% des benötigten Sauerstoffs nehmen die Tiere durch die Haut aus dem Wasser auf.

Seeschlangen häuten sich etwa alle 14 Tage. Diese kurzen Häutungsintervalle sind möglicherweise dazu notwendig, auf der Schuppenhaut festgewachsene Algen und andere Meeresorganismen loszuwerden. Diese könnten bei übermässigem Wachstum die Hautatmung zunehmend beeinträchtigen.

Die Nahrung der Seeschlangen besteht hauptsächlich aus Fischen. Es werden aber auch Krustentiere und andere Seeschlangen gefressen.

Alle echten Seeschlangen gebären ihre Jungen lebend im Meer. Nur die Banded sea snake *(Laticauda colubrina)* legt ihre Eier an Land ab. Sie gilt deshalb als Übergangsform und nicht als echte Seeschlange. Weil Seeschlangen nicht so viele Feinde besitzen wie die Landschlangen, gebären sie durchschnittlich auch weniger Junge.

Gefahr:

Die Giftzähne der Seeschlangen sind in der Regel sehr klein. Nur eine Art macht mit 6 mm Zahnlänge eine Ausnahme und vermag daher auch Taucheranzüge zu durchbeissen. Weil die Zähne nur kurz sind und nur kleine Giftmengen injiziert werden, hat das Gift der meisten Arten eine hohe und schnelle Wirksamkeit. Dies ist notwendig, da sonst die Beute, begünstigt durch das Element Wasser, zu schnell flüchten könnte.

Das hochkonzentrierte Gift wirkt zum grossen Teil auch für uns Menschen tödlich. In Südostasien sterben nicht selten Fischer und Seeschlangenfänger am Biss der Tiere. Seeschlangen gelten in dieser Region als Delikatesse und haben einen entsprechend hohen Marktwert, was sich andererseits in einer gefährlich abnehmenden Populationsdichte niederschlägt.

In Australien wurde noch kein Todesfall registriert, zumal ein Gegengift existiert, welches hier auch innert nützlicher Frist zur Verfügung steht. Unfälle kommen fast ausschliesslich bei Netzfischern vor. Seeschlangen sind wie ihre Verwandten an Land sehr scheue Tiere, im Wasser besitzen sie aber bessere Fluchtmöglichkeiten, was sie für uns viel weniger gefährlich macht. Zudem sind Seeschlangen grundsätzlich nicht aggressiv. Schwimmer und Taucher haben also wenig zu fürchten. An den Strand gespülte Tiere sollten jedoch mit grösster Vorsicht behandelt werden.

Erste Hilfe:

Erste-Hilfe-Massnahmen sind gleich wie bei Landschlangen (siehe Seite 120 und 260). Weil Bisse aber manchmal gar nicht bemerkt werden, sollten Symptome wie Übelkeit, Erbrechen, Schwindel, plötzlicher Kollaps usw., grösste Beachtung finden, damit frühzeitig die lebensrettende, ärztliche Hilfe in Anspruch genommen werden kann.

VÖGEL:

Emu

Dromaius novaehollandiae
Emu

Emus verbindet eine nahe Verwandtschaft mit den Kasuaren. Zusammen bilden sie die Gruppe der Kasuarvögel, welche allerdings weder mit den afrikanischen Straussen, noch mit den südamerikanischen Nandus näher verwandt sind. Alle drei Vogelgruppen haben sich nämlich unabhängig voneinander aus ehemals flugfähigen Tieren zu ausschliesslich am Boden lebenden Laufvögeln entwickelt. Die Rückbildung der Flügel ist vor allem bei den Emus beeindrukkend, wo nur noch unscheinbare, kurze Stummel übriggeblieben sind.

Der Emu, Australiens Wappentier, ist nach dem Strauss der zweitgrösste Vogel der Welt. Emus erreichen eine Höhe von etwa 1,80 m bei einem Gewicht von rund 55 kg. Der Hahn wird interessanterweise nicht ganz so gross und schwer wie die Henne. Die Geschlechter sind optisch nur schwer voneinander zu unterscheiden, ausgewachsene Tiere geben jedoch ganz unterschiedlich klingende Rufe von sich. Vor allem das Trommeln der Hennen ist über weite Distanzen zu vernehmen, denn der grosse Kehlsack, welcher während der Balz aufgeblasen wird, dient als Resonanzkörper.

Der Schwarze Emu, welcher von den weissen Siedlern bereits 20 Jahre nach seiner Entdeckung ausgerottet wurde, war etwas kleiner, als die heute noch lebende Art. Er war auf King Island und Kangaroo Island beheimatet. Auch die tasmanische Emuart wurde innerhalb von weniger als 50 Jahren ausgelöscht. Es wurden jedoch später in tasmanischen Nationalparks Festland-Emus erfolgreich angesiedelt.

Ausser in echten Wüsten und in dichten Wäldern, sind Emus in allen Vegetationszonen anzutreffen. Sie können auch in kargsten Gebieten überleben, vorausgesetzt es hat eine Wasserstelle in der Nähe. Einst waren Emus denn auch über ganz Australien verbreitet, doch die Einwanderer verdrängten sie aus den fruchtbaren Gebieten. Noch heute dürfen Emus gejagt werden, wenn sie in landwirtschaftliche Anbaugebiete eindringen, denn hier können die Vögel in den Kornfeldern erheblichen Schaden anrichten. Dieses Risiko ist insbesondere in Trockenzeiten gross, wenn die Emus aus den umliegenden Steppengebieten einwandern und sich zu Herden zusammenschliessen. Wo diese Gefahr besteht, wurden lange Emuschutzzäune gebaut, um die Tiere fernzuhalten. Andererseits sind Emus bei den Farmern auch beliebt, nämlich dann, wenn sie Heuschrecken in grossen Mengen vertilgen, welche die Ernte zu vernichten drohen.

Während 2 Monaten bebrütet der Emuhahn alleine die tiefgrünen Eier. In dieser Zeit frisst und trinkt er kaum etwas. Auch nach dem Schlupf ist grundsätzlich der Hahn für den Nachwuchs verantwortlich und führt diesen noch für 9 bis 18 Monate.

Abgesehen von Insekten ernähren sich Emus jedoch vorwiegend pflanzlich mit Früchten, Beeren, Kräutern, Gräsern, Blüten, Knospen, Blättern und Samen. Die Grösse der Emupopulation hängt sehr stark vom Nahrungsangebot ab. Bei Regen vermehren sich die Tiere explosionsartig, während Dürreperioden geht ihre Anzahl stark zurück. Dem örtlich und zeitlich wechselhaften Nahrungsangebot ihres Lebensraumes haben sie sich durch eine nomadische Lebensweise angepasst. Vor allem im Landesinneren müssen sie grosse Distanzen zurücklegen um genügend Futter zu finden. Emus können eine Laufgeschwindigkeit von über 50 km/h erreichen. Ihre Anpassung an die trockenen Steppengebiete ist optimal. Um so mehr erstaunt es, dass sie auch gute und ausdauernde Schwimmer sind.

Die Nahrungsaufnahme findet ausschliesslich am Tag statt. Sobald die Dämmerung anbricht, suchen die Emus einen Schlafplatz und legen sich nieder. Dabei wird der Hals nach hinten gelegt und der Kopf versinkt im Rückengefieder. In dieser Stellung sind sie auch recht gut vor Unwettern geschützt. Emus vermögen sich in extremster Weise an verschiedene Temperaturen anzupassen. Ihr Gefieder schützt sie wirkungsvoll gegen Minustemperaturen. Aber auch wenn andere Tiere Schutz vor der Sonne suchen, stapfen Emus unbekümmert ihres Weges und suchen nach Nahrung. Um sich Kühlung zu verschaffen, beziehungsweise um Wärme abzugeben, öffnen sie ihren Schnabel und stellen die etwa 25 cm langen Flügelstummel nach aussen.

Gewöhnlich leben Emus in kleinen Gruppen von fünf bis zehn Vögeln, aber auch Einzelgänger sind anzutreffen. Hat sich zur Fortpflanzungszeit im Spätsommer ein Emupaar gefunden, trampelt die Henne an einem geschützten Ort, unter einem Baum oder zwischen Sträuchern, das Gras zu einer Nestplattform zusammen. Die 8 bis 12 Eier (manchmal auch bis 20) werden zwischen April und Oktober ausschliesslich vom Hahn bebrütet. Die Henne bleibt während der zweimonatigen Brutzeit entweder in der Nähe des Nestes, oder lässt sich von einem anderen Hahn entführen und produziert mit ihm ein weiteres Gelege. Während der Brutzeit verlässt der Hahn nur selten sein Nest und kommt wochenlang ohne Nahrung und sogar ohne Wasser aus. Dabei kann er über 8 kg seines Körpergewichtes verlieren. Die Jungen werden je nach Nahrungsangebot mindestens bis zum 9., häufig aber bis zu ihrem 18. Lebensmonat vom Vater geführt und behütet. Warane und verwilderte Hausschweine gelten als Nesträuber. Jungtieren droht Gefahr von Dingos, Haushunden und grossen Greifvögeln. Ausgewachsene Emus besitzen ausser den Menschen keine ernsthaften Feinde. Die Lebenserwartung in Gefangenschaft beträgt über 40 Jahre.

Vorsicht:

In freier Wildbahn ist es sehr schwierig, sich den Emus unbemerkt zu nähern. Bei Tieren, welche die natürliche Scheu vor den Menschen verloren haben, kommt dagegen ihr neugieriges Wesen voll zur Geltung. Solche Emus lassen sich auch nicht schnell einschüchtern und werden vor allem bei Picknickplätzen dermassen aufdringlich, dass es einem unmöglich wird das Sandwich zu Ende zu essen. Doch trotz dieser Aufdringlichkeit ist aggressives Verhalten von Emus äusserst selten. Eine gewisse Vorsicht ist trotzdem nicht fehl am Platz. Denn mit den kräftigen Beinen und scharfen Krallen, vermögen die grossen Vögel durchaus einem Menschen schwere Verletzungen zuzufügen. In die Enge getrieben werden sich Emus bis zum Letzten wehren und ohne weiteres auch Hunde vertreiben oder gar töten. Ihre Kraft zeigt sich auch in beeindruckender Weise darin, dass Emus Zäune von 2 m Höhe überklettern können. Vor allem während der Brutzeit und wenn die Kücken geführt werden, sind sie angriffslustiger und verteidigen ihren Nachwuchs mit wilder Entschlossenheit.

Helmkasuar

Casuarius casuarius
Cassowary

Obwohl Helmkasuare etwas kleiner sind als Emus, werden sie schwerer (bis 60 kg), denn Kasuare sind viel kräftiger gebaut. Ihre Flügel sind zu je fünf Hornstäben umgewandelt, mit welchen sich die Vögel im dichten Urwaldgestrüpp die Äste, Dornen und Schneidblätter vom Leibe halten, indem sie die Stäbe nach Aussen drücken. Dem gleichen Zweck dient der sogenannte Helm, welcher den Kopf vor Verletzungen schützt. Das Federkleid muss natürlich auch entsprechend borstig sein, damit die Vögel durchs dichte Unterholz brausen können, ohne am Schluss völlig gerupft dazustehen. Eine weitere Besonderheit des Körperbaus sind die zwei inneren, bis 10 cm langen, dolchartigen Zehenkrallen, welche als gefährliche Waffe eingesetzt werden. Der Kopf ist blau, die Nackenpartie und die Hautlappen am Hals sind leuchtend rot. Hahn und Henne sind gleich gefärbt.

In ihrem Element, dem dichten Regenwald, erreichen Kasuare erstaunliche Geschwindigkeiten bis zu 50 km/h. Als gute Schwimmer bilden Flüsse und Seen für sie keine Schranken. Ebenso werden hohe Hindernisse mit Leichtigkeit übersprungen.

Die Emus stehen den Kasuaren verwandtschaftlich am nächsten. Möglicherweise wurden Kasuare mittels Tauschgeschäften durch die Ureinwohner Neuguineas nach Australien gebracht, wo die Tiere dann verwilderten und sich eine eigene Unterart herausbildete.

Allerdings lebte schon vor mehreren tausend Jahren, als Australien noch mit viel grösseren Regenwäldern bedeckt war, der queensländischen Ostküste entlang bis nach New South Wales eine kleine Kasuarart. Klimatische Veränderungen aber verursachten Lebensraumverlust, was vermutlich zum Untergang dieser Art geführt hat.

Auch heute sind die Helmkasuare durch die Einengung ihres Lebensraumes gefährdet; die Ursache ist allerdings nicht in klimatischen Veränderungen zu suchen, sondern beim Menschen, welcher nach wie vor Regenwälder rodet.

Kasuare sind ausschliesslich in tropischen Regenwäldern zu Hause, wo sie als Einzelgänger leben. Sie halten sich bevorzugt im Bereich von Flüssen und Seen auf.

Kasuare ernähren sich von Früchten, Beeren, Samen und Pflanzenteilen, nehmen aber auch Pilze, Insekten, Schnecken, Fische und Aas zu sich.

Wie bei den Emus, übernimmt auch bei den Kasuaren der Hahn das Brüten (ca. 54 Tage). Kommt während der Brutzeit (Juni - Oktober) ein Feind zu nahe ans Nest, versucht der Kasuar diesen vom Nest wegzulocken, indem er wegrennt und Verletztheit vortäuscht. Die 3 bis 8 Jungen geniessen etwa 9 Monate den Schutz des Vaters.

Vorsicht:

Kasuare sind dermassen kräftig gebaut, dass sie einen Menschen töten könnten. Doch solange die Tiere nicht gereizt oder überrascht werden, greifen sie nicht an. Im Gegenteil, es sind sehr scheue Vögel und sie sind meistens schon geflüchtet, bevor wir sie entdeckt haben. Einzig in Gefangenschaft lebende Kasuare können sehr gefährlich werden. Bedingt durch die unnatürliche Situation ist es möglich, dass sie hier angreifen, ohne sichtlich provoziert worden zu sein.

Zwergpinguin

Eudyptula novaehollandiae
Little penguin / Fairy penguin

Der australische Zwergpinguin wird rund 33 cm gross, damit ist er der kleinste unter den weltweit 18 Pinguinarten. Der Königspinguin, welcher neben 9 weiteren Pinguinarten gelegentlich auf dem Fünften Kontinent anzutreffen ist, erreicht eine Höhe von 80 - 90 cm. Der kleine Zwergpinguin ist der einzige, der auch an Australiens Küste brütet. Alle anderen sind Besucher aus der Antarktis, welche nur vorübergehend am Festland anzutreffen sind.

Während des Tages sind die Zwergpinguine im Meer auf Nahrungssuche. Als sehr gute Schwimmer jagen sie hauptsächlich nach kleinen Fischen, aber auch nach Krusten- und Weichtieren. Erst

Wie Reptilien und Säugetiere, so haben auch die Vögel ein paar Arten hervorgebracht, welche als ausgesprochene Landbewohner den Lebensraum Meer zurückeroberten und sich dem Element Wasser in hervorragender Weise angepasst haben. Sie entwickelten sich zu ausgezeichneten Schwimmern und Tauchern, welche unter Wasser kaum von Fischen zu unterscheiden sind. Nur zum Schlafen, während der Mauser und zur Brut, müssen die Pinguine noch an Land. Stürmisches Wetter, vor allem im Winter, kann die Tiere ausnahmsweise auch für einige Tage vom Wasser fernhalten. Ihre Flossenfüsse ermöglichen den Vögeln an Land nur eine langsame und unbeholfene Fortbewegung.

Da Zwergpinguine ihre Nahrung ausschliesslich im Meer finden, sind sie auch nur in unmittelbarer Küstennähe anzutreffen, und zwar

nach Einbruch der Dämmerung begeben sie sich alle miteinander ans Land und suchen ihre Schlafplätze auf. Auch den Weg zurück ins Meer legen sie im Schutze der Dunkelheit zurück.

dort, wo sich geeignete Brutgelegenheiten bieten. Um die Brut- oder Schlafnester zu erreichen, müssen manchmal beträchtliche Küstenhänge erklommen werden. Die Nester können nur unmittelbar unter einem grossen Grasbüschel liegen, oder aber in einer bis 1,5 m tiefen Höhle im sandigen Boden. Auf der Phillip Island (Victoria), wo die grösste Brutkolonie liegt, werden Schlafhöhlen in die Strassenrandböschungen gegraben, so dass ab Einbruch der Dämmerung beim Befahren der öffentlichen Küstenstrassen grösste Vorsicht geboten ist. Die Hauptbrutzeit liegt zwischen August und November. Die alten Nester werden erweitert und mit Gras, Tang und Zweigen spärlich ausgepolstert, oder es werden neue Höhlen gegraben. Normalerweise brüten Dutzende oder gar Hunderte von Zwergpinguinen beisammen. Ausnahmsweise findet auch ein einzelnes Paar abseits der Kolonie einen geeigneten Brutplatz. Die normalerweise 2 Eier werden von beiden Eltern bebrütet. Etwa alle 5 bis 12 Tage wechseln sie sich ab, bis nach 38 Tagen die Jungen schlüpfen. Während der Brutpausen begibt sich der Partner auf Nahrungssuche, wogegen der brütende Vogel fastet. Nach dem Schlupf wechseln sich die Eltern täglich mit der Nahrungssuche im Meer ab. Den Jungen wird dann vorverdauter Fisch heraufgewürgt. Etwa 2 Monate nach dem Schlupf sind die Jungen alt genug, um selber im Meer nach Nahrung zu suchen. Zu dieser Zeit gehen auch die Eltern intensiv auf Fischfang, denn der Gewichtsverlust der Brutzeit muss wieder gedeckt werden. Auch müssen Reserven für die kommende Zeit der Mauser angefressen werden. Während der Mauser verlieren Zwergpinguine fast gleichzeitig alle ihre Federn, so dass sie nicht mehr schwimmen können und sich hungernd für 2 bis 3 Wochen in ihren Höhlen verstekken müssen.

Beobachtungen: Zwergpinguine können mit Sicherheit jeden Abend auf der Pillip Island beobachtet werden. Hierher kommen jährlich Tausende von Menschen, welche das einmalige Schauspiel der "Pinguinparade" nicht verpassen wollen. Unmittelbar am Strand der Summerlands Beach nehmen die Leute auf Tribünen Platz, wo die kleinen Pinguine unbekümmert unter grellem Scheinwerferlicht an der Menschenmasse vorbeiwatscheln und ihren Schlafplätzen zustreben. Auch wenn hier eine totale Vermarktung der Tiere stattfindet, Schaden nehmen sie daran scheinbar keinen, denn die Zahl der brütenden Tiere blieb sich im Jahresdurchschnitt gleich.

Brillenpelikan

Pelecanus conspicillatus
Australian pelican

Der australische Pelikan besitzt eine Flügelspannweite von mindestens 2,5 m und die Körperlänge beträgt bis zu 1,8 m. Ein stattlicher Vogel also, welcher auf dem gesamten Kontinent anzutreffen ist, vorausgesetzt es findet sich ein Süss- oder Salzgewässer mit genügend grossem Nahrungsangebot in der Nähe.

Brillenpelikane leben in Gruppen und ziehen auf der Suche nach neuen Futterplätzen umher, wobei sie manchmal in grosser Höhe weite Distanzen zurücklegen. Ihre Nahrung besteht hauptsächlich aus Fischen, es werden aber auch Krustentiere oder Kaulquappen gefressen. Um an ihre Beute zu gelangen haben Pelikane eine raffinierte Fangmethode entwickelt. In einem Halbkreis, manchmal auch von zwei Seiten her, treiben sie ganze Fischschulen in seichtes Wasser, dort sind die Fische leicht zu fangen, da sie nicht in tiefere Wasserschichten abtauchen können, wo sie für die Wasservögel unerreichbar werden.

Der Schnabelsack dient dem Brillenpelikan als Fischnetz; er vermag rund 10 l Wasser zu fassen.

Bei extrem heissem Wetter vibrieren Pelikane mit ihrem Schnabelsack, um sich Kühlung zu verschaffen. Die nahe verwandten Kormorane und Schlangenhalsvögel kennen zwar diese Art von Kühlung auch, bei den Brillenpelikanen muss sie jedoch besonders wirkungsvoll sein, da diese sowohl in heiss-trockenen wie auch in heissfeuchten Gebieten Junge aufziehen können.

Gebrütet wird meistens in grossen Kolonien, nahe entlegener Seen. Allerdings wird der Bruterfolg zunehmend durch dünnschalige Eier gefährdet. Ursache hierfür sind die mit Pestiziden und Chemikalien verseuchten Fische, welche die Pelikane zu sich nehmen. Bruten sind während des ganzen Jahres möglich, sie hängen nicht von der Jahreszeit ab, sondern von den Futterbedingungen. Es werden 1 bis 4 Eier in eine Senke gelegt, welche mit ein paar Ästen, mehr schlecht als recht, zu einem Nest ausgebaut wurde. Die anfangs nackten Jungen werden über 3 Monate lang von den Eltern gefüttert und verlassen erst im Alter von etwa 4 Jahren ihre Gruppe, um auf Partnersuche zu gehen. Pelikane sollen über 50 Jahre alt werden können.

Schlangenhalsvogel

Anhinga melanogaster
Darter

Die 90 cm langen Schlangenhalsvögel stehen als Ruderfüsser (Vögel mit Schwimmflossen) verwandtschaftlich den Kormoranen am nächsten. Das Gefieder der Männchen ist überwiegend glänzendschwarz, dasjenige der Weibchen dagegen graubraun, mit hellbraunem Bauch.

Seen, Flüsse, Sümpfe und Küstenlagunen sind Lebensraum des Schlangenhalsvogels, dem Meistertaucher unter den fliegenden Vögeln.

Schlangenhalsvögel ernähren sich hauptsächlich von Süsswasserfischen, nehmen aber auch andere Wassertiere zu sich. Gejagt wird meistens unter Wasser. Um hier dem starken Auftrieb entgegenzuwirken, dem alle flugfähigen Vögel unterliegen, ist das Gefieder der Schlangenhalsvögel wie bei den Kormoranen wasserdurchlässig. Am Ende des Tauchgangs müssen sie sich deshalb mit gespreizten Flügeln an die Sonne stellen um schnell abzutrocknen, damit sie wieder gut fliegen können.

Schlangenhalsvögel verfolgen ihre Beute unter Wasser, um sie dann mit ihrem langen, dolchartigen Schnabel aufzuspiessen, indem der Kopf aus dem extrem gebogenen, langen Hals heraus, wie eine Harpune nach vorn geschleudert wird.

Die Brut kann zu jeder beliebigen Jahreszeit stattfinden, mit Ausnahme im Süden, wo der Winter gemieden wird. Meist brüten Schlangenhalsvögel auf einem Baum über dem Wasser, mehrere Jahre im gleichen, ausgebesserten Nest. Bei Gefahr lassen sich die Jungen vom Nest ins Wasser fallen, solange sie noch nicht richtig fliegen können. Oft nisten mehrere Paare am gleichen Ort und gelegentlich finden sich auch Kormorane, Reiher und Ibisse in derselben Brutkolonie. Brut und Aufzucht der meist vier Jungen wird von beiden Eltern besorgt.

Reiher

Familie: Ardeidae
Herons, Egrets and Bitterns

Den bis 75 cm langen Riff-Heron (Egretta sacra) gibt es in zwei Farbvariationen, welche sich untereinander auch paaren können. Die weisse Form ist vor allem im tropischen Norden verbreitet, die schieferblaue hauptsächlich im Süden. Riff-Herons gehen in klaren Küstengewässern, meistens allein, sowohl am Tag, wie auch nachts auf Beutefang.

In Australien sind 15 verschiedene Reiherarten vertreten. Ihre Grösse variiert je nach Art zwischen 30 und 110 cm. Auch die gedrungenen, kurz- und dickhalsigen Dommeln (Bitterns) gehören zu den Reihern. Alle Reiher besitzen grosse spitze Schnäbel, mit denen sie Beute greifen oder aufspiessen können. Der Hals ist meist S-förmig gebogen und wird in Ruhestellung dermassen zusammengefaltet, dass man ihn nicht mehr sehen kann. Gleich wie beim Pelikan, aber im Gegensatz zu allen anderen Vögeln, welche den Reihern ähnlich sehen, wird der Hals beim Fliegen S-förmig gehalten.

Reiher leben rund um seichte Gewässer - klare wie trübe - und an den Meeresküsten von ganz Australien. Neben Wasserinsekten, Krustentieren, Fröschen und Fischen, werden auch Landinsekten gefangen.

Früher wurden einige Reiherarten wegen ihrer schönen Federn unbarmherzig gejagt und schwer dezimiert. Heute sind die Vögel vor allem durch Lebensraumentzug gefährdet. Es fehlen zunehmend Feuchtgebiete, welche genügend Nahrung bieten und zudem ungestörte Brutplätze enthalten.

Bruten sind je nach Art das ganze Jahr über möglich, fallen aber bevorzugt in die Sommermonate.

Jabiru

Xenorhynchus asiaticus
Jabiru / Black-necked stork

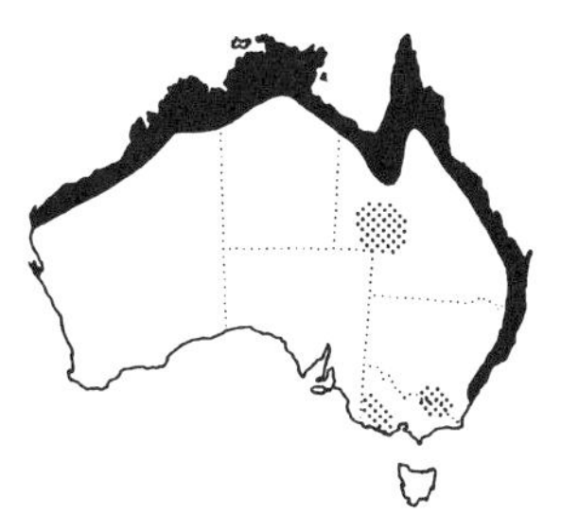

Die Störche sind in Australien mit einer 120 cm grossen Art vertreten. Der Jabiru ist leicht an seinem glänzenden, grünschwarzen Kopf und Hals zu erkennen. Die Weibchen haben gelbe, die Männchen blaue Augen, ansonsten sind die Geschlechter nicht voneinander zu unterscheiden. Verwandtschaftlich stehen sie den Ibisvögeln am nächsten.

Die sesshaften Jabirus leben normalerweise einzeln oder paarweise am Rand von Sümpfen, Seen und Lagunen. Nur während extremen Trockenperioden, die ihre Futtergründe versiegen lassen, fliegen die Vögel oft in sehr grosser Höhe zu neuen Futterplätzen, wo sich dann grössere Gruppen zusammenfinden. Als Nahrung dienen Fische, Frösche, Reptilien, kleine Säuger, Insekten und sogar Aas.

Der Jabiru verrät seine Zugehörigkeit zu den Störchen nicht nur durch seine äussere Erscheinung, sondern auch durch das typische Schnabelklappern.

Die Hauptbrutzeit liegt zwischen Mitte März und Mitte Juli. Beide Partner bauen auf Bäumen, Sträuchern oder auf dem Boden - umgeben von Wasser - eine Nestplattform aus Zweigen, Binsen, Schilf und Gras, oder flicken ihr altes Nest, denn die Paare bleiben viele Jahre zusammen. Auch das Ausbrüten der 2 bis 4 Eier und das Füttern der Jungen wird gemeinsam erledigt. Allerdings überleben selten alle Jungen die Zeit der bis 4 Monate dauernden Aufzucht. An sehr heissen Tagen transportieren die fürsorglichen Eltern kühles Wasser in ihren grossen Schnäbeln, um ihren Nachwuchs mit einer erfrischenden Dusche zu beglücken.

Ibisse und Löffler

Familie: Plataleidae
Ibises and Spoonbills

Die drei australischen Ibisarten werden zwischen 50 und 70 cm gross, die zwei Löfflerarten erreichen 70 - 90 cm. Wie die Gestalt des Jabirus, welcher den Ibissen und Löfflern verwandtschaftlich am nächsten steht, sind auch die Körperformen dieser langbeinigen Vögel eine optimale Anpassung an die Nahrungssuche im seichten Wasser. Im Gegensatz zu Reihern (Herons) sind Ibisse und Löffler beim Fliegen an ihren ausgestreckten Hälsen zu erkennen.

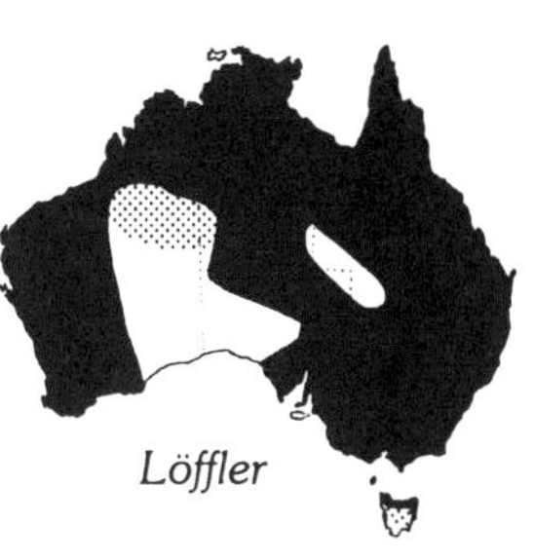

Extreme Unterschiede in der Schnabelform der zwei Vogelarten, lassen ihre nahe Verwandtschaft nicht erahnen. Aber sowohl der lange, gekrümmte Ibisschnabel, wie auch der klotzige, löffelförmige Schnabel der Löffler, sind ideale Werkzeuge um im seichten Wasser Beute aufzufinden. Die Ibisse stechen mit ihren Schnäbeln oft auch im trüben Wasser, von einer Seite auf die andere. Dabei ist es erstaunlich, dass ihre Trefferquote überhaupt gross genug ist, um ausreichend Nahrung zu erhalten.

Lebensräume, in denen Ibisse und Löffler ihre Hauptnahrung finden, sind verschiedenste seichte Gewässer. Um ihren grossen Bedarf an Futter zu decken, suchen sie aber gelegentlich auch an Land nach Nahrung. Löffler ernähren sich hauptsächlich von wasserbewohnenden Insekten, Fröschen, Fischen und Krustentieren. Der Glossy ibis und der Sacred ibis fangen zusätzlich noch Landinsekten. Letzterer kann als Kulturfolger auf Viehweiden, in Parkanlagen und Hausgärten beobachtet werden, wo er ohne Scheu nach Essbarem sucht und dabei auch Abfalleimer durchwühlt.

Der Straw-necked ibis bildet eine Ausnahme, denn er bevorzugt

Im alten Ägypten wurden die nützlichen Ibisse zur Gottheit erhoben. Doch dieser Status nützte ihnen im Land der Pharaonen nichts, denn sie wurden ein Opfer der fortschreitenden Zivilisation und sind mittlerweile dort ausgestorben. Im Gegensatz zu Australien, denn hier besuchen die "heiligen Vögel" nach wie vor in riesigen Schwärmen schädlingsbefallene Kulturen. Um solche Gebiete zu erreichen, fliegen die nomadisierenden Ibisse in grossen Höhen, häufig 30-40 km weit.

grundsätzlich trockenes Land, wo er seine Hauptnahrung, bestehend aus Heuschrecken und anderen Gewächsschädlingen, findet. Auch Schlangen werden vertilgt. Diese Ernährungsgewohnheit macht den Ibis bei den Farmern natürlich zu einem besonders beliebten Vogel.

Ibisse und Löffler leben einzeln, paarweise, oder in Gruppen. Vor allem während der Fortpflanzungszeit bilden sie riesige Kolonien, welche beim Straw-necked ibis einen Umfang von 200'000 Tieren erreichen können. Ibisse, Löffler, Reiher und auch Kormorane bilden gelegentlich sogar gemeinsame Brutkolonien. Paarungen sind während des ganzen Jahres möglich, hängen aber stark vom Regen ab. Januar, Juni und Juli sind Monate mit reduzierter Brutaktivität. Genistet wird im Schilf, oder in anderer Ufervegetation, auf Büschen oder Bäumen. Aus Zweigen wird von Weibchen und Männchen ein

plattförmiges Nest gebaut, gemeinsam werden auch die 2 bis 5 Eier ausgebrütet und die Jungen grossgezogen. Balz, Nestbau und Brut sind mit vielen Ritualen wie Verbeugen, gegenseitiges Reinigen und Schnabelklappern (Löffler) verbunden.

Das Schnabelwerkzeug der Löffler wird gleich angewendet wie jenes von Enten und Schnabeltier. Sie gründeln, indem sie während des Watens ihren Schnabel hin und her bewegen und ständig auf und zu machen, dabei orten sie ihre Beute durch Berührung und sieben sie aus dem Wasser.

Schwarzer Schwan

Cygnus atratus
Black swan

Die im Durchschnitt 1,30 m grossen Schwarzen Schwäne besitzen eine Flügelspannweite von bis 2 m. Das Männchen unterscheidet sich vom Weibchen optisch nur durch dunklere Augen und einen stärkeren Hals. Schwarze Schwäne sind häufig anzutreffen. Sie gehören zur gleichen Gattung wie die weissen Schwäne und zu derselben Familie (*Anatidae*) wie alle Gänse und Enten, wobei sie aber den Gänsen näher stehen.

Schwarze Schwäne leben in Sumpfgebieten und auf allen australischen Salz- und Süssgewässern, vorausgesetzt die Wassertiefe beträgt weniger als 1 m und es wächst genügend Wasservegetation. Denn die Tiere ernähren sich vorwiegend von Wasserpflanzen, gelegentlich auch von kleinen Wassertieren. Nur gelegentlich weiden die Schwäne auch an Land. Wenn in Trockenperioden das Nahrungsangebot vieler Wohngebiete immer spärlicher wird und nicht mehr ausreicht, um den Vögeln ein Überleben zu garantieren, ziehen sie fort in Gebiete mit grösseren Gewässern, wo sich dann Ansammlungen von über 50'000 Tieren bilden können. Als ausgezeichnete Flieger vermögen die Schwäne trotz ihres hohen Gewichts innert Kürze grosse Distanzen zurückzulegen.

Die Schwarzen Schwäne leben und brüten paarweise, in Familiengruppen oder in Kolonien. (Schwanenpaare bleiben ein Leben lang zusammen.) Gebrütet wird unter idealen Bedingungen das ganze Jahr über, bevorzugt jedoch zwischen Februar und September. Die bis 2 m breiten Hügelnester werden gerne mitten in Sumpfgebieten, auf kleinen Inseln, oder auf umgeknicktem Schilf nahe des Ufers gebaut. Sie bestehen aus Wasserpflanzen, Zweigen, Schilf, Blättern und Gräsern.

Während rund 41 Tagen bebrüten beide Partner abwechslungsweise die 3 bis 9 Eier. Auch danach wird der Nachwuchs bis zu seiner Flugfähigkeit, während 4 bis 5 Monaten, gemeinsam betreut.

Geschlechtsreif werden die Jungschwäne mit 1½ Jahren.

Vorsicht:

Während der Brut- und Aufzuchtszeit verteidigt das Schwanenmännchen seinen Nachwuchs vehement. Mit aggressivem Verhalten werden alle Eindringlinge vertrieben. Die Tiere fürchten sich auch nicht vor erwachsenen Menschen. Als Waffe dienen den Vögeln die Flügel, beziehungsweise ihre kräftigen "Ellbogen". Kleine Kinder können ohne weiteres schwer verletzt werden.

Die Lautäusserung der Schwarzen Schwäne besteht aus einem trompetenden Ruf, wobei die Männchen eine etwas tiefere Stimme besitzen.

Hühnergans

Cereopsis novaehollandiae
Cape Barren goose

Die 75 - 100 cm grossen Hühnergänse werden etwa 5,5 kg schwer. Als einzige Vertreter der Gattung unterscheiden sie sich in manchem von den anderen Halbgänsen. Der Schwarze Schwan und die

Spaltfussgans gehören zu ihren nächsten Verwandten. An ihrer Grösse, dem grauen Federkleid und dem gelben, seltsam geformten Schnabel, erkennt man die Hühnergänse schon von weitem. Allerdings sind die Tiere sehr selten. Wegen ihres schmackhaften Fleisches und weil sie als Futterkonkurrenten des Viehs galten, wurden sie stark gejagt, so dass ihre Art kurz vor der Ausrottung stand und nur noch rund 2'000 Tiere überlebten. Rigoroser Schutz hat nun zu einer Erholung der Bestände auf etwa 6'000 Tiere geführt. Nach wie vor fehlt es den Halbgänsen aber an Lebensraum.

Vorsicht:

Hühnergänse sind während der Brut- und Aufzuchtszeit gegenüber Artgenossen und allen vermeintlichen Feinden (auch Menschen), welche in ihr Territorium eindringen, sehr aggressiv und versuchen mit allen zur Verfügung stehenden Mitteln (Schnabel, Krallen und Flügeln) ihr grosses Nestrevier zu verteidigen.

Hühnergänse bewohnen weite Graslandschaften, denn sie sind ausgesprochene Weidegänger. Nur ausnahmsweise nehmen sie auch Sämereien zu sich. Gräser und Kräuter werden gerne rund um Sumpfgebiete abgeweidet. Nur ausserhalb der Brutzeit, wenn sich die Vögel zu Verbänden zusammenschliessen (normalerweise 50 bis 250 Tiere) sind sie auch am Festland - vor allem auf flachen Küstengebieten - anzutreffen.

Nur auf kleinen, dem Festland vorgelagerten Inseln herrscht genügend Ruhe, damit die Vögel ihre 3 bis 6 Eier ausbrüten können. Bevorzugt werden Inseln mit kurzem Grasbewuchs, Gebüschen und felsigen Küsten. Die Nester werden von beiden Eltern aus trockenem Gras und Daunen, gut versteckt im Gras des offenen Landes, hinter Felsen oder Sträuchern gebaut. Die Paarung findet an Land satt. Gebrütet wird zwischen Juni und Januar, mit einer Hauptzeit von Juli bis September. Rund 6 Wochen dauert es, bis die schwarz-weiss gestreiften Küken fliegen können. Während dieser Zeit werden sie von den Eltern im von ihnen beanspruchten Gebiet rings ums Nest geführt. Danach bilden die Jungvögel Gruppen mit anderen Altersgenossen. Die Tiere werden erst mit 3 bis 4 Jahren geschlechtsreif. Hühnerganspaare bleiben ein Leben lang zusammen.

Buschhuhn

Alectura lathami
Brush turkey

Das Buschhuhn gehört verwandtschaftlich zu den **Grossfusshühnern** *(Familie: Megapodiidae* / **Mound-builders**). Diese Vogelfamilie ist nur in Australien und den benachbarten nördlichen Inseln (von den Philippinen bis zu den westpazifischen Inseln) beheimatet. Höchstwahrscheinlich stammen sie von Fasanenvögeln ab. Sie halten sich fast ausschliesslich am Boden auf und fliegen nur ungern und schwerfällig. Geschlafen wird aber normalerweise auf Bäumen. Grossfusshühner besitzen kräftige Beine mit langen Zehen. Mit Ausnahme des Thermometerhuhns sind sie alle Bewohner von dichten tropischen Wäldern.

Grossfusshühner sind die einzigen Vögel, welche ihre Eier nicht mit der eigenen Körperwärme, sondern mit verschiedenen fremden

Wärmequellen ausbrüten. Die einfachste Brutmethode wird von einigen nichtaustralischen Arten angewendet. Diese legen die Eier zum Beispiel in eine Felsnische, um die Speicherwärme des Gesteins zu nutzen, oder graben das Gelege an einer von der Sonne erwärmten, sandigen Stelle ein, oder nutzen den durch vulkanische Quellen erwärmten Boden. Diese einfachen Methoden sind deshalb erfolgreich, weil in Äquatornähe die Temperatur innerhalb des Tages und innerhalb des Jahres nicht bedeutend schwankt.

In Australien sind drei Grossfusshuhnarten vertreten: das Buschhuhn, das Reinwardt-Grossfusshuhn und das Thermometerhuhn. Die zwei nördlichen Grossfusshühner sind Waldbewohner und benutzen als Wärmequelle verrottendes Pflanzenmaterial, welches zu riesigen Bruthügeln aufgeschichtet wird. Denn hier im dichten tropischen Regenwald reicht die Sonnenwärme allein nicht aus um die

Eier erfolgreich auszubrüten. Das Blätterdach der Bäume verhindert aber grosse Temperaturschwankungen, so dass die Vögel in ihren Bruthügeln relativ leicht eine gleichmässige Temperatur erreichen.

Das **Buschhuhn** wird etwa 70 cm gross. Kopf und Hals sind unbefiedert und von roter Farbe mit gelbem Halsring. Der Körper ist blauschwarz befiedert.

Buschhuhnhähne bauen aus Blättern und Zweigen einen etwa 4 m breiten und 1 m hohen Bruthügel. Nachdem die Henne die Eier hinein gelegt hat, werden diese durch Verrottungswärme ausgebrütet. Zusätzlich überwacht der Hahn ständig die Bruttemperatur und hält sie durch stetiges Umschichten des Pflanzenguts aufrecht.

Buschhühner leben hauptsächlich in feuchten Wäldern. Westlich der Great Dividing Range sind sie wegen des trockenen Klimas nur selten anzutreffen. In den letzten Jahren kommen die Tiere auch vermehrt in die Vororte, wo sie dann ihre Bruthügel teilweise direkt in den Gärten aufbauen, was die Gartenbesitzer nicht gerade erfreut. Es wurde auch schon befürchtet, dass Buschhühner als Kulturfolger überhand nehmen könnten. Diese Angst ist jedoch unbegründet, da sie in zivilisierter Umgebung nur sehr wenige Eier legen, und die geschlüpften Jungtiere viel grösseren Gefahren ausgesetzt sind.

Buschhühner sind also trotz ihres Erscheinens in den Vororten gefährdete und schützenswerte Vögel.

Sie ernähren sich von Insekten, kleinen Wirbeltieren, Samen und Früchten.

Gegen Feinde verteidigen Buschhühner ihre Gelege hartnäckig und wild. Trotzdem werden viele Eier von Waranen, Phytons, Raubbeutlern, Füchsen und verwilderten Hausschweinen erbeutet. Die Hauptbrutzeit liegt zwischen August und Februar. Die Küken benötigen 50 Tage bis zum Schlupf. Danach sorgen sie sofort für sich selbst.

Das **Reinwardt-Grossfusshuhn** (*Megapodius reinwardt* / **Orange-footed scrubfowl**) lebt wie das Buschhuhn, hauptsächlich in Wäldern. Neben Regenwäldern und Monsunwäldern werden auch andere Gebiete mit dichter Vegetation besiedelt.

Im Gegensatz zu den anderen Grossfusshühnern lebt das Reinwardt-Grossfusshuhn gesellig. Zwei bis drei Paare legen gemeinsam den etwa 5 m breiten und 2 m hohen Bruthügel an. Weil dieser immer wieder benutzt wird, kann er sogar noch grössere Dimensionen annehmen.

Thermometerhuhn

Leipoa ocellata
Malleefowl

Das 60 cm lange Thermometerhuhn gehört verwandtschaftlich zu den Grossfusshühnern (siehe Kapitel Buschhuhn). Sein schönes

Tarngefieder mit dem dunklen Bruststreifen lässt es optisch perfekt mit der Umgebung verschmelzen. Das seltene Tier ist wegen Lebensraumentzug und Feinden wie Füchsen stark gefährdet.

Um die Temperatur im Innern des Bruthügels nicht mehr als 2°C schwanken zu lassen, muss der Hahn täglich stundenlang Unmengen von Sand verschieben. Je nach Aussenbedingungen wird Sand abgetragen, aufgetragen oder es werden Lüftungsschächte erstellt.

Als Nahrung dient dem Thermometerhuhn vor allem pflanzliche Kost. Aber neben Samen, Beeren, Knospen und Blättern nimmt es auch Spinnen, Würmer, Insekten, Weichtiere, Larven und andere Kleinlebewesen zu sich.

Das Thermometerhuhn ist in urgeschichtlicher Zeit auf der Suche nach neuen Lebensräumen in den südlichen Malee-Busch und bis in die Halbwüste vorgedrungen. Hier fand es eine unbesetzte ökologische Nische. Seine ursprüngliche Brutmethode mit dem Bruthügel hat es beibehalten. Allerdings kann diese im tropischen Regenwald bewährte Methode im trockenen, offenen Eukalyptusbuschland, wo im Tagesverlauf Temperaturschwankungen bis zu 45°C möglich sind, nur mit grossem Aufwand gelingen. Tatsächlich gehört, was Thermometerhühner zum Ausbrüten ihrer Eier leisten, zum Aufwendigsten und gleichzeitig zum Faszinierendsten, was die Vogelwelt zu bieten hat. Sie wenden 11 Monate im Jahr und bis 13 Stunden täglich auf, um die gewünschte Temperatur im Bruthügel herzustellen und konstant zu halten.

Bereits im Spätherbst (Ende April) beginnt der Hahn mit der Arbeit, indem er eine etwa 1 m tiefe und 2 - 3 m breite Grube ausgräbt, welche mit trockenen Blättern, Rinden und Zweigen aufgefüllt wird. Ältere Hähne können sich einen Teil dieser Prozedur ersparen, denn sie brauchen nur das Pflanzenmaterial des Bruthügels vom Vorjahr herauszuputzen und neues nachzufüllen. Da das aufgefüllte Pflanzengut trocken ist, muss der Hahn die Grube zudecken, will er nicht zuschauen, wie der Wind seine Arbeit zunichte macht. Wenn dann der erste Winterregen fällt, wird die Grube wieder geöffnet, um die Pflanzenteile zu befeuchten. Danach wird bis zu 1 m Sand darüber gescharrt. Der fertige Bruthügel kann so eine Ausdehnung bis zu 5 m aufweisen. Nach rund 4 Monaten ist nun dank der Gärung im künstlichen Brutapparat die Temperatur soweit angestiegen, dass die Henne mit der Eiablage beginnen kann.

Nicht etwa alle 24 Stunden, wie bei den meisten anderen Vögeln, sondern im Abstand von 5 bis 14 Tagen wird nun ein rund 190 Gramm schweres Ei in die Brutkammer gelegt. Zuerst muss allerdings der Hahn den Bruthügel öffnen und die Temperatur messen. Letzteres tut er mit Hilfe seiner Zunge. Bei schlechten Witterungsverhältnissen, etwa grosser Trockenheit, wenn er trotz grösster Mühe die optimale Bruttemperatur von 33°C nicht oder nur schlecht zu stande bringt, wird er die Henne keine, oder nur wenige Eier legen lassen. Die Eiablage beginnt hauptsächlich Mitte September und dauert bis Mitte Februar. Insgesamt werden 15 bis 22, im Extremfall bis 35 Eier gelegt.

Der Hahn ist nun weitere 7 Monate mit dem Bruthügel beschäftigt. Die Temperatur im Innern wird von zwei verschiedenen Wärmequellen beeinflusst. Zum einen durch das gärende Pflanzengut, und zum andern durch die Sonnenbestrahlung. Beide Wärmequellen wirken allerdings nicht zu jeder Jahreszeit gleich intensiv, so dass die Arbeitsweise des Hahns immer wieder neu angepasst werden muss.

Nach einer sechs- bis achtwöchigen Entwicklung im Ei schlüpfen die Jungen. Mit einem ersten, bis 17stündigen Kraftakt arbeitet sich das fertig entwickelte Küken durch die dicke Sandschicht. Unmittelbar nach dem Schlüpfen können Thermometerhühner bereits verhältnismässig schnell laufen, und innerhalb der ersten 24 Stunden vermögen sie mit kurzen Flügen vor ihren Feinden auf einen Baum zu entfliehen. Die Küken sind von Anfang an auf sich alleine gestellt. Meist ohne die Eltern jemals gesehen zu haben, schlagen sie sich als Einzelgänger durchs Leben, bis sie die Geschlechtsreife erreichen und einen Partner suchen, mit dem sie dann ein Leben lang verbunden bleiben. Etwa Ende März schlüpfen die letzten Küken. Einen Monat später beginnt der Hahn bereits von neuem seinen Bruthügel vorzubereiten.

Trotz der enormen Schwierigkeiten beim Brutgeschäft, mit welchen das Thermometerhuhn in seinem neu eroberten Lebensraum fertig werden muss, hat es hier überlebt. Ein solch enormer Zeit- und Energieaufwand kann sich nur ein Tier leisten, dem eine ergiebige Nahrungsquelle zur Verfügung steht. Bleibt nur zu hoffen, dass schliesslich nicht noch der Mensch diesem Wunder ein Ende setzt, indem er den Lebensraum des Thermometerhuhns weiterhin zerstört.

Brolgakranich

Grus rubicundus
Brolga

Die bis 140 cm grossen, grauen Brolgakraniche sind leicht an ihrem rot gefärbten Kopf zu erkennen. Die Weibchen sind etwas kleiner als die Männchen. Verwandtschaftlich stehen sie den Trappen am nächsten, welche in Australien durch den Bustard vertreten sind.

Der Lebensraum der Brolgas liegt normalerweise in ausgedehnten Sumpfgebieten und feuchten Wiesen, aber auch an Flüssen oder Seen. Früher waren die Vögel viel häufiger anzutreffen und ihr Verbreitungsgebiet war ausgedehnter. Durch die Drainage von Feuchtgebieten und durch Abschüsse hat sich ihre Zahl vor allem im Südosten wesentlich verringert und aus vielen Regionen sind sie ganz verschwunden.

Obwohl Brolgas eigentlich keine Zugvögel sind, müssen sie oft grosse Distanzen zurücklegen, um Futter und Wasser zu finden. Neben Insekten, Fröschen, Süss- und Salzwasserwirbellosen, kleinen Nagern und Reptilien verzehren sie auch Gras. Gelegentlich verwüsten die Vögel sogar Kornfelder.

Brolgas können 50 Jahre alt werden. Sie leben paarweise, oder in kleinen Gruppen. Die Paare bleiben ein Leben lang zusammen. Das Beeindruckendste an allen Kranichvögeln sind sicher ihre auffälligen Balzrituale. So vermochten auch die Brolgas mit ihren anmutigen Tänzen die australischen Ureinwohner zu begeistern, der Brolgatanz fand in vielen Legenden und Tänzen der Aborigines seinen Ausdruck.

Die Vögel brüten immer am selben Ort und immer in den regenreichsten Monaten. Wenn nicht grosse Trockenheit die Brutvorbereitungen verzögert, wird am Boden ein Nest aus Zweigen, Schilfrohr und Gras hergerichtet, so dass die 1 bis 3 Eier ins Trockene zu liegen kommen. Bei Brut und Aufzucht beteiligen sich beide Partner. Einige Stunden nach dem Schlupf können die Nestlinge bereits laufen und schwimmen. Sie werden aber noch von den Eltern gefüttert und bleiben bis zum 10. Lebensmonat bei ihnen. Nach der Jungenaufzucht schliessen sich die Familien teilweise zu grossen Verbänden (bis 12'000 Vögel) zusammen.

Der elegante Brolga-Tanz wird sowohl vom Weibchen wie auch vom Männchen ausgeführt. Die Vögel öffnen ihre Flügel, rütteln diese, springen hoch und herum, werfen Zweige in die Luft und geben verschiedene Laute von sich. Tanzrituale finden nicht nur während der Brutsaison statt, sondern das ganze Jahr über, um dadurch die Bindung zwischen den Partnern aufrecht zu erhalten.

Australische Trappe

Ardeotis australis
Bustard

Die Trappen-Weibchen werden etwa 70 cm gross, die Männchen sogar bis zu 100 cm. Als weltweit schwerste flugfähige Vögel beträgt ihr Gewicht an die 15 kg. Trotz einer Flügelspannweite von 230 cm haben die Tiere beim Starten Mühe, ihr Gewicht vom Boden zu heben. Einmal in der Luft, können sie jedoch auch grosse Distanzen zurücklegen. Grundsätzlich bevorzugen sie es aber zu laufen, sind also bodenlebende Vögel. Ihre nächsten Verwandten sind die Kranichvögel.

Verbreitungsgebiet und Grösse des Trappenbestandes sind durch menschliche Bejagung, Füchse und Lebensraumentzug stark verringert worden. Dank eines strengen Schutzgesetzes wurden die Australischen Trappen vor ihrer totalen Ausrottung bewahrt. Trotzdem erholen sich die Bestände nur sehr langsam. Vor allem in den Monsungebieten (Kimberleys, Barkly Tableland und Cape York-Peninsula) haben sich die Trappen noch halten können. Denn hier werden Brut und Aufzucht wegen der heftigen Regenfälle durch die Menschen nur wenig gestört. Lebensräume sind offene Grasländer und lichte Wälder mit Grasbewuchs.

Die in Gruppen lebenden, nomadisierenden Allesfresser ernähren sich von Heuschrecken und anderen Insekten, Echsen, Schlangen (auch giftigen), kleinen Säugetieren, Samen, Beeren und Gräsern.

Zur Balz treffen sich die Trappenmännchen an gemeinsamen Plätzen und vollführen ein beeindruckendes Schauspiel, indem sie ihren Kehlsack aufblasen, welcher dann beim Laufen hin und her schwingt und bis zum Boden reicht. Gleichzeitig stellen sie ihren zu einem Fächer gespreizten Schwanz über den Rücken nach vorn, werfen den Kopf nach hinten und geben Laute von sich. Dieses Spektakel findet zu Beginn der Monsunregenzeit statt (Oktober bis Januar), kann aber je nach Region und Niederschlagsmenge auch in jeder anderen Jahreszeit vollführt werden.

Das Weibchen legt - ohne ein Nest zu bauen - ein, gelegentlich auch zwei Eier direkt auf den Boden. Kurz nach dem Schlupf können die Jungen bereits laufen und werden dann allein von der Mutter geführt.

An der Grösse und ihrer typischen Kopfhaltung sind die riesigen Trappen leicht zu erkennen.

Tauben

Familie: Columbidae
Pigeons / Doves

Für grössere Taubenarten ist im Englischen der Name "pigeon" gebräuchlich, für kleinere, welche normalerweise längere Schwänze besitzen, "dove". Australien besitzt 22 einheimische Arten, drei weitere wurden von den Europäern eingeführt.

Äusserlich sind alle Tauben relativ leicht an ihrer typischen Form, dem rundlichen, eher plumpen Körper und den kurzen Beinen zu erkennen. Dazu kommt die Schnabelform, welche meist leicht verdickt ist, bevor sie abrupt in die Spitze verläuft. Eine auffällige Eigenschaft, die viele Tauben kennzeichnet, ist die Art und Weise, wie sie trinken. Fast alle anderen Vögel müssen den Kopf anheben, um das aufgeschöpfte Wasser die Kehle hinunterfliessen zu lassen; die meisten Tauben strecken den Schnabel einfach ins Wasser und saugen dieses hoch. Eine solche Trinktechnik verkürzt die Aufenthaltsdauer an der Wasserstelle wesentlich, wodurch die Tiere weniger lang schutzlos den Feinden ausgeliefert sind. Typisches Taubenverhalten ist im weiteren das Verbeugen der Männchen bei der Balz, verbunden mit einem Auseinanderfächern des Schwanzgefieders und gurrenden Lauten.

Australische Tauben besetzen auf dem Fünften Kontinent ähnliche ökologische Nischen wie sie andernorts beispielsweise durch Fasane und Rebhühner (Rauhfusshühner) ausgefüllt sind. Die vegetarisch lebenden Tauben nehmen vor allem Sämereien zu sich. Um von dieser Nahrung genug zu finden, leben in Australien viele Tauben nomadisierend.

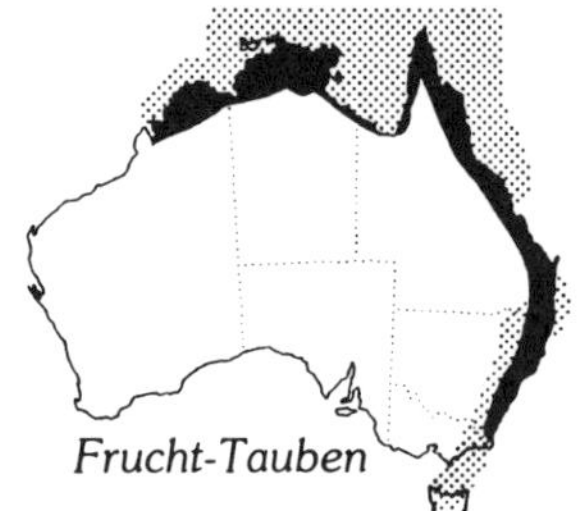
Frucht-Tauben

Eine Ausnahme bilden die sieben **Frucht-Taubenarten**, welche in den Regenwäldern leben und sich vorwiegend von Früchten ernähren. Regenwaldbewohnende Tauben sind stark bedroht, da nach wie vor ihr Lebensraum abgeholzt wird.

Tauben leben immer in Einehe. Beim Nestbau, dem Brüten und Füttern der Jungen helfen beide Partner. Normalerweise werden nur 1 bis 2 Eier in ein meist dürftig ausgearbeitetes Plattformnest aus Zweigen gelegt. Die Nester befinden sich auf Bäumen, einige Arten brüten aber auch am Boden. Die Jungen sind unmittelbar nach dem Schlupf noch blind, und nur mit dünnen Daunen bedeckt. Zu Beginn erhalten sie einen speziellen Milchbrei, welcher im Kropf der Eltern produziert wird. Insgesamt ist der Nachwuchs auf intensive, drei- bis fünfwöchige Aufzuchtarbeit der Eltern angewiesen. Tauben brüten meist mehr als einmal pro Jahr.

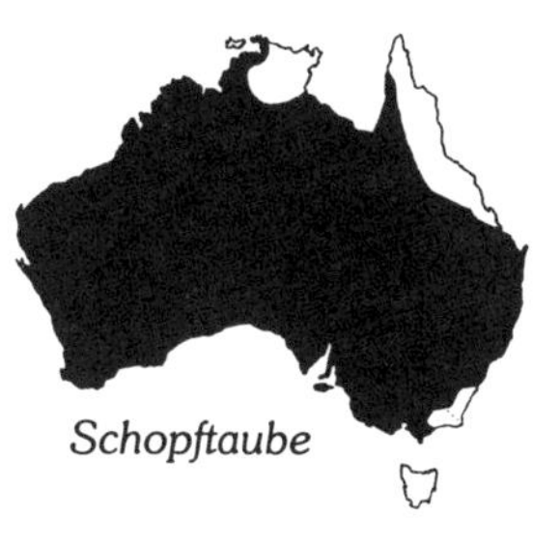
Schopftaube

Die 32 cm grosse **Schopftaube** *(Ocyphaps lophotes* / **Crested pigeon**) hat seit der Besiedlung durch die Europäer als einzige Taube Lebensraum gewonnen. Vor allem durch Waldrodung, Viehtränken und Getreideanbau haben sich ihre Futterbedingungen wesentlich verbessert. Früher war die Schopftaube als Nomade auf trockene Regionen im Landesinneren beschränkt, heute ist sie bis zur Küste verbreitet und dringt sogar in die Vororte der Millionenstädte ein. Sie bevorzugt leicht bewaldetes Grasland in der Nähe von Wasser.

Schopftauben ernähren sich vorwiegend von Sämereien, nehmen aber auch viele Blätter zu sich. Sie leben normalerweise in kleinen Gruppen, welche sich aber manchmal zu grossen Schwärmen zusammenschliessen, um gemeinsam eine Wasserstelle aufzusuchen.

Bruten sind das ganze Jahr über möglich, vor allem aber zwischen August und Januar, oder nachdem der Regen gute Futterbedingungen geschaffen hat. Bei genügendem Nahrungsangebot brüten die Schopftauben mehrere Monate lang ununterbrochen und erreichen dabei im Extremfall sieben Bruten.

Wie bereits der Name **Spinifex-Täubchen** *(Petrophassa plumifera* / **Spinifex pigeon**) verrät, sind diese 21 cm grossen Vögel Bewohner der mit Spinifexgräsern bewachsenen, hügeligen und felsigen

Spinifex-Täubchen

Gegenden Inneraustraliens. Die robusten Täubchen sind bestens an die heissen und kargen Wüstenbedingungen angepasst, sie sind jedoch auf nahe Wasserstellen angewiesen. Auf der Suche nach Samen laufen oder rennen sie am Boden umher.

Spinifex-Täubchen leben in kleinen Gruppen und sind meistens sesshaft, was für Trockengebiet bewohnende Tauben sehr ungewöhnlich ist.

Die Brutzeiten sind gleich wie bei der Schopftaube. Die 2 Eier werden nur hinter einem Grasbüschel in einer kleinen Mulde versteckt.

Sowohl die Schopftaube, wie auch das abgebildete Spinifex-Täubchen sind durch eine lange, spitze Haube gekennzeichnet. Dank dieses Kopfschmucks sind beide von allen anderen Tauben leicht zu unterscheiden.

Papageien

Familie: Psittacidae
Parrots

Weil der Körperbau der Papageien sehr einheitlich ist, werden die weltweit 340 Arten in nur einer Familie zusammengefasst. Von dieser Vielfalt sind auf dem Fünften Kontinent 53 Arten beheimatet, was die Region zum Verbreitungsgebiet mit dem grössten Formenreichtum macht. Unter anderen leben hier viele Kakadu-, Lori-, Rosella- und Sitticharten (auch der uns gut bekannte Wellensittich). Australische Papageien werden je nach Art zwischen 14 und 66 cm gross.

Man erkennt sie leicht an ihrem typischen Krummschnabel. Egal ob dieser von einem körner-, nektar-, oder aasfressenden Vogel stammt, die Papageienzugehörigkeit lässt sich nie verleugnen. Im Gegensatz zu den anderen Vögeln ist der Oberkiefer der Papageien nicht fest mit dem Schädel verbunden, was den Tieren eine viel grössere Beweglichkeit des Mundwerkzeuges verleiht. Der Schnabel wird als "dritter Fuss" auch zum Klettern verwendet. Charakteristisch ist ebenfalls die Gegenüberstellung je zweier Zehen, was einen sehr guten Halt garantiert und zu ausgezeichneter Kletterfähigkeit verhilft.

Papageien sind in erster Linie Waldbewohner, aber die Anpassungsfähigkeit an verschiedenste Nahrung erlaubt ihnen auch ein Leben in baumlosen Gegenden. Ob in Regenwäldern oder in Wüstengebieten, Papageien sind über den gesamten Kontinent verbreitet; einzig das Vorhandensein von Wasser muss gewährleistet sein. Für die Krummschnäbler bedeutet deshalb die Abholzung riesiger Waldgebiete nicht grundsätzlich ein Lebensraumentzug, sondern eine Verlagerung auf andere Arten. Getreideanbau und die Erstellung von Brunnen in Trockengebieten, haben zum einen die Populationsgrössen, und zum anderen die Ausdehnung der Verbreitungsgebiete einzelner Arten dermassen begünstigt, dass sie als Kulturfolger für die Farmer zur Landplage geworden sind. Neben dieser übermässigen Vermehrung, kennt Australien die Gefährdung von mindestens acht Sitticharten. Eine davon, den Paradiessittich, gibt es vermutlich nur noch in Zuchtvolieren von Vogelliebhabern. Zwei Laufsittícharten, eine auf der Lord-Howe-Insel und die andere auf der Macquarie-Insel, sind ausgestorben. Letztere war die südlichste Papageienart der Erde. Diese Vögel lebten zusammen mit Pinguinen und See-Elefanten.

Papageien sind tagaktive Tiere. Sie leben oft in lärmenden, auffälligen Scharen, aber auch in kleinen Trupps oder paarweise. Die Brut findet normalerweise in einer Baumhöhle, hoch über dem Boden statt. Hier werden die Vögel und ihre Gelege nicht selten von grossen Waranen oder Pythons überwältigt. Daneben müssen sich die Papageien vor Adlern am meisten in acht nehmen. Die Bruthöhlen werden selten mit Nistmaterial ausgepolstert und die Eier sind wie bei allen höhlenbrütenden Vögeln weiss. Einige wenige Arten legen ihre Eier in Felsspalten oder graben sich sogar Tunnels in Böschungen. Bei Höhlenmangel werden auch Kaninchenbauten bezogen oder gar katzengrosse Beuteltiere aus ihren Schlafhöhlen vertrieben. Zur Brut trennen sich die Paare der meisten Arten von den anderen Schwarmmitgliedern. Die Jungen sind beim Schlüpfen völlig nackt und werden von den Eltern mit vorverdauter Nahrung grossgezogen.

Kakadus

Unterfamilie: Cacatuinae
Cockatoo

Die 11 australischen Kakaduarten erreichen eine Grösse von 23 bis 66 cm. Fast alle besitzen eine schwarze oder weisse Gefiedergrundfarbe.

Die **schwarzen Kakaduarten** sind selten anzutreffen. Sie sind die grössten Papageien Australiens. Das schwarze Federkleid ist je nach Art stellenweise durch wenige gelbe oder rote Federn geschmückt. Die dunklen Vögel leben in kleinen Gruppen oder paarweise. Sie halten sich hauptsächlich in Wäldern auf.

Neben der Grösse ist eine Kopfhaube sicherstes Erkennungsmerkmal der meisten Kakadus. Die Schmuckfedern sind normalerweise zurückgelegt und werden - wie bei diesem Gelbhaubenkakadu - bei Erregung hochgestellt.

Die geselligen, meist in grossen Schwärmen lebenden **weissen Kakadus** sind häufig. Man trifft sie sowohl in den Nationalparks, im Farmgebiet, wie auch mitten in den Millionenstädten an.

Zu den weissen Kakadus gehören die Gelbhaubenkakadus (Sulphur-crestet cockatoo) und die Rosakakadus (Galah), welche in Europa wegen ihrer Zutraulichkeit und Intelligenz gefragte Stubenvögel sind. In Australien werden jährlich Tausende dieser Körnerfresser mit grossen Netzen eingefangen, um dadurch von Farmern angelegte Kulturen zu schützen. Weil aber ein Gesetz jegliche Ausfuhr von Tieren verbietet, konnte wegen der grossen Kakadunachfrage auf dem Weltmarkt leider ein blühender Schwarzhandel entstehen.

Der Tagesablauf eines Gelbhaubenkakadus verläuft ziemlich planmässig: Nach Sonnenaufgang verlassen die Vögel gemeinsam ihren Schlafplatz und fliegen zu einer Wasserstelle. Anschliessend gehen sie auf Nahrungssuche. Sie ernähren sich hauptsächlich von Gras- und Kräutersamen, fressen aber auch andere Pflanzenteile und, falls vorhanden, Insekten, Früchte, Beeren und Nüsse in grossen Mengen. Um vor allem beim Fressen am Boden nicht von Feinden überrascht zu werden, lassen die vorsichtigen Papageien einige Artgenossen als Wächter aufpassen. Während der grossen Nachmittagshitze rasten die Gelbhaubenkakadus in dicht belaubten Bäumen. Danach gehen sie ein zweites Mal auf Nahrungssuche und kehren gegen Abend zur Wassertränke zurück. Anschliessend fliegen die Tiere, noch bevor die Nacht anbricht, zu den angestammten Schlafbäumen. Hier wird nun noch geräuschvoll um die besten Plätze gestritten, bis der Sonnenuntergang dem Lärm ein Ende setzt.

Für Rosakakadus trifft im wesentlichen das gleiche zu wie für die Gelbhaubenkakadus, nur dass die rosa gefärbten Vögel noch häufiger vorkommen, Riesenschwärme mit über 1000 Vögeln bilden, und wegen ihrer Anpassungsfähigkeit an verschiedenste Nahrung, für die Farmer zu noch unbeliebteren Kulturfolgern geworden sind. Rosakakadus brüten auch nicht paarweise zurückgezogen, wie die Gelbhaubenkakadus, sondern in grossen Schwärmen. Sie leben hauptsächlich in den Ebenen und meiden Höhen über 600 m.

Das Verbreitungsgebiet der **Nymphensittiche** *(Nymphicus hollandicus* / **Cockatiel**) ist nahezu deckungsgleich mit demjenigen der Rosakakadus. Die bei uns ebenfalls als beliebte Volierenvögel bekannten Tiere sind die einzigen Papageien mit einem auffälligen Federschopf, welche nicht zu den Kakadus gezählt werden.

Loris

Unterfamilie: Loriinae
Lorikeets

Die Grösse der sieben verschiedenen Loriarten liegt zwischen 14 und 28 cm. Sie sind also in der Regel kleiner als alle übrigen Papageien.

Die Pflanzen der Trockengebiete bringen viele hartschalige Früchte hervor, um dadurch den Samen vor der Sonne und dem Austrocknen zu schützen. Der Papageienschnabel ist gerade zum Knacken von hartschaligen Früchten geschaffen, weshalb sich die Grossfamilie der Papageien auf dem Fünften Kontinent so erfolgreich entwickeln konnte. Ähnlich wie sich gewisse Arten der typischerweise bodenbewohnenden Känguruhs neu an das Baumleben anpassten, erschlossen sich die Loris eine für Papageien untypische Nahrungsquelle, den Nektar. Um sich von Nektar ernähren zu können, vollzogen sie aber nur eine geringe Anpassung, die sich vor allem in der behaarten, pinselartig aufgefächerten Zunge zeigt. Der Schnabel ist nach

Loris sind untypische Papageien, da sie sich hauptsächlich von Nektar ernähren. Wie dieser abgebildete Regenbogenlori zählen sie aber auch nicht zu den typischen Nektaressern, denn dazu sind sie eigentlich zu gross und zusätzlich fehlt ihnen ein langes, dünnes Schnabelwerkzeug.

wie vor ein Papageienschnabel geblieben, und daher werden denn auch (zum Leidwesen mancher Blumenliebhaber oder Obstplantagenbesitzer) die Blüten oft einfach zerbissen, um an die geliebte Nektarnahrung gelangen zu können. Andere nektarfressende Tiere schonen die Blüten und bestäuben die Pflanzen sogar.

Zwar besitzen alle Loriarten neben der dominanten grünen Farbe auch rot, blau gelb, braun oder schwarz in ihrem Gefieder, aber bei keinem fand die Färbung eine solche Vollendung wie beim Regenbogenlori (Rainbow lorikeet). Er gehört sicher zu den schönsten Vögeln der Erde.

Regenbogenloris sind in Australien recht häufig anzutreffen. Vielerorts werden sie täglich mit Honig gefüttert, so dass die Papageien schwarmweise immer zur gleichen Zeit erscheinen. Dabei bieten die aus dem Busch angeflogenen bunten Vögel ein beeindruckendes Schauspiel.

Loripapageien sind Waldbewohner. Um genügend Futter, beziehungsweise blühende Bäume zu finden, müssen sie oft grosse Wanderungen unternehmen. Neben der Hauptnahrung Nektar, Pollen und Blüten, nehmen die Vögel auch süsse Früchte, Samen, Beeren und Knospen zu sich.

Eulenschwalm

Podargus strigoides
Tawny frogmouth

Die Grösse des Eulenschwalms variiert zwischen 34 und 46 cm. Die Tarnfärbung seines Gefieders ist perfekt an Farbe und Musterung der Bäume angepasst. Beide Geschlechter besitzen das gleiche Federkleid. Der englische Name leitet sich vom aussergewöhnlich grossen Maul, beziehungsweise Schnabel ab.

Die dämmerungs- und nachtaktiven Eulenschwalme gehören zur Ordnung der Nachtschwalben. Ihre Lebensräume sind verschiedenste Waldtypen, bevorzugt lichte Eukalyptuswälder. Es werden aber auch Halbwüstengebiete mit spärlichem Baumbestand besiedelt.

Eulenschwalme ernähren sich fast ausschliesslich von Bodentieren, daher sind sie auch schlechte Flieger. Auf ihrer Nahrungssuche fallen sie deshalb leicht Greifvögeln, Füchsen und Autos zum Opfer. Neben Käfern, Heuschrecken, Tausendfüssern, Skorpionen, Schnecken, Fröschen, Mäusen, kleinen Reptilien und jungen Vögeln werden auch Früchte verschlungen.

Eulenschwalme leben meist paarweise. Die Brutzeit fällt in die Monate August bis Dezember. Die Nester werden 5 - 15 m über dem Boden angelegt, manchmal auch auf alten Nestern anderer Vögel. Beide Eltern bebrüten die 2 bis 4 Eier, das Futter bekommen die Jungen dann aber überwiegend vom Männchen.

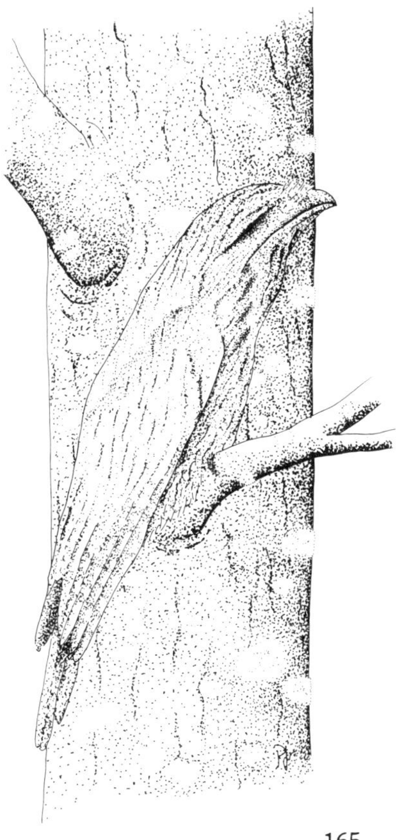

Am Tag verstecken sich die Eulenschwalme auf Bäumen. Wenn sie gestört werden, nehmen sie die typische, langgestreckte Haltung ein, welche ihnen das Aussehen eines abgebrochenen Astes verleiht. So werden sie nicht nur für Feinde, sondern auch für Vogelbeobachter nahezu unsichtbar.

Kookaburra

Dacelo gigas
Laughing kookaburra

Kookaburra

Eisvögel

In Australien sind 11 Eisvogelarten (Kingfishers) anzutreffen. Der bekannteste unter ihnen ist der 46 cm grosse Kookaburra (Lachender Hans). Das unverkennbare, laute "Gelächter", vor allem während der Dämmerung, verrät die Anwesenheit des Vogels schon von weitem.

Kookaburras sind in ihrem Verbreitungsgebiet häufig anzutreffen. Sie scheuen die Nähe menschlicher Siedlungen nicht und sind sehr zutraulich. Bei den Australiern sind die Vögel überaus beliebt, daher wurden sie auch in Tasmanien und Westaustralien angesiedelt. Im Gegensatz zu den meisten anderen Mitgliedern der Eisvogelfamilie sind die Kookaburras nicht von Gewässern abhängig, sondern leben bevorzugt in offenen Wäldern. Man kann sie aber auch in Buschlandschaften und in Trockengebieten mit einzelnen Bäumen antreffen.

Die Bäume dienen nicht nur als Brut- und Ruheplätze, von hier aus wird auch Beute gejagt. Neben grösseren Insekten und anderen Wirbellosen, gehören auch Reptilien, Frösche, Krabben, Fische, kleine Säugetiere und junge Vögel zu ihrer Nahrung. Dabei dienen sie den Menschen als nützliche Schädlingsbekämpfer.

Kookaburras brüten vor allem in Baumhöhlen. Dank ihrer Anpassungsfähigkeit nisten sie aber auch in Erdhöhlen, Termitenbauten, oder in irgendwelchen Nischen von Felsen und Mauern.

Ein Kookaburra-Territorium wird von einer Grossfamilie verteidigt und durch gemeinsames, lautstarkes "Gelächter" gekennzeichnet. Eine Familie besteht aus dem Elternpaar und seinen Jungen mehrerer Generationen. Die Jungen können bis zum Alter von 4 Jahren bei den Eltern bleiben. Sie helfen jeweils mit, die zwei bis vier Nestlinge zu füttern. Eigenen Nachwuchs ziehen sie aber erst auf, wenn sie die Familiengruppe verlassen haben. Pro Jahr werden normalerweise nur einmal Junge grossgezogen (Hauptbrutzeit: August bis Dezember). Die Paare bleiben ein Leben lang zusammen und können über 20jährig werden.

Zwar gehören Schlangen nicht zur Hauptnahrung der Kookaburras, aber gelegentlich werden sogar giftige Arten erbeutet.

Regenbogen-Bienenesser

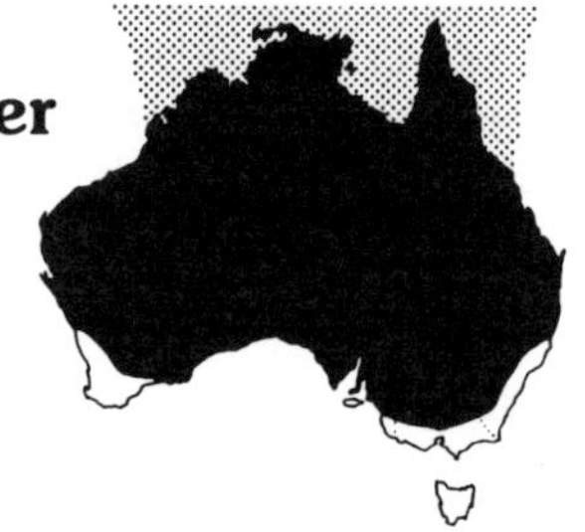

Merops ornatus
Rainbow bee-eater / Rainbow bird

Die Gesamtlänge des Regenbogen-Bienenessers beträgt durchschnittlich 26 cm. Seine farbenprächtigen orangen, gelben, blauen, grünen und schwarzen Federn verhalfen ihm zu seinem Namen. Bienenesser ähneln nicht nur in der Gefiederfarbe manchen Eisvogelarten, sondern auch in der Beutefangmethode und dem Brutkammerbau. Die Eisvögel sind denn auch ihre nächsten Verwandten. Auf dem Fünften Kontinent kommt nur eine Bienenesserart vor.

Regenbogen-Bienenesser-Paare graben ihre bis 1 m langen Bruthöhlen bevorzugt in abfallende Sandbänke. Wo solch optimale Voraussetzungen fehlen, bauen sie ihre Nestkammern durchaus auch in den flachen Boden.

Der Regenbogen-Bienenesser lebt bevorzugt in offenen Landschaften und meidet dichte Wälder. Die Vögel ernähren sich hauptsächlich von Bienen und Wespen, vertilgen aber alle fliegenden Insekten. Wie die Kookaburras warten sie normalerweise auf einem Hochsitz (abgestorbener Ast, Telefondraht und ähnlichem) auf vorbeifliegende Beute, welche dann im Sturzflug gefangen wird. Zwar sind die Regenbogen-Bienenesser immun gegen Bienen- und Wespenstiche, trotzdem werden alle Insekten vor dem Verschlucken getötet, indem die Vögel sie gegen etwas Hartes schlagen. Auf diese Art gelangen täglich Hunderte von Insekten in einen Bienenessermagen. Durch die Insektennahrung ist gleichzeitig auch der Flüssigkeitsbedarf der Vögel gedeckt.

Die Hauptbrutzeit fällt zwischen September und Februar. Ein Bienenesserpaar zieht seine drei bis fünf Jungen gemeinsam auf. Meist wird in Kolonien gebrütet. Die Brutgebiete befinden sich vorwiegend im Süden. Im Winter wandern die Vögel in grossen Schwärmen nach Nordaustralien, Neuguinea und Ost-Indonesien, um dann im Frühling zum Brutgeschäft wieder zurückzukehren.

Prachtleierschwanz

Menura novaehollandiae
Superb lyrebird

Die Gesamtlänge der Prachtleierschwänze beträgt 75 - 100 cm, wobei die Henne durchschnittlich rund 10 cm kleiner ist als der Hahn. Prachtleierschwänze sind bis auf die grossen Schwanzfedern der Hähne recht unscheinbare, gut getarnte Vögel.

Leierschwänze gelten als echte Singvögel, welche in der Nähe von Paradies- und Laubenvögeln einzugliedern sind. Als sehr stimmbegabte Sänger, sind Leierschwänze nicht immer leicht an ihren Lautäusserungen zu erkennen, denn sie vermögen sowohl Vogelstimmen ihrer Umgebung, wie zum Beispiel auch Hundegekläff oder Autohupen in perfekter Weise nachzuahmen. Ebenso beeindruckend ist die Lautstärke des Gesangs welcher manchmal noch in einem Kilometer Entfernung zu vernehmen ist. Prachtleierschwänze wurden durch europäische Siedler schon sehr früh auch in Tasmanien angesiedelt.

Mit Hilfe des wunderschönen Schwanzgefieders versucht der Prachtleierschwanzhahn, während seiner beeindruckenden Balztänze, die Hennen für sich zu gewinnen.

Lebensräume der Leierschwänze sind dichte Wälder und Regenwälder ab Meereshöhe, bis in Lagen von 1'500 m. Sie halten sich meistens am Boden auf und fliegen äusserst ungerne und unbeholfen. Wenn Leierschwänze auf Nahrungssuche gehen - sie essen Würmer, Insekten und Schnecken - kehren sie nach Hühnerart den halben Waldboden um. Am Abend begeben sie sich zum Schlafen auf Bäume, um Schutz vor Feinden zu finden. Ausgewachsene Tiere kannten eigentlich nur den ausgestorbenen Beutelwolf als Feind. Seine Rolle übernehmen heute der eingeführte Fuchs, sowie verwilderte Haushunde. Jungvögel sind natürlich auch durch wildernde Katzen gefährdet. In einem Mel'bourner Vorort wurde ein Nachtausgehverbot für Katzen erlassen, weil der Stadtteil an ein Schutzgebiet grenzt, in welchem Leierschwänze leben. (Prachtleierschwänze wurden wegen ihrer schönen Schwanzfedern beinahe ausgerottet, heute stehen sie unter strengem Schutz.)

Während der Balzzeit, in der Regel zwischen Mai und August, scharrt das Männchen in seinem Territorium, meist in kleinen Lichtungen, einige Hügel frei, auf welchen dann seine beeindruckenden Tanzschauspiele stattfinden. Mit lauten Rufen werden die Hennen angelockt. Sobald sich ein Weibchen nähert, lässt der Hahn seinen Gesang ertönen. Anschliessend betritt er einen Tanzhügel und entfaltet sein normalerweise zusammengelegtes Schwanzgefieder zu einem wunderschönen, leierförmigen Gebilde, das nach vorn über den Kopf geworfen wird. Ausser den prächtigen Schwanzfedern bleibt vom grossen Vogel nicht mehr viel zu sehen. Tanzend beginnt das Männchen Kehl- und Pfeiflaute von sich zu geben. Es zittert mit den Schwanzfedern, zieht diese in einer schnellen Drehung wie eine Schleppe kreisförmig um sich herum und springt auch häufig in die Höhe. Einige scharfe Pfiffe beendigen schliesslich das spektakuläre Zeremoniell. Vielleicht hat das angelockte Weibchen sich vom balzenden Hahn nicht beeindrucken lassen und zieht weiter, um noch andere Tänzer zu begutachten. Hat sich eine Henne für den Tänzer entschieden, so bedeutet das für diesen aber noch nicht das Ende seiner Tanzvorführung, denn er beteiligt sich in keiner Weise an der Aufzucht der Jungen, sondern balzt weiter bis ans Ende der Brutsaison und begattet wenn möglich noch andere Weibchen.

Die Henne baut innerhalb von 3 bis 4 Wochen aus Zweigen, Farnblättern und Moosen ein riesiges überdachtes Nest, in welches sie nur ein einziges Ei legt. Weil das Weibchen jeden Morgen für 3-6 Stunden auf Futtersuche geht, dauert die Entwicklung des Jungen bis zum Schlupf rund 50 Tage. Geboren als blinder und nackter Nesthocker, verlässt es erst nach rund weiteren 50 Tagen das Nest, um zusammen mit der Mutter bis zum 8. Lebensmonat auf Nahrungssuche zu gehen.

Im Grenzgebiet zwischen Queensland und New South Wales ist noch eine zweite Leierschwanzart zuhause: Der **Alberts-Leierschwanz**. Er ist etwas kleiner als der Prachtleierschwanz, und das Schwanzgefieder dieser Hähne ist nicht ganz so beeindruckend.

Prachtfinken

Familie: Estrildidae
Finches

Prachtfinken

Zebrafinken

Gouldsamadinen

Die 20 australischen Prachtfinkenarten sind um die 12 cm gross. Im Gegensatz zu der Unscheinbarkeit ihrer Grösse, besitzen die meisten Arten ein auffälliges Prachtgefieder. Viele Prachtfinken sind daher bei uns beliebte Volierenvögel, so zum Beispiel **Gouldsamadinen**, **Zebrafinken**, **Diamantfinken** und **Astrilde**. - Zwar stehen unsere europäischen Finken-Arten den australischen Prachtfinken verwandtschaftlich nahe, sie gehören aber nicht in die gleiche Familie.

Die Federn des roten Kopfes, der blauen Brust, des gelben Bauchs und der grünen Schwingen besitzen eine Farbintensität die sich kaum beschreiben lässt. Die Gouldsamadine gehört sicher zu den farbenprächtigsten Vögeln überhaupt.

Grassteppen, Buschsteppen und lichte Trockenwälder sind Lebensräume der meisten Prachtfinken. Einige Arten sind bis in Halbwüsten und Wüsten vorgedrungen. Andererseits haben Zebrafinken, Diamantfinken und der Sonnenastrild die Hausgärten erobert.

Die verhältnismässig kurze und breite Schnabelform der Prachtfinken gibt einen Hinweis auf ihre Nahrungsquelle. Der Schnabel ist nicht geeignet, um schwer zugängliche Sämchen wie etwa jene zwischen Tannzapfenschuppen herauszuholen. Prachtfinken ernähren sich hauptsächlich von Gräsersamen, welche leicht erreichbar sind, und von Sämereien die am Boden liegen und nur von Hüllen und Kapseln befreit werden müssen. Vor allem während der Brutzeit werden aber zusätzlich - im Flug oder am Boden - auch kleine Insekten gefangen. Einigen Prachtfinkenarten ist es möglich Wasser aufzusaugen, was nur wenige andere Vögel können. Dadurch sind sie schneller mit Trinken und müssen sich nicht allzulange an ungeschützten Wasserstellen aufhalten (vor allem in Trockengebieten).

Gebrütet wird meistens in Kolonien, aber auch ausserhalb der Brutsaison leben Prachtfinken in Gruppen oder gar in riesigen Schwärmen. Auf der Futtersuche nomadisieren manchmal sogar zwei verschiedene Prachtfinkenarten gemeinsam.

Alle australischen Prachtfinken leben monogam, und die Bindung der Paare hält höchstwahrscheinlich fürs ganze Leben. Die meisten Männchen vollführen einen Balztanz. Dabei tragen die Hähne einiger Arten sogar eine Feder oder einen Grashalm als Nistsymbol im Schnabel. Die Hauptbrutsaison liegt bei fast allen Arten im Sommer, also etwa zwischen Oktober und April. Die 10-20 cm grossen Nester werden hauptsächlich aus Gräsern geflochten. Bis auf ein Flugloch sind sie ringsum verschlossen und besitzen teilweise eine längere Eingangsröhre. Diese Technik des Nestbaus verrät die nahe Verwandtschaft mit den Webervögeln. Normalerweise befinden sich die Nester in dichten, meist dornigen Sträuchern oder niederen Bäumen. Einige Arten brüten aber auch am Boden, in Termitenhügeln, oder benutzen Baumhöhlen. So wie das Nest von Männchen und Weibchen erstellt wird, brüten sie auch während etwa 2 Wochen die meist 4 bis 6 Eier gemeinsam aus. Weitere 3 Wochen werden die Jungen im Nest gefüttert; darüber hinaus dauert die Abhängigkeit von den Eltern noch einmal 1 bis 2 Wochen. Für solch kleine Vögel ist dies eine überdurchschnittlich lange Betreuungszeit.

Laubenvögel

Unterfamilie: Ptilonorhynchidae
Bowerbirds

Die Grösse der neun australischen Laubenvogelarten liegt zwischen 23 und 37 cm. Sie sind sehr nah mit den farbenprächtigen Paradiesvögeln verwandt. Ihr Federkleid ist aber relativ unauffällig und je nach Art sehr unterschiedlich gefärbt. Dagegen ist ihr Verhalten während der Balzzeit einmalig in der Vogelwelt. Die Hähne der meisten Laubenvogelarten erstellen nämlich bemerkenswerte, auffällige Bauwerke, welche unverkennbar ihre Anwesenheit verraten.

Laubenvögel leben bevorzugt in Regenwäldern, kommen je nach Art aber auch in anderen Waldgebieten vor. Sie ernähren sich von Früchten, Beeren und Insekten.

Die oben erwähnten Bauwerke - oder Lauben - dienen einzig dem Zweck, Weibchen anzulocken und in Paarungsstimmung zu versetzen. Die Bauten zeichnen sich je nach Vogelart durch verschiedenste Konstruktionen aus. Die einfachsten bestehen aus einem Stück Waldboden, welches kreisförmig von jeglichem Unrat (Zweigen, Blättern usw.) gesäubert wird. Anschliessend wird der Platz mit ausgesuchten grünen Blättern geschmückt. Sobald diese Blätter zu welken beginnen und ihre grüne Farbe verlieren, werden sie ausgewechselt. Andere Laubenvögel bauen aus Hunderten von Zweigen richtige Alleen (manchmal sind diese auch überdacht), welche zum Teil mit farbigem Beerensaft angemalt und mit Blütenblättern tapeziert werden. Der Anstrich wird mit Speichel vermischt und mittels eines faserigen Stücks Baumrinde aufgetragen. Vor allem der Vorplatz wird mit farbigen Blüten, Vogelfedern, Schneckenhäuschen, Wäscheklammern, Flaschendeckeln, Glasscherben usw. geschmückt. Andere Arten wiederum bauen aus unzähligen Zweigen zwei Türme rings um zwei nebeneinander stehende junge Bäume. Diese 1-3 m hohen Türme besitzen immer eine brückenartige Verbindung, welche den Männchen als Balzpodium dient.

Sobald ein Hahn bemerkt, dass sich eine Henne nähert, beginnt er zu singen und zu tanzen. In der Vogelwelt bieten viele Männchen ihren Bräuten als Hochzeitsgeschenk Futter an. Laubenvogelmännchen haben diese Angewohnheit umgewandelt, indem sie mit Schmuckstücken aus ihrer Dekorationssammlung dem Weibchen zu imponieren versuchen.

Früher sammelten die Laubenvögel neben farbigen Vogelfedern, Schmetterlingsflügeln u.a.m. vor allem Blütenblätter, um ihre Lauben zu schmücken und damit den Weibchen zu imponieren. Heute ergänzen sie das Sammelsurium mit den verschiedensten farbigen Plastikgegenständen, welche erst noch den Vorteil haben, nicht zu verwelken und dadurch die Farbe zu verlieren, so dass sie ständig ausgewechselt werden müssen.

Die Farbe des Dekorationsmaterials gleicht oft der Gefiederfarbe des Männchens. Zudem ist zu beobachten, dass die Männchen umso unauffälliger gefärbt sind, je ideenreicher und farbgeschmückter ihre Laubenbauten aussehen.

Die Hauptbrutzeit der Laubenvögel liegt zwischen Oktober und Januar. Je nach Art sind aber auch Bruten 1-2 Monate vor- oder nachher möglich. Während der Paarungs- und Brutzeit hält sich das Männchen ständig in der Gegend seines Balzplatzes auf. Zeitweise werden täglich mehrere Stunden für den Bau der Lauben aufgewendet. Nach der Paarung errichtet das Weibchen auf einem nahegelegenen Baum ein einfaches Nest, in welches es meist 1 bis 2 Eier legt. Das Ausbrüten und die Aufzucht der Jungen erledigt das Weibchen ebenfalls allein. Das Männchen ist weiterhin mit seiner Bauerei und Werbung beschäftigt, da es noch möglichst viele andere Weibchen anlocken und begatten will.

Flötenvögel

Gymnorhina tibicen
Australian magpie

Die etwa 40 cm grossen Flötenvögel werden in drei Unterarten aufgeteilt. Dort wo sich ihre Verbreitungsgebiete überschneiden haben sich Mischformen herausgebildet. Der auffälligste Unterschied innerhalb der Unterarten zeigt sich darin, dass die Vögel entweder einen weissen oder schwarzen Rücken besitzen. (**Black-backed magpies** und **White-backed magpies**.)

Die nächsten Verwandten innerhalb der Familie *(Cracticidae)* sind die Butcherbirds und die Currawongs. Zusammen mit Raben, Krähen, Elstern, Paradiesvögeln und Laubenvögeln, werden sie in die Familiengruppe der Rabenverwandten zusammengefasst. Vertreter dieser Gruppe gelten als die höchstentwickelten Vogelarten.

Neben der auffälligen schwarz-weiss Zeichnung sind die Flötenvögel an ihrem wunderschönen flötenden Gesang zu erkennen. Dieser gipfelt darin, dass oft mehrere Männchen zur Revierkennzeichnung den Gesang im Chor erklingen lassen - vor allem in der Morgen- und Abenddämmerung. Die Stimmbegabung der Flötenvögel geht so weit, dass sie nicht nur fremde Vogelgesänge ausgezeichnet nachahmen können, sondern auch die menschliche Stimme imitieren.

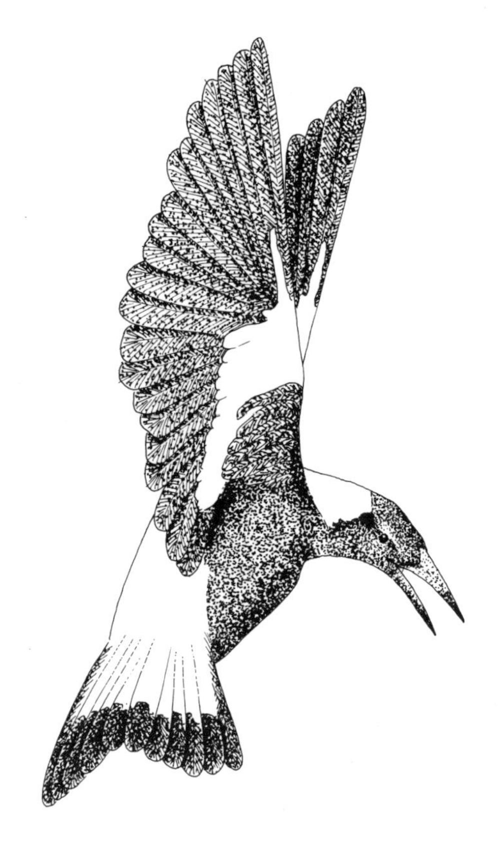

Flötenvögel begegnen dem Reisenden vermutlich schon auf der Flughafenrollbahn, spätestens aber im Stadtpark oder in einem Wohnquartier. Die "frechen Kerle" gehören zu den allgegenwärtigsten australischen Vögeln.

Ursprüngliche Lebensräume der Flötenvögel sind lichte Wälder und baumbestandene Gegenden. Als Nutzniesser grossflächiger Waldrodungen leben sie heute aber gerne in Landwirtschaftsgebieten und sind ohne weiteres auch in den Grossstädten anzutreffen. Die Vögel finden ihre Nahrung vor allem in offenem Gelände, wo sie am Boden nach Insekten, Würmern, Spinnen, Schlangen und anderen kleinen Tieren suchen. Sie fangen aber auch Insekten im Flug und fressen gelegentlich pflanzliche Nahrung.

Flötenvögel leben in kleinen Gruppen von 2 bis 24 Tieren. Eine Gemeinschaft setzt sich gewöhnlich aus Vögeln beider Geschlechter zusammen, wobei normalerweise nur das dominanteste Männchen sich mit den Weibchen paaren darf. Schwache Vögel werden meist von einer grösseren Gemeinschaft ausgeschlossen. Flötenvögel sind strenge Standvögel und eine Gruppe von durchschnittlicher Grösse besitzt ein Revier von rund 40 ha, welches alle ausgewachsenen Vögel vehement verteidigen.

Die Brutzeit liegt zwischen Juni und Dezember. Nestbau und Brut ist alleinige Aufgabe der Weibchen. Die Nester werden bevorzugt in einem Baum in 12 - 20 m Höhe errichtet. Obwohl die Möglichkeit dazu vielerorts wegen Rodung fehlt, sind die Flötenvögel nicht in Verlegenheit zu bringen, denn sie nisten auch auf Büschen, Mauern, Telegraphenmasten, oder sogar am Boden. Bei der Fütterung des Nachwuchses (drei bis fünf Nestlinge pro Gelege) beteiligen sich nach einem Monat auch die nichtbrütenden Mitglieder der Gruppe und helfen dann noch für zwei weitere Monate. Wenn die Jungen bereits flügge sind, jedoch noch nicht gut fliegen können, betteln sie anfangs häufig am Boden nach Futter. Dadurch sind sie vermehrt Feinden ausgesetzt, und die Flötenvogelgemeinschaft muss nicht nur das Gebiet unmittelbar ums Nest verteidigen, sondern das ganze Futterrevier. Wenn die Jungen das erste gefährliche Jahr überleben, haben sie eine gute Chance bis 20 Jahre alt zu werden. Flötenvögel sind gesetzlich geschützt.

Vorsicht:

Während der Brutzeit wird das Wohngebiet oft auch gegenüber Menschen aggressiv verteidigt. Eindringlinge werden meistens von hinten angegriffen, indem die Vögel im Sturzflug Kopf und Nacken ansteuern und manchmal mit dem Schnabel kräftige Hiebe versetzen. Doch ernsthafte Attacken sind selten. Um Feinde zu vertreiben werden normalerweise nur Scheinangriffe geflogen. Gelegentlich beteiligen sich mehrere Vögel an der Vertreibungsaktion. Ausnahmsweise werden solche Angriffe auch von Butcherbirds ausgeführt. Diese besitzen ein ähnlich gefärbtes Gefieder wie Flötenvögel.

Ausserhalb der Brutzeit können Flötenvögel als gutmütig, allenfalls als aufdringlich bezeichnet werden, insbesondere wenn sie regelmässig von Menschen Futter erhalten.

Schutz:

Wenn die Vögel angreifen, möglichst schnell das Gebiet verlassen, dabei aber die Tiere immer beobachten, da sie nur ungerne von vorn angreifen.

EIERLEGENDE SÄUGETIERE:

Schnabeltier

Ornithorhynchus anatinus
Platypus

Aus säugerähnlichen Reptilien entwickelten sich vor 220 Millionen Jahren die ersten Säugetiere. Das Schnabeltier und die Ameisenigel sind die einzigen Überlebenden dieser urtümlichen Säugetiergruppe. Sie werden daher zurecht als lebende Fossilien bezeichnet.

Das Schnabeltier misst je nach Geschlecht und Region, ohne den etwa 15 cm langen Schwanz, 40 - 55 cm und wiegt 700 - 2'200 g. Die Tiere verraten sich durch eine ruhige Schwimmweise an der Wasseroberfläche und mit lautem Platschen beim Abtauchen. Es ist leider sehr schwierig, sie in freier Wildbahn zu beobachten. In einigen Nationalparks (z.B. "Eungella" Queensland) gibt es spezielle Beobachtungsplätze.

Das Schnabeltier bewohnt Flüsse und grosse Bäche. Es kommt bis in eine Höhe von über 1'800 Metern vor und lebt sowohl in Regionen mit Winterschnee wie auch in tropischen Regenwäldern. Die seltsamen Tiere sind dank strengen Schutzmassnahmen in geeigneten Biotopen in normaler Populationsdichte anzutreffen. Trotzdem werden sie durch die fortschreitende Zivilisation auf bedrohliche Weise gefährdet, so dass ihre Bestände sehr verwundbar geworden sind. Die Menschen nehmen ihnen nämlich durch Flusskorrekturen, Dammbauten zur Stromerzeugung, Wasserentzug wegen Bewässerung von Kulturen und Gewässerverschmutzung immer mehr Lebensraum weg. Zudem müssen viele Tiere in Fischreusen und Fischnetzen ihr Leben lassen, weil sie nicht mehr zum Atmen an die Wasseroberfläche können.

Das Schnabeltier sucht "gründelnd" mit geschlossenen Augen, auf dem Boden seines Wohngewässers nach Nahrung. Der Kopf wird hin und her bewegt, wobei der Schnabel ständig auf und zu gemacht wird.

Schnabeltiere sind bestens ans Leben im Wasser angepasst. Sie können ihre Körperwärme besser regulieren als alle anderen Säugetiere in ähnlichen Lebensräumen. Die anpassungsfähigen Urtiere vermögen nämlich im fast gefrorenen Wasser ihre Körpertemperatur mehrere Stunden zu halten. Längere Schutzhaare bedecken das dichte Unterfell, welches auch nach ausgiebigen Tauchgängen nicht durchnässt wird. Beim Tauchen schliessen die Tiere ihre Augen sowie die Nasen- und Ohröffnungen. Normalerweise bleiben sie 30-90 Sekunden, höchstens aber 3 Minuten unter Wasser, bis sie wieder Luft holen müssen. Wenn sie nicht gerade auf Tauchstation gehen - und dies tun Schnabeltiere oft, da sie eine Unmenge Nahrung zu sich nehmen müssen - verschwinden sie für gewöhnlich in ihren selbstgegrabenen Höhlen, welche sich in unmittelbarer Ufernähe befinden. An Land sind die Tiere gelegentlich auf einer erhöhten Stelle bei der für sie wichtigen Fellpflege zu beobachten. Manchmal putzen sie sich auch im Wasser.

Schnabeltiere gehen hauptsächlich während der Dämmerung auf Nahrungssuche. Verschiedene Umstände wie Temperatur, Futterangebot, Tageslänge und menschliche Störungen, können die Tiere aber zu ausgesprochener Tages- oder Nachtaktivität veranlassen.

Ihr Futter finden Schnabeltiere grösstenteils auf dem Grund ihrer Wohngewässer. Die Hauptnahrung bilden Wasserinsekten, Würmer, Schnecken und Krebstiere, daneben werden auch kleine Fische, Kaulquappen und andere Wirbeltiere gefangen. Die Beute kann mit Hilfe eines hochempfindlichen Sinnesorgans im Schnabel über elektrische Reize geortet werden. Sind die Backentaschen voll gefüllt, tauchen die Tiere auf, um das Futter zu verschlucken. Mit den Hornplatten als Ersatz der fehlenden Zähne, wird die Beute zuerst zerquetscht, so dass anfallende Hartteile, etwa von Krebsen und Schnecken, vor dem Schlucken wieder ausgestossen werden können. Zusammen mit der Nahrung nehmen die Schnabeltiere auch Sand und Kies auf, welches wie bei den Vögeln, die Verdauung unterstützt.

Die als Einzelgänger lebenden Schnabeltiere pflanzen sich in Queensland im August fort. Je südlicher die Region, um so später beginnt die Paarungszeit, so dass im kühlen Tasmanien erst im Oktober Nachwuchs gezeugt wird. Nach erfolgter Paarung gräbt das Weibchen eine separate Bruthöhle, welche eine Länge von etwa

10-20 m aufweist. Die kräftigen Krallen kommen erst zum Einsatz, nachdem die Schwimmhäute nach innen geklappt worden sind. Am Ende des Ganges befindet sich das Nest, welches mit feuchten Blättern und Gras ausgepolstert wird. Nachdem das Schnabeltierweibchen den Höhleneingang mit Erde verschlossen hat, (möglicherweise als Schutzfunktion, vermutlich aber eher zur Wärmeregulation) beginnt es mit dem Brutgeschäft. In der Regel werden zwei klebrige Eier gelegt, die zwischen Bauch und zurückgeklapptem Schwanz für etwa 10 Tage zum Ausbrüten kommen. Die Jungen verlassen erst nach 4 bis 5 Monaten die Höhle. Während dieser langen Zeit unter Tag, werden sie mit Milch ernährt, welche bei den zwei Milchdrüsenfeldern am Bauch der Mutter aufgenommen werden kann. Zitzen haben die Weibchen keine. Interessanterweise besitzen frisch geschlüpfte Schnabeltierchen Milchzähne, die aber nach dem Ausfallen nicht ersetzt werden.

Nur zufällig werden Schnabeltiere von ihren natürlichen Feinden erbeutet. Einzig zwischen dem schützenden Wasser und der sicheren Höhle fallen sie gelegentlich Beutelteufeln, Waranen, Pythons, Raubvögeln und Füchsen zum Opfer.

Vorsicht:

Das Schnabeltiermännchen ist das einzige giftige Säugetier unserer Erde. Es besitzt an den Hinterfussgelenken zwei giftige Hornsporne, die möglicherweise während der Fortpflanzungszeit zur Sicherung eines Flussabschnittes - bei Auseinandersetzungen mit anderen Männchen - eingesetzt werden, aber grundsätzlich ist ihre Funktion nicht bekannt.

Verletzungen durch die Sporne sind für uns Menschen durchaus nicht harmlos. Das Gift kann über Monate heftige Schmerzen verursachen. Aber die Möglichkeit gestochen zu werden, besteht eigentlich nur für Fischer, welche ihre Reusen und Netze kontrollieren.

Ameisenigel

Tachyglossus aculeatus
Echidna / Spiny anteater

Ameisenigel werden 30 - 45 cm lang und 2-7 kg schwer. Bei den Unterarten des warmen Nordens und der Wüstenregionen sind die Stacheln länger als die dazwischen liegenden Haare. Im kalten Süden, vor allem auf Tasmanien, ist der Wärmeschutz wichtig, so dass die Haare die Stacheln überragen können. Das Fell wird mit den langen Putzkrallen der Hinterbeine so gut als möglich gereinigt. Wie auch bei anderen Stacheltieren stellen Parasiten, welche sich im Schutz der Stacheln beinahe ungehindert vermehren, ein Problem für die Igel dar. Ameisenigel können sehr gut riechen, aber relativ schlecht sehen.

Zusammen mit dem Schnabeltier bilden sie die Gruppe der Eierlegenden Säugetiere, welche vor 220 Millionen Jahren entstanden sind und heute eine einmalige Stellung in der Tierwelt einnehmen. Neben anderen Gemeinsamkeiten besitzen die Männchen beider Tierarten einen hohlen Sporn an den Hinterbeinen, welcher allerdings nur beim Schnabeltier mit einer Giftdrüse verbunden ist.

Ameisenigel besiedeln den gesamten Kontinenten, Tasmanien und zahlreiche Inseln. Sie sind nicht gefährdet. Die anpassungsfähigen Tiere sind unabhängig von Klima- und Vegetationszonen im Gebirge mit Winterschnee, in 2'500 m Höhe, ebenso anzutreffen wie mitten in Wüsten. Ihre einzige Abhängigkeit besteht von einem ausreichenden Angebot an Ameisen und Termiten, ihrer Hauptnahrung.

Die im allgemeinen standorttreuen Ameisenigel leben als Einzelgänger in einem Gebiet von etwa 800 m Durchmesser. Diese Streifgebiete überlappen sich mit denen anderer Artgenossen. Zum Schlafen verstecken sie sich im Dickicht oder in einer natürlichen Höhle. Sie bewohnen jedoch kein Nest, welches regelmässig aufgesucht wird. Ameisenigel meiden grosse Hitze, daher sind sie in Wüstengebieten nachtaktiv. In kühlerem Klima, vor allem im Süden und im Winter, sind sie dämmerungsaktiv oder sogar am hellichten Tag auf Nahrungssuche anzutreffen. Bei grosser Kälte, etwa ab 5°C, welche mit Nahrungsmangel gleichzusetzen ist, da die wärmeabhängigen Insekten sich zurückziehen, können Ameisenigel in eine Kältestarre fallen.

Auf festem Boden, wo keine Möglichkeit zum Vergraben besteht, rollen sich Ameisenigel gleich wie unsere Igel zu einer Kugel zusammen, die rundherum keine stachellose Angriffsfläche mehr bietet.

Um an ihre Hauptnahrung zu gelangen, reissen die starken Tiere mit ihren muskulösen Vordergliedmassen und der kräftigen, röhrenförmigen Schnauze Ameisen- und Termitenbaue auf. Die kleinen Beutetiere werden zusammen mit viel Erde mit der bis 18 cm langen, klebrigen Zunge in den zahnlosen Mund befördert, zwischen hornigen Platten zerquetscht und gelangen schliesslich in den über 3,5 m langen Darm.

Mit etwas Glück vermag ein geschickter Dingo ab und zu einen Ameisenigel zu erbeuten. Für die Jungtiere kann auch der Waran eine Gefahr darstellen. Aber normalerweise vermögen die stachligen Tiere sich vor jedem Angriff erfolgreich zu schützen. Als erstes suchen Ameisenigel ihr Heil in der Flucht. Dabei überqueren sie als gute Schwimmer notfalls auch grössere Gewässer. Kann dem Feind nicht entkommen werden, graben sich die Verfolgten in Windeseile in den Boden, so dass bald nur noch ein paar Stacheln sichtbar bleiben. Mit allen vier Beinen verankern sich die Ameisenigel so fest im Boden, oder in Felsspalten, dass es unmöglich ist, sie herauszureissen.

Die Fortpflanzungszeit (Juli-August) erkennt man daran, dass sich mehrere Ameisenigel zusammenfinden, meist ein Weibchen mit einigen Männchen. Während dieser Zeit bildet sich beim Weibchen in der Mitte des Bauches ein Beutel aus. Etwa 2 Wochen nach der Paarung wird ein Ei gelegt, welches in den folgenden 10 Tagen im Beutel ausgebrütet wird. Danach schlüpft ein 1,5 cm langer Winzling, welcher durch Saugen an den beiden Milchfeldern (keine Zitzen) zu seiner lebenswichtigen Nahrung kommt. Nach etwa 55 Tagen Beuteltragzeit wird der Mutter das nun mit kurzen Stacheln bespickte Junge zu ungemütlich und sie legt es in einer Höhle ab, wo sie es aber alle 1 bis 2 Tage zum Säugen besucht. Später begleitet das Junge die Mutter auf ihren Futterstreifzügen. Im Alter von etwa 6 Monaten wird es entwöhnt. Ameisenigel gehören zu den wenigen Säugetieren mit einer Lebenserwartung von über 50 Jahren.

BEUTELTIERE:

Beutelmäuse

Familie: Dasyuridae
Marsupial mouse

Die Grosse Pinselschwanzbeutelmaus ist mit etwa 20 cm Kopf-Rumpf-Länge und rund 170 g Gewicht die grösste Beutelmaus. Daneben zeigt sich das Nord-Flachkopfbeutelmäuschen als echter Winzling. Mit einer Grösse von rund 5 cm und einem Gewicht von etwa 4 g gilt es als das kleinste Beuteltier überhaupt. Neben diesen zwei gibt es noch 33 weitere Beutelmausarten. Weil Beutelmäuse zwar nicht ausschliesslich, aber doch vorwiegend nachtaktiv sind, besitzen sie zum Teil sehr grosse Augen. Ihre nächsten Verwandten sind die Beutelmarder und der Tasmanische Teufel, mit welchen sie in der gleichen Familie *(Dasyuridae)* zusammengefasst werden.

Das Verbreitungsgebiet der Beutelmäuse umfasst je nach Art, winzige, bis riesige Regionen, die über den gesamten Kontinent verteilt, eine lückenlose Besiedlung ganz Australiens ergeben. Die Häufigkeit der kleinen Raubbeutler ist sehr von der jeweiligen Art abhängig. Es gibt solche, die im Siedlungsgebiet als Kulturfolger einen neuen, unerschöpflichen Lebensraum gefunden haben, wogegen andere sehr selten und stark gefährdet sind.

Der Lebensraum der Beutelmäuse ist ebenfalls je nach Art sehr verschieden. Sie leben sowohl auf Bäumen dichter Wälder, wie auch in Wüsten- und Sumpfgebieten. Wegen ihrer Nachtaktivität wird man aber kaum einmal einen der kleinen Räuber zu Gesicht bekommen. Während des Tages verstecken sie sich meist in selbst gebauten Nestern. Diese erstellen sie auf Bäumen, in Felsspalten, im Gras, oder unter der Erde.

Im Gegensatz zu den pflanzenfressenden Tieren, welche in ihrer äusseren Erscheinung mannigfaltige Unterschiede aufweisen, sind die fleischfressenden Raubtiere einander sehr ähnlich. Auch die Beutelmäuse machen hier keine Ausnahme, sie könnten äusserlich kaum voneinander unterschieden werden, wären da nicht die z.T. extrem verschiedenen Schwanzformen.

Fettschwanzbeutelmäuse lagern in ihren Schwänzen Vorrat für schlechte Zeiten.

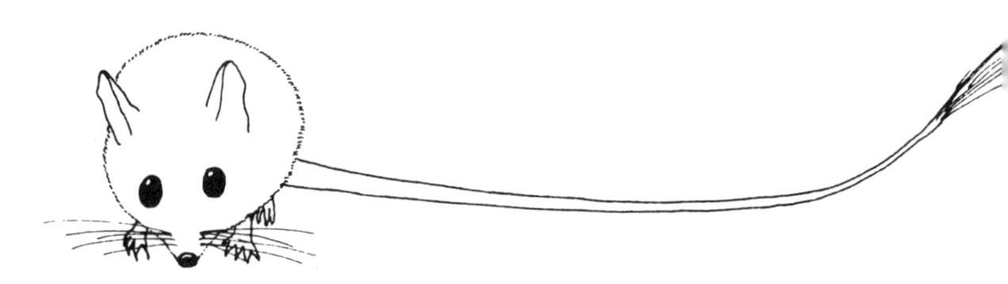

Weil die Langschwanzbeutelmaus nur noch sehr selten ist, weiss man fast nichts über sie. Als guter Kletterer kommt ihr der überdimensionierte Schwanz mit der muskulösen Basis sicher zu Hilfe.

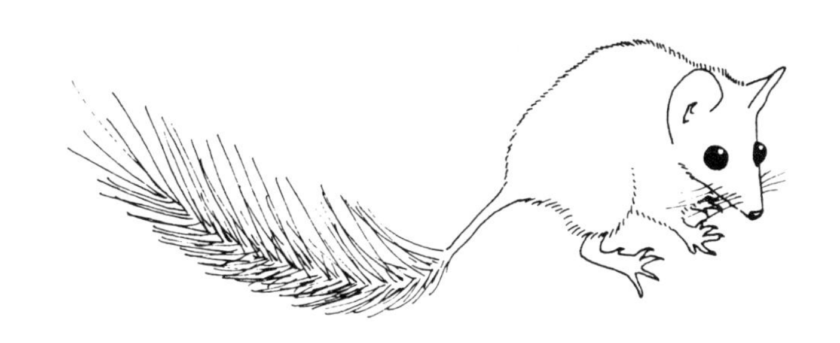

Der beste Kletterer unter Australiens Raubbeutlern ist die Grosse Pinselschwanzbeutelmaus, welche mit Leichtigkeit auch kopfüber den Baum hinunter kraxelt. Zudem besitzt sie den buschigsten Schwanz.

Die Nahrung der heisshungrigen Jäger besteht hauptsächlich aus Kleintieren wie Insekten, Spinnen und Hundertfüssern, es werden aber je nach Art auch kleine Echsen, junge Vögel und Säugetiere gejagt. Die Grosse Pinselschwanzbeutelmaus vermag ausnahmsweise sogar in Taubenschlägen und Hühnerställen Schaden anzurichten. Einige wenige Arten verzehren zusätzlich Nektar, Blüten und Früchte.

Wenn im Winter wenig Nahrung zur Verfügung steht, vermag die Stuart-Breitfussbeutelmaus für einige Stunden in eine Starre zu fallen, um dadurch ihren Energiebedarf zu drosseln.

Feinde der Beutelmäuse sind Eulen, Schlangen, grössere Raubbeutler und vor allem Hunde und Katzen.

Die Männchen bestimmter Beutelmausarten werden durch die häufigen aggressiven Auseinandersetzungen mit ihren Geschlechtsgenossen, um die Gunst der Weibchen, so stark belastet, dass sie meist nach der ersten Fortpflanzungsperiode an stressbedingten Krankheiten sterben.

Beutelmausmütter gebären zwischen 4 und 12 Junge. Nicht alle Beuteltiere besitzen einen ausgeprägten Beutel. So müssen auch einige Beutelmausarten ihre Jungen ohne schützende Beuteltasche aufziehen. Bei der Queensland-Breitfussbeutelmaus zum Beispiel, hängen die Jungen während der ersten 5 Wochen wie Trauben frei an den Zitzen.

Fleckschwanzbeutelmarder

Dasyurus maculatus
Spotted-tailed quoll

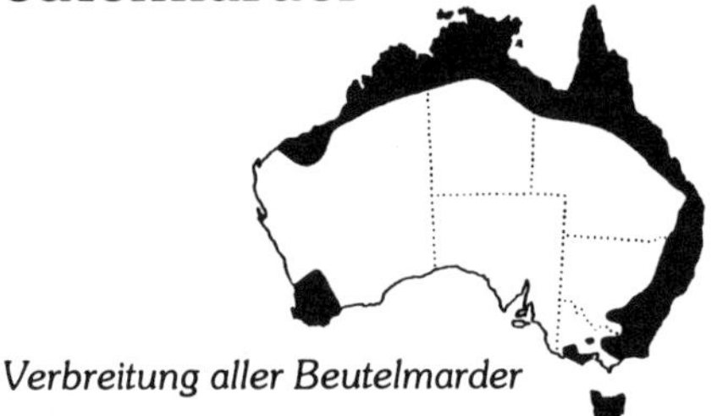

Verbreitung aller Beutelmarder

Die Kopf-Rumpflänge des Fleckschwanzbeutelmarders beträgt 35-76 cm und sein Gewicht 4-7 kg. Damit ist er der grösste der vier australischen Beutelmarder. Der rotbraune bis dunkelbraune Pelz ist mit weissen Tupfen bedeckt. Im Gegensatz zu den anderen Arten ist auch der lange Schwanz getupft.

Der Fleckschwanzbeutelmarder ist in seinem ganzen Verbreitungsgebiet nirgends mehr häufig anzutreffen. Anfang dieses Jahrhunderts soll eine Seuche die Bestände stark dezimiert haben. Heute sind der Lebensraumentzug durch Waldrodung und die Konkurrenz durch Füchse und Katzen Hauptursachen für seine Gefährdung.

Der Fleckschwanzbeutelmarder hält sich, wie alle Beutelmarder, bevorzugt am Boden auf, ist aber trotzdem ein hervorragender Kletterer. Er lebt in Trocken- und Regenwäldern, wo er sich während des Tages in einer Fels- oder Baumhöhle in sein Nest zurückzieht. Gelegentlich ist er aber auch tagsüber in Nestnähe beim Sonnenbaden zu beobachten. Nachts (ausnahmsweise auch am Tag) geht er auf die Jagd nach Vögeln, Reptilien, kleinen baum- und bodenlebenden Säugern und anderen Kleintieren, daneben frisst er auch Aas. Wurde der Fleckschwanzbeutelmarder ehemals wegen Hühnerdiebstahls und angeblichen Lämmermordes vielerorts verfolgt, wäre heute mancher Farmer froh, würden diese grossen Raubbeutler helfen, die Kaninchenplage in Grenzen zu halten.

Ausser dem Menschen kennt ein ausgewachsener Fleckschwanzbeutelmarder keine Feinde. Nur Jungtiere werden gelegentlich vom Beutelteufel erbeutet.

Die Paarung findet von Mitte April bis Mitte Juli statt. Nach einer Tragzeit von 21 Tagen werden normalerweise fünf Junge grossgezogen, welche nach einem Jahr geschlechtsreif sind.

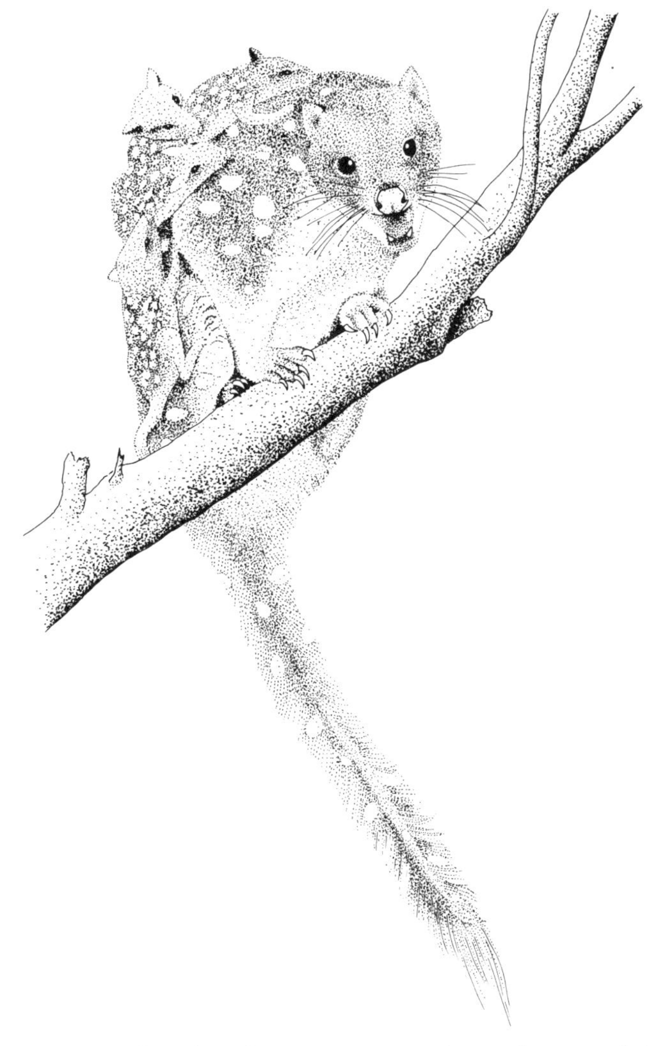

Wenn junge Beutelmarder zu gross geworden sind, um noch im gut ausgebildeten Beutel Platz zu finden, suchen sie bei Gefahr Schutz auf Mutters Rücken.

Beutelteufel

Sarcophilus harrisii
Tasmanian devil

Der etwa 60 cm lange Beutelteufel wird 6-8 kg schwer. Damit ist er der grösste noch lebende Raubbeutler unserer Erde. Im Gegensatz zum wesentlich grösseren Beutelwolf, welcher von den weissen Siedlern innert kürzester Zeit ausgerottet wurde, ist er in Tasmanien weit verbreitet und derzeit nicht gefährdet.

Der Beutelteufel übernimmt die Funktion einer "Gesundheitspolizei", indem er verendete, grosse Tiere frisst, wodurch die Ausbreitungsgefahr von Krankheiten verringert wird. Der spezialisierten Ernährung als Aasesser ist der Körperbau gut angepasst. Ihr Kopf ist verhältnismässig gross, und die starken Kiefer sind dazu geeignet, grosse Knochen zu zerbeissen. Die sehr kurzen Beine ermöglichen dem Tasmanischen Teufel eine Höchstgeschwindigkeit von 13 km/h, was nicht ausreicht, um ein guter Jäger zu sein. Lebender Beute wird denn auch in der Regel aufgelauert, sie wird nicht verfolgt.

Früher waren die Beutelteufel auch auf dem Festland verbreitet, wurden hier aber durch den Dingo verdrängt und starben aus. Auf Tasmanien, wo es keine Dingos gibt, lebten Beutelteufel bevorzugt in küstennahen Wäldern. Durch die Besiedlung der Europäer wurden sie aber vermehrt in unbewohnte Gebiete des Landesinneren verdrängt. Da Beutelteufel jedoch sehr anpassungsfähig sind, kommen sie nun auch in äussere Vororte auf Nahrungssuche. Ähnlich wie der Rotfuchs bei uns haben sie trotz ehemaliger Verfolgung durch die Siedler (mit Kopfprämien) in Tasmanien überlebt.

Beutelteufel leben ausserhalb der Fortpflanzungszeit als Einzelgänger. Ihre grossen Streifgebiete können sich aber stark überlappen. Durch den Geruch eines verendeten Tieres angelockt, treffen sich zuweilen bis zu 12 Teufel beim Aas. Dort entsteht dann oft ein Gezänk mit gegenseitigem Drohen - Zähneklappern, Knurren, Aufschreien -, dabei bleibt es aber in der Regel; ernsthafte, tätliche Angriffe sind selten. Neben der schwarzen Fellfarbe hat vor allem das zänkische Verhalten untereinander dem Beutelteufel zu seinem Namen verholfen. Wenn die Tiere sich aufregen, werden die nackten Stellen am Kopf durch Blutstau intensiver gerötet.

Der böse Ruf, welcher diesem harmlosen Raubbeutler anhaftet, steht in keinem Verhältnis zu seinen Eigenschaften als Aasesser. Ein Beutelteufel hat z.B. Mühe, eine Ratte zu töten.

Am Tag halten sich Beutelteufel in Höhlen (z.B. verlassenen Wombatbauten), in hohlen Baumstämmen, in Felsspalten, oder in dichtem Gestrüpp versteckt. Während der Nacht gehen sie auf Nahrungssuche. In schlechten Zeiten sind sie die ganze Nacht unterwegs und legen Distanzen bis zu 16 km zurück. Alles was Beutelteufel erbeuten können (Aas, kleine Beuteltiere, Vögel, Reptilien, Frösche, Krebse, Fische und Insekten) wird heisshungrig verschlungen. Gelegentlich wird sogar Pflanzenkost aufgenommen. Wenn auch nicht geeignete Jäger, so sind Beutelteufel doch gute Schwimmer und Taucher, und vor allem Jungtiere vermögen auch auf Büsche und niedere Bäume zu klettern. Die gute Schwimmfähigkeit verhilft den grossen Raubbeutlern gelegentlich ihren Feinden, den verwilderten Haushunden, welchen sie im Kampf weit unterlegen sind, zu entkommen.

Die Paarung findet zwischen März und Mai statt. Nach einem Monat Tragzeit kommen in der Regel vier Junge zur Welt. Rund 4 Monate später verlassen sie den nach hinten geöffneten Beutel. An einem geschützten Ort errichtet nun das Weibchen ein weich gepolstertes Nest, wo die Jungen noch regelmässig, etwa 3 bis 4 Monate lang gesäugt werden. Gegen Ende der Säugezeit beginnen sie die Mutter auf ihren Streifzügen zu begleiten, dies ist die gefährlichste Zeit im Leben eines Beutelteufels. Wenn sie etwa 1 Jahr alt sind, werden die Jungen selbständig und mit 2 Jahren geschlechtsreif. Ihre Lebenserwartung beträgt kaum mehr als 8 Jahre.

Beutelwolf †

Thylacinus cynocephalus
Tasmanian tiger / Thylacine

Der Beutelwolf gehört zu den ausgestorbenen Tierarten. Seine Kopf-Rumpflänge betrug bis 1,3 m. Das Gewicht lag bei ungefähr 23 kg. Im nach hinten geöffneten Beutel wurden meist drei Junge grossgezogen.

Bis vor etwa 2'000 Jahren waren die Beutelwölfe auch über einen Grossteil des australischen Festlandes, und früher sogar auf Neuguinea verbreitet. Danach lebten sie nur noch in Tasmanien. Vermutlich wurden sie auf dem Festland vom Dingo verdrängt.

In Tasmanien wurde der Beutelwolf als Schafräuber systematisch verfolgt. Viele Kopfprämien wurden selbst von der Regierung ausbezahlt. Den Schutz, welchen man ihm in letzter Minute gewährte, kam viel zu spät. Der letzte Beutelwolf verstarb im Jahre 1936 im Zoo von Hobart. Obschon auch heute immer wieder Berichte erscheinen, welchen zufolge er in unzugänglichen Wäldern überlebt haben soll, wurden diese leider noch nie bestätigt.

Viele Legenden entstanden rund um den Beutelwolf. Unter anderem wurde er als Kindsräuber verleumdet. Sein Maul vermochte er sehr weit zu öffnen, jedoch nicht um 180°, wie ihm nachgesagt wurde. Es wird auch berichtet, er habe hüpfen können wie die Känguruhs.

Numbat

Myrmecobius fasciatus
Numbat

Der 24 cm lange Numbat wird rund 300-500 g schwer. Er ist der einzige Vertreter seiner Familie und wird zu den Raubbeutlern gezählt. Als ausgeprägter Nahrungsspezialist nimmt er ausschliesslich Termiten und Ameisen zu sich.

Früher waren Numbats ausser in Queensland und Tasmanien in allen Staaten anzutreffen. Ihr Bestand wurde durch Lebensraumentzug (Abholzen von Wäldern) und durch eingeführte Feinde (Rotfüchse, verwilderte Haushunde und Katzen) so stark dezimiert, dass ohne engagierte Schutzmassnahmen ihre Art zum aussterben verurteilt ist. Besonders ungünstig ist, dass die noch existierenden Numbats nicht ein zusammenhängendes Areal Bewohnen, sondern in mehrere voneinander isolierte Restbestände aufgegliedert sind. Dadurch besteht die Gefahr, dass einzelne dieser Verbreitungsinseln durch Waldbrände oder Trockenheit ausgelöscht werden, ohne dass sie aus der Nachbarschaft wieder besiedelt werden können.

Der Lebensraum der Numbats umfasst Eukalyptuswälder mit vielen Termitenbeständen. Früher waren sie auch im Mulga-Buschland zu Hause.

Numbats graben sich 1-2 m lange Höhlen, oder benutzen gerne umgefallene, hohle Baumstämme als Unterschlupf und Nestkammer. Normalerweise leben die Tiere als tagaktive Einzelgänger in einem etwa 1 km^2 grossen Territorium. Sie vermögen auch zu klettern und liegen zum Ausruhen gerne auf einem Baum in der Sonne. Bis über 30 km/h sollen Numbats auf der Flucht erreichen können.

Mit einem Gebiss aus 50-52 Zähnen hält der Numbat unter den landlebenden Säugetieren den zahlenmässigen Rekord. Die Zähne sind allerdings klein und verkümmert und werden (ausser bei den Jungtieren) nicht zum Zerkleinern der Nahrung gebraucht - Numbats schlucken ihre Beute ganz - sondern als Werkzeug beim Nestbau und als Wegräum-Hilfe beim Öffnen von Termitenstrassen.

Die gewöhnlich vier Jungen werden zwischen Januar und März geboren. Wie alle neugeborenen Beuteltiere krabbeln sie unmittelbar nach der Geburt direkt zu den Zitzen, wo sie sich festsaugen. Zusätzlich klammern sich die Kleinen im Bauchhaar der Mutter fest, da Numbatweibchen keinen Beutel besitzen. Nach 4 Monaten wird der Nachwuchs im schützenden Nest zurückgelassen, bis er den Rücken der Mutter als Transportmittel benutzen kann. Wenn die Jungen etwa 1 Jahr alt sind, werden sie geschlechtsreif und müssen das elterliche Territorium verlassen.

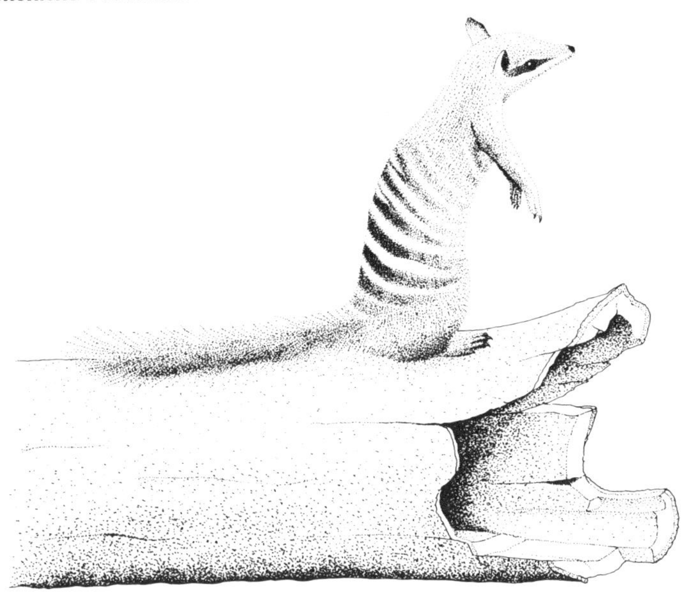

Zwar besitzt der Numbat als Anpassung an seine einseitige Nahrung (nur Termiten und 15% Ameisen) eine lange Schnauze und eine über 11 cm lange, klebrige Zunge, es fehlen ihm jedoch die typischen, kräftigen Vorderbeine und Klauen zum Öffnen von Termitenbauten, welche alle anderen Nahrungsspezialisten für staatenbildende Insekten kennzeichnen. Deshalb kann er nur Termitengalerien öffnen, welche knapp unter der Erdoberfläche liegen.

Nasenbeutler

Bandicoots and Bilbies

Bandikuts
Familie: Peramelidae

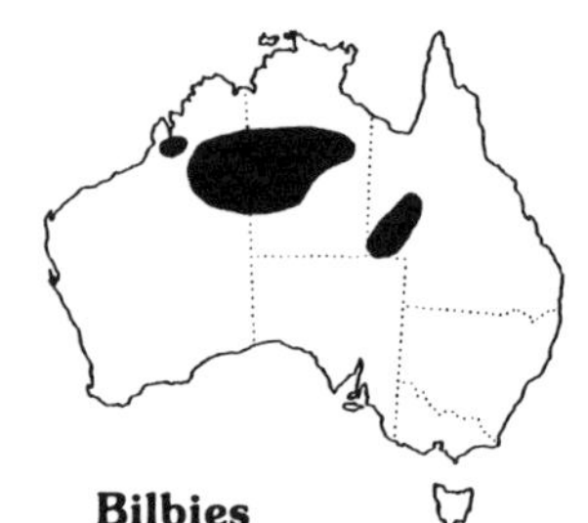

Bilbies
Familie: Thylacomyidae

Ohne Schwanz gemessen, werden Nasenbeutler je nach Art 20 cm bis maximal 55 cm lang und erreichen ein Gewicht von höchstens 2,5 kg. Ihr auffälligstes Merkmal ist die lange Schnauze.

Von den 11 Nasenbeutler-Arten sind mit grösster Wahrscheinlichkeit 3 ausgestorben, 4 weitere mussten grosse Gebietsverluste hinnehmen und nur die restlichen 4 Arten sind in ihren Beständen nicht gefährdet, ja wurden zum Teil sogar zu Kulturfolgern. Nasenbeutler sind vor allem Bewohner von Savannen und Halbwüsten (Grasland), besiedeln aber auch Waldgebiete. Allen Arten gemeinsam ist die bodenbewohnende Lebensweise. Als Einzelgänger beanspruchen sie ein Revier, welches mit Duftmarkierungen gekennzeichnet wird.

Nasenbeutler sind nachtaktive Tiere, welche sich während des Tages in geschützten Nestern verstecken. Diese befinden sich je nach Art in Erdmulden, im Gebüsch, in hohlen Baumstämmen, in verlassenen Kaninchenbauten oder sogar in selbstgegrabenen Höhlen.

Die Nahrung der Nasenbeutler besteht aus Insekten, Larven, Regenwürmern, kleinen Wirbeltieren, Samen, Früchten, Kräutern, Pilzen, Wurzeln und anderem. So vielseitig wie ihre Nahrung sind die Tiere selbst. Ihr Gebiss ähnelt dem eines Raubtiers; andererseits besitzen sie teilweise zusammengewachsene oder verkümmerte Zehen, was auf steppenbewohnende Pflanzenfresser hindeutet. Da die Allesesser gelegentlich in Gärten eindringen und als eigentliche

Nützlinge leider auch die Beete bei der Suche nach Nahrung (Engerlinge, Mäuse) durchwühlen, sind sie bei den Gartenbesitzern unbeliebt und werden hartnäckig verfolgt.

Der stark gefährdete Bilby gräbt sich als einziger Nasenbeutler eigene Wohnhöhlen, welche bis 3 m lang sein können. Um sich wirkungsvoll gegen Hitze zu schützen, werden die Eingänge verschlossen.

Neben natürlichen Feinden wie Raubbeutlern und Raubvögeln stellen vor allem Katzen und Füchse den Tieren übermässig nach. Zusätzlich werden die Nasenbeutler durch eingeführte Nahrungskonkurrenten (Kaninchen, Rinder und Schafe) stark bedrängt.

Die weltweit kürzeste Tragzeit von Säugetieren weisen mit

12 Tagen zwei Bandikut-Arten auf. Bei ihnen bleiben die Neugeborenen durch lange Nabelschnüre mit der Mutter verbunden, bis sie fest an den Zitzen hängen.

In der Regel wachsen 2 bis 3 Junge in den gut ausgebildeten Beuteltaschen der Nasenbeutler heran. Bei allen Arten ist der Beutel nach hinten unten geöffnet. Die Jungen werden bereits mit gut 2 Monaten entwöhnt.

Wombats

Familie: Vombatidae
Wombats

Vor etwa einer Million Jahren lebten in Australien rund 100 kg schwere Wombats. Die heutigen Wombats werden im Durchschnitt etwa 1 m lang und gegen 30 kg schwer. Nach den Riesenkänguruhs gelten Wombats als die grössten Beuteltiere. Fellfarbe und Körpergrösse können je nach Art und Wohngegend sehr unterschiedlich sein. Ihre äussere Erscheinung ist plump, weshalb sie auch als Plumpbeutler bezeichnet werden. Der Beutel ist nach hinten geöffnet; dies schützt ihn vor Verschmutzung beim Graben. - Verwandtschaftlich stehen Wombats den Koalas am nächsten.

Neben dem Nacktnasenwombat gibt es noch den Nördlichen- und den **Südlichen Haarnasenwombat**. Letzterer ist durch spitze Ohren, und, wie die Namengebung andeutet, durch feine Haare auf dem Nasenrücken gekennzeichnet. Durch Ausdehnung der Landwirtschaft hat er den grössten Teil seines ehemaligen Verbreitungsgebietes im Süden des Staates Südaustralien verloren und kommt fast nur noch in der menschenleeren Halbwüste der Nullarbor Plain vor.

Der **Nördliche Haarnasenwombat** ist durch Lebensraumentzug noch viel mehr in Bedrängnis geraten. Von ihm hat nur ein kleiner, isolierter Bestand im Epping Forest (Zentral-Queensland) überlebt.

Der **Nacktnasenwombat** hat etwa die Hälfte seines ursprünglichen Verbreitungsgebietes eingebüsst. Als Landwirtschaftsschädling wurde er stark verfolgt. Sein Glück liegt darin, dass er vor allem Buschgebiete und lockere Wälder bewohnt. Im Gegensatz zum Südlichen Haarnasenwombat, welcher hauptsächlich im offenen Land (Weideland) lebt.

Ähnlich wie diesen Nacktnasenwombat kann man sich den gemeinsamen Vorfahren von Koala und Wombat vorstellen, welcher vor ca. 25 Millionen Jahren lebte: plump, kräftig, kurzbeinig, mit Stummelschwanz, bodenlebend und pflanzenfressend.

Nacktnasenwombats bauen sich 2-5 m lange Höhlen an deren Ende ein mit Blättern, Gräsern und Rinde ausgepolsterter Schlafraum angelegt wird. Mehrere derartige Höhlen werden nicht selten zu grossen Wohnsiedlungen verbunden, mit bis 20 m langen Tunneln und vielen Eingängen.

Ihre Futterstreifzüge unternehmen die Wombats als Einzelgänger. Während den nächtlichen Wanderungen entstehen manchmal kilometerlange, festgetretene Pfade. Die dämmerungs- und nachtaktiven Tiere sind im Winter bei bedecktem Himmel, manchmal auch während des Tages auf Futtersuche unterwegs.

Gefressen werden hauptsächlich Gräser, aber auch Wurzeln, Blätter und Pilze gehören zur Nahrung. Die Zähne der Wombats wachsen wie bei den Nagetieren ihr Leben lang weiter, womit die starke Abnützung ausgeglichen wird.

Vor allem für Jungtiere stellen Dingo, grosse Raubbeutler, Adler, Fuchs und verwilderte Hunde eine Gefahr dar. Ein Plumpbeutler kann auf der Flucht für kurze Distanzen eine Geschwindigkeit von 40 km/h erreichen. Hat der Gejagte eine Höhle erreicht, bleibt er darin stehen und verbarrikadiert diese mit dem eigenen Körper. Das Hinterteil mit seiner zähen ledernen Haut bietet dem Feind dann so gut wie keine Angriffsfläche.

Beim Südlichen Haarnasenwombat werden die meisten Jungtiere zwischen September und Dezember geboren. Der Nacktnasenwombat kennt keine eigentliche Paarungszeit, so dass während des ganzen Jahres Junge geboren werden. Der Nachwuchs besteht aus nur einem Jungen, welches etwa ½ Jahr im Beutel bleibt und danach noch über längere Zeit (etwa 11 Monate) die Mutter begleitet. In Gefangenschaft können Wombats ein Alter von über 20 Jahren erreichen.

Koala

Phascolarctos cinereus
Koala

Der südliche Koala (ca. 75 cm gross und bis 12 kg schwer) hat einen braunen, dicken Pelz mit weissem Halskragen, wogegen der nördliche kurzhaarig und silbergrau gefärbt ist und nur etwa halb so schwer wird. Im Ganzen gibt es drei Unterarten.

In der Zeit vor der Besiedlung durch die Europäer, waren Aborigines und Dingos die Hauptfeinde der Koalas. Auf jeden Fall vergrösserten sich die Koalabestände, als die Aborigines, wegen ihrer veränderten Lebensweise, nicht mehr Jagd auf die Pelztiere machten, und die Dingos durch Viehzüchter dezimiert wurden. Vor weniger als 100 Jahren lebten in den damals noch riesigen Eukalyptuswäldern, welche sich den Great Dividing Range entlang zogen und auch Teile des südöstlichen Südaustraliens bedeckten, Millionen von Koalas. Dies änderte sich jedoch, als die Europäer den Koala seines Pelzes wegen zu jagen begannen und fast ausrotteten.

Heute haben sich die Bestände wieder vergrössert. Das Hauptproblem liegt nun aber darin, dass ihr ursprüngliches Verbreitungsgebiet durch Waldrodung immer stärker unterteilt wird. Somit bestehen nur noch inselartige Populationen, welche untereinander keine Verbindung mehr haben. Dies führt zu regionalen Überpopulationen und in der Folge zu Futterknappheit, Stress und Krankheiten. Wenn nicht ernsthafte Bemühungen unternommen werden, um Lebensräume zu erhalten und miteinander zu verbinden, steht es schlecht um die Zukunft dieses einmaligen Beuteltieres.

Koalas leben ausschliesslich in lichten Eukalyptuswäldern und sind ausgesprochene Baumbewohner. Sie verlassen einen Eukalyptusbaum in der Regel nur, um einen anderen zu erklimmen. Um beim Klettern sicher greifen zu können, ist der Zeigefinger der Koalahand zusammen mit dem Daumen abspreizbar.

Früher betrachtete man aufgrund der Lebensweise die Kletterbeutler als die nächsten Verwandten der Koalas. Der sich nach hinten öffnende Beutel und das Fehlen eines Greifschwanzes sind jedoch Merkmale der Wombats. Weitere anatomische Übereinstimmungen bestätigten schliesslich die nahe Verwandtschaft der so unterschiedlich lebenden Beuteltiere. Die Vorfahren der baumbewohnenden Koalas hat man sich demnach als grabende Höhlenbewohner vorzustellen.

Das Bild des dösenden Koalas im Eukalyptusbaum ist altbekannt. Vor allem zur Paarungszeit jedoch, wenn die Männchen ihren Harem verteidigen, aber auch wenn die Tiere neue Futterbäume suchen, sind die scheinbar müden Kerle auch am Boden anzutreffen.

Koalas gehören zu den ausgeprägtesten Nahrungsspezialisten überhaupt. Sie ernähren sich fast ausschliesslich von Eukalyptusblättern. Blätter anderer Baumarten werden nur ausnahmsweise gefressen. Von den über 500 Eukalyptusarten, dienen ihnen nur ein paar wenige als regelmässige Futterbäume. Und nicht einmal diese sind über das ganze Jahr als Koalafutter geeignet, denn zeitweise enthalten die jungen Blätter giftige Stoffe, so dass trotz einer gewissen Immunität der Koalas gegenüber dem Gift auf andere Bäume oder altes Laub ausgewichen werden muss. Wasser trinken die Koalas in der Regel nicht, da ihr Futter genügend Flüssigkeit enthält.

Die ledrigen Eukalyptusblätter stellen an die Verdauungskraft grosse Anforderungen. So muss die rohfaserreiche Kost in einem bis etwa 2,5 m langen Blinddarm aufgeschlossen werden. Teile der Blätter bleiben bis über 8 Tage im Darm. Mit solch schwer verdaulicher Blätterkost wird der junge Koala nicht auf Anhieb fertig, er muss langsam daran gewöhnt werden. Während des siebten Lebensmonats wird das Kleine neben der Milch mit vorverdauten Eukalyptusblättern versorgt. Diese Babynahrung kann das Junge zu bestimmten Zeiten direkt dem After der Mutter entnehmen, wobei ihm nun der nach hinten geöffnete Beutel zugute kommt.

Während des grössten Teils des Tages schlafen Koalas bequem in einer Astgabel, wo sie sich nur sehr ungern stören lassen. Zwar fällt ihre aktive Zeit in die Dämmerung und Nacht, mit einem Höhepunkt direkt nach Sonnenuntergang, trotzdem können auch am Tag gelegentlich Koalas auf Futtersuche beobachtet werden.

Nur rund 4-6 Stunden beschäftigen sich Koalas mit der Nahrungsaufnahme. Die restlichen 18-20 Stunden verbringen sie ruhend. Diese lange, inaktive Phase hat allerdings nichts mit schlafdrogenähnlichen Substanzen im Eukalyptusöl zu tun, wie oft geglaubt wird. Koalas besitzen deshalb ein ruhiges Wesen, weil sie sich an die karge Nahrung anpassen mussten. Nur dank ihrer sparsamen Lebensweise (geringer Energieverbrauch) können sie überleben. Hätten Koalas in urgeschichtlicher Zeit ernsthafte Feinde besessen, wäre es ihnen nicht möglich geworden, den neuen Lebensraum in den Baumwipfeln zu erschliessen. Flucht hätte zu viel Energie verbraucht. So flüchten denn die Tiere auch nicht so schnell vor uns Menschen. Seelenruhig bleiben sie sitzen wo sie sind, und würdigen uns oft nicht einmal eines Blickes.

Selten findet man mehrere Tiere auf einem Baum, denn Koalas leben als Einzelgänger. Nur während der Paarungszeit im Sommer (September - Januar)versuchen die Männchen, welche mit 3 bis 4 Jahren geschlechtsreif sind, eine kleine Gruppe von Weibchen um sich zu scharen. Diese können mit 2 Jahren ihr erstes Junges zur Welt bringen. Mit etwa einem halben Gramm Geburtsgewicht muss der unscheinbare Nachwuchs selbständig in den Beutel kraxeln. Nach rund 7 Monaten verlässt das Kleine den Beutel wieder und beginnt Blätter zu fressen. Sein Zufluchtsort ist fortan der Rücken der Mutter. Wenn das Junge etwa mit einem Jahr unabhängig wird, ist normalerweise für die Mutter die Zeit gekommen, sich erneut zu paaren. Mit etwa 1½ Jahren wird der Nachwuchs für gewöhnlich den Wohnbereich seiner Mutter verlassen. Ein Koalaleben dauert in Gefangenschaft gegen die 20 Jahre.

Kletterbeutler

Überfamilie: Phalangeroidea
Possums

In den Bäumen der australischen Wälder leben eine grosse Anzahl verschiedenster Beuteltiere. Die Hauptgruppe, welche diesen Lebensraum besetzt, sind die Kletterbeutler. Dass sie allesamt gute Kletterer sind, ist eines ihrer wenigen gemeinsamen Merkmale. Da gibt es beispielsweise maus- bis fuchsgrosse Tiere, solche mit einem langen Greifschwanz oder andere mit einer Flughaut. Auch von der Ernährung her unterscheiden sie sich gewaltig, neben Fleischfressern und Blätterfressern gibt es auch Honigsauger.

Die **RING-** und **GLEITBEUTLER** *(Familie: Petauridae /* **Ringtail possums, Larger gliders**) umfassen 11 Arten. Unter anderen den Gewöhnlichen Ringbeutler, den Gleithörnchenbeutler und den Riesengleitbeutler.

Die Familie der **eigentlichen KLETTERBEUTLER** *(Familie: Phalangeridae* / **Brushtail possums, Cuscuses**) beinhaltet sechs Arten, darunter den Fuchskusu und die Kuskus.

Mit sechs Arten sind die **BILCHBEUTLER** und die **ZWERGGLEITBEUTLER** vertreten *(Familie: Burramyidae* / **Pygmy-possums, Feathertail gliders**). Die Angehörigen dieser Familie sind etwa mausgross und ernähren sich hauptsächlich von Insekten. Um den Nahrungsmangel der kalten Jahreszeit zu überstehen, können sie in eine winterschlafähnliche Körperstarre fallen.

Gewöhnlicher Ringbeutler

Pseudocheirus peregrinus
Common ringtail possum

Der Gewöhnliche Ringbeutler wird etwa 33 cm gross, besitzt einen gleich langen Schwanz und wiegt durchschnittlich 900 g. Der Übergang zwischen dem grauen Rücken und dem weissen Bauch ist rostbraun gefärbt. Das letzte Drittel des dunklen Greifschwanzes ist weiss und nur dünn behaart. Hinter den kurzen, aber grossen Ohren befindet sich eine helle Zeichnung. Die Lautäusserungen der Tiere klingen ähnlich wie Vogelgezwitscher.

Wie auch die anderen Ringbeutlerarten besitzt der Gewöhnliche Ringbeutler die Fähigkeit, beim Greifen mit der Hand eine Zange zu bilden, wobei die Finger - wie beim Koala - zwischen Zeigefinger und Mittelfinger gespreizt werden. Den Namen Ringbeutler verdanken die Tiere ihrem langen Greifschwanz, welcher in ruhender Stellung aufgeringelt werden kann. Diesen Schwanz benutzen sie zum Einbringen von Nistmaterial und vor allem auch als zusätzliche Greifhand. Dabei ist es den kleinen Beutlern ohne weiteres möglich, nur an ihrem Schwanz hängend sich mit Händen und Füssen an ihm hochzuziehen.

Der Gewöhnliche Ringbeutler ist häufig und weit verbreitet. Im Gegensatz zu anderen Ringbeutlern, welche eher als Kulturflüchter gelten, ist er zum Kulturfolger geworden. Wie der Fuchskusu dringt auch er in Hausgärten der Vorstädte ein, wo viele Zierpflanzen durch Knospen- und Blütenfrass geschädigt werden.

Ringbeutler sind nachtaktive, baumlebende Tiere, welche sich an jede Art von Wald mit dichtem Blattwerk angepasst haben. Sie ernähren sich von Blättern, Knospen und Blüten, zum Teil auch von Früchten und Rinden. Um schwerverdauliche Kost (wie z.B. Eukalyptusblätter) zu verarbeiten, besitzt der Gewöhnliche Ringbeutler einen besonders langen Blinddarm. Weil das aber noch nicht ausreicht, um eine optimale Verdauung zu gewährleisten, wird der Blinddarmbrei nach dem Ausscheiden noch einmal gefressen - so wie dies auch Kaninchen und Meerschweinchen tun.

Als Feinde haben Ringbeutler vor allem Katzen, Eulen und Schlangen zu fürchten.

Den Tag verbringen die Tiere schlafend in ihren Schutznestern. Diese Nester bestehen im Norden normalerweise aus Baumhöhlen. Im Süden werden sie in Fussballgrösse aus Zweigen, Blättern, Gräsern und Rinde kunstvoll im Geäst gebaut. Ansammlungen von mehreren Nestern sind möglich.

Die Paarungszeit befindet sich zwischen April und November. Normalerweise kommen zwei Junge zur Welt. Diese werden im Alter von etwa 6 Monaten entwöhnt, den Beutel verlassen sie jedoch schon mit 4 Monaten. Ältere, kräftige Weibchen können zwei Würfe pro Jahr aufziehen.

Gleithörnchenbeutler

Petaurus breviceps
Sugar glider

Die drei australischen Unterarten der Gleithörnchenbeutler werden durchschnittlich 17 cm gross und besitzen einen Schwanz von rund 19 cm Länge. Ihr Gewicht liegt bei 130 g. Ein dunkler Längsstreifen über den Rücken kennzeichnet die blaugrauen Gleiter. Zu den nächsten Verwandten gehören die Ringbeutler.

Gleithörnchenbeutler sind nicht nur weit verbreitet, sondern gebietsweise auch sehr häufig. Da die Tiere auch auf Neuguinea und Tasmanien leben, müssen sie sich vor grosser Kälte schützen können. Dies erreichen sie dadurch, dass sich mehrere Tiere im Nest eng aneinander schmiegen. Um Energie zu sparen, sind sie zusätzlich in der Lage, in eine Körperstarre zu fallen. Das Reduzieren der Körperfunktionen tritt auch bei längerer Nahrungsknappheit ein.

Die Gleithörnchenbeutler bewohnen Wälder aller Art, vorausgesetzt es finden sich genügend Baumhöhlen für den Nestbau. Im geschützten Blätternest, verbringen sie den Tag schlafend.

Sobald es dunkel wird beginnt die Futtersuche. Nektar, Pollen, Baumsäfte und reifes Obst gehören zu ihrer Nahrung. Wegen der Vorliebe nach Süssem, lassen sich die Gleithörnchenbeutler mit Honig anlocken. Daher auch ihr englischer Name. Es werden aber auch Insekten und deren Larven gefressen. Nachtfalter sollen sogar im Flug erbeutet werden.

Den kleinen Gleitbeutlern selber stellen Eulen, Schlangen, Warane und Katzen nach.

Gleithörnchenbeutler leben in Sippen von 7-12 Tieren. Angehörige fremder Gruppen werden energisch aus den mit Duftmarken gekennzeichneten Futterbäumen vertrieben.

Die Weibchen gebären zwei 0,19 Gramm schwere Junge, welche nach 70 Tagen den Beutel verlassen.

Gleitfliegen war schon vor ca. 220 Millionen Jahren die Spezialität der Flugsaurier. Später haben nicht nur die Vögel das Gleitfliegen wiederentdeckt, sondern auch die Säugetiere. Unter ihnen sind fünf australische Beutler, welche ihre Gleitflüge geschickt aussteuern können, indem sie die Position der Hände und des Schwanzes verändern.

Der buschige Schwanz des kleinen "Sugar gliders" dient aber nicht nur als Steuerruder, sondern auch als Kletterhilfe, und bei der Nistmaterialbeschaffung als Transportmittel für trockene Blätter. Die Flughaut, in Ruhestellung kaum sichtbar, ermöglicht es den Gleithörnchenbeutlern 50-70 m weit zu segeln.

Riesengleitbeutler

Petauroides volans
Greater glider

Den Namen verdankt der Riesengleitbeutler seiner Grösse. Mit einer durchschnittlichen Kopf-Rumpflänge von 40 cm, Schwanzlänge 53 cm und einem Gewicht von 1,3 kg wird er von keinem anderen Gleitbeutler übertroffen. Ohren und Augen sind gross. Riesengleitbeutler sind ganz mit dichten, langen Haaren bedeckt, auch der greifunfähige Schwanz und die Flughaut. Diese spannt sich nicht wie bei den anderen Gleitbeutlern zwischen Hand- und Fussgelenk, sondern zwischen Ellbogen und Fussgelenk. Dank der grossen Tragfläche, welche die Riesengleitbeutler durch Spreizen der Beine erreichen, vermögen sie steuerbare Gleitflüge von über 100 m zu vollbringen. Zu den nächsten Verwandten gehören die Ringbeutler.

Riesengleitbeutler sind zwar häufig, wegen ihrer nächtlichen Lebensweise und ihrem Aufenthaltsort hoch oben in den Eukalyptusbäumen, sind sie aber nur sehr selten zu beobachten. Als extreme Nahrungsspezialisten bewohnen die Tiere nur Wälder mit einem grossen Anteil an Eukalyptusbäumen, von deren Blätter und Blüten sie sich fast ausschliesslich ernähren. Wie beim Koala, dienen nur ein paar wenige Eukalyptusbaumarten als Futter. Um die schwerverdauliche Kost zu verwerten, besitzt auch der Riesengleitbeutler einen aussergewöhnlich grossen Blinddarm. Weil Eukalyptusblätter genügend Wasser enthalten um den Bedarf der Tiere zu decken, können sie sich normalerweise den gefährlichen Gang zur Wasserstelle sparen.

Den Tag verschlafen die Riesengleitbeutler in geräumigen, mit Blättern und Rinde ausgepolsterten Baumhöhlen, wovon sie mehrere regelmässig benutzen. Riesengleitbeutler leben als Einzelgänger. Vor allem im März finden sie sich aber häufig zu Paaren zusammen. Die Weibchen gebären in der Regel nur ein Junges, welches sich nach 4monatiger Beuteltragzeit gerne auf dem Rücken der Mutter aufhält.

Fuchskusu

Trichosurus vulpecula
Common brushtail possum

Die Grösse der drei Fuchskusu-Unterarten liegt zwischen 35 und 55 cm, hinzu kommt ein 25 - 40 cm langer, behaarter Greifschwanz. Die Männchen sind grösser als die Weibchen, das Gewicht der Tiere variiert zwischen 1,5 und 4,5 kg. Auch die Fellfarbe kann sehr unterschiedlich sein. Neben rotbraunen und silbergrauen gibt es auch kupferfarbene Exemplare. Die nächsten Verwandten der Kusus sind die Kuskus.

Weil Fuchskusus sich gut veränderten Lebensbedingungen anzupassen vermögen, besitzen sie ein grosses Verbreitungsgebiet und sind häufig. Nachdem man diese Beuteltiere vor rund 50 Jahren in Neuseeland ansiedelte, haben sie sich rasch übers ganze Land verbreitet und sind mittlerweile zur grossen Plage geworden. Auch in Australien wissen sich die Tiere zu behaupten. Sie bewohnen nicht nur alle Wälder und anderen baumbestandenen Lebensräume, sondern auch Gärten der Vororte und Parks der grossen Städte.

Obwohl Fuchskusus sich gelegentlich am Boden aufhalten, sind sie vorwiegend Baumbewohner. Als perfekte Kletterer vermögen sie sogar kopfüber von Bäumen herunterzusteigen. Wo natürliche Schlafmöglichkeiten, wie Baum- oder Erdhöhlen fehlen, quartieren sie sich kurzerhand in Schuppen und auf Dachböden ein.

Gefressen werden hauptsächlich Blätter, ergänzt durch Knospen, Blüten, Früchte und Baumrinde, aber auch Vogeleier, Kräuter und Gräser werden nicht verschmäht.

Feinde des Fuchskusu sind Dingo, Teppichpython, Riesenwaran und in offenem Gelände auch der Keilschwanzadler. Vom Menschen wurden sie des Pelzes wegen gejagt, ohne aber dadurch ernsthaft gefährdet zu werden.

Fuchskusus leben als Einzelgänger. Mit Hilfe von Duftmarken kennzeichnen sie ihr Streifgebiet. Kommt es trotzdem zu direkten Begegnungen, hält man sich durch lautes "Keckern" auf Distanz. Auf

Zeltplätzen und an anderen Orten wo sich die liebenswerten Kerle Nahrung von Menschen erhoffen, können aber oft mehrere Tiere zusammen beobachtet werden.

Die Paarungszeit fällt meist in den Herbst oder Frühling. Es sind jedoch zu jeder Jahreszeit Geburten möglich. Nach 18 Tagen im Mutterleib und 4 bis 5 Monaten Aufenthalt im Beutel, verlässt das Junge diesen und darf noch für etwa 1 bis 2 Monate auf Mutters Rücken die Welt kennenlernen. Etwa die Hälfte der Weibchen ziehen pro Jahr zweimal Junge auf. Fuchskusus werden selten älter als 11 Jahre.

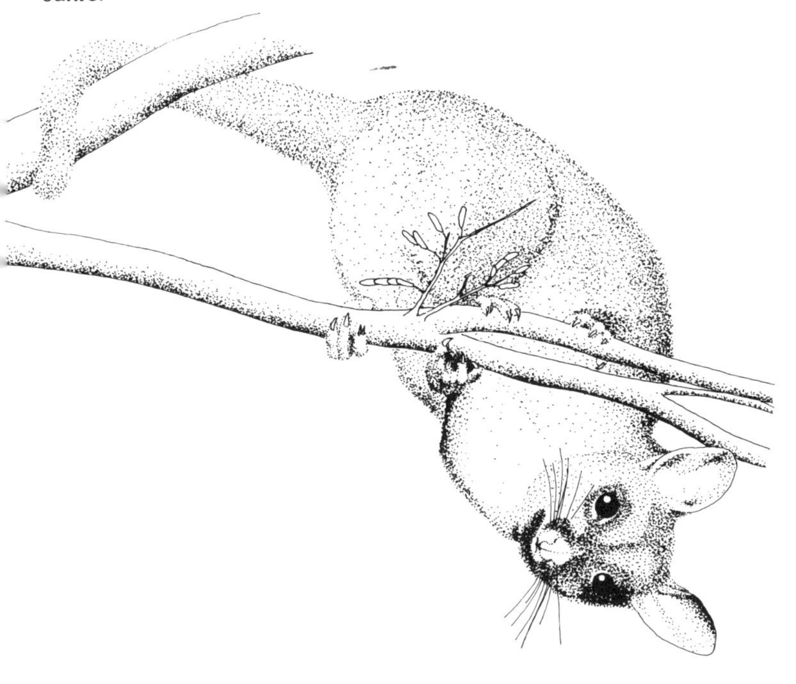

Der Fuchskusu ist zum grössten Kulturfolger der australischen Beuteltiere geworden. Er schnüffelt auf der Suche nach Futter nicht nur in Abfalleimern herum, sondern macht sich auch über Rosen und andere Zierpflanzen her.

Honigbeutler

Tarsipes spenserae
Honey possum

Die in mancher Hinsicht bemerkenswerten Honigbeutler werden etwa 7 cm gross, wobei die Weibchen in der Regel grösser sind als die Männchen. Hinzu kommt ein etwa 8 cm langer Schwanz. Ihr Federgewicht beläuft sich auf durchschnittlich 10 g. Die kleinen Honigbeutler sind leicht an ihrem ungewöhnlich langgezogenen spitzen Schnäuzchen und den drei dunkelbraunen Längsstreifen in ihrem bräunlich grauen Fell zu erkennen.

Der Honigbeutler ist der einzige Vertreter der Familie *Tarsipedidae*. Doch nicht nur innerhalb seiner Familie steht er alleine da, denn auch mit anderen Tiergruppen verbindet ihn nur wenig. Zwar lassen sich gemeinsame Merkmale mit Gleitbeutlern, Känguruhs, Nasenbeutlern und Raubbeutlern erkennen, nichts deutet aber auf eine nähere Verwandtschaft hin. Auch ausgestorbene Vorfahren sind keine bekannt. Daher wird der Honigbeutler, als einziger Überlebender einer ganzen Tiergruppe, auch in eine eigene Überfamilie *(Tarsipedoidea)* gestellt.

Honigbeutler besitzen zumindest in den Küsten-Sandebenen eine normale Populationsdichte. Heidelandschaften und Gebiete mit Gebüschbewuchs, wo grossblumige Banksien und Grevillien wachsen, sind ihr Lebensraum. Der Schutz dieser einmaligen Beuteltierchen - beziehungsweise ihres Lebensraums - ist aber wichtig, damit ihre Biotope nicht inselartig zerstückelt werden.

Als extreme Nahrungsspezialisten nehmen Honigbeutler nur Nektar und Pollen zu sich. Neben der Rückbildung der Zähne zeigen die kleinen Beutler noch weitere Anpassungen an ihre besondere Nahrungsquelle: sie besitzen eine überlange Schnauze mit einer dünnen, pinselartigen, bis 3 cm langen Zunge, um den Nektar in den tiefen Blumenkelchen zu erreichen. Im weiteren ist es nur einem federleichten Tier möglich, auf Blüten herumzukraxeln. Der Wickelschwanz, mit welchem sie ihr eigenes Gewicht tragen können, ergänzt die greiffähigen Finger und Zehen, die den Honigbeutlern akrobatische Fähigkeiten verleihen. Oft hängen und krabbeln sie mit dem Kopf nach unten.

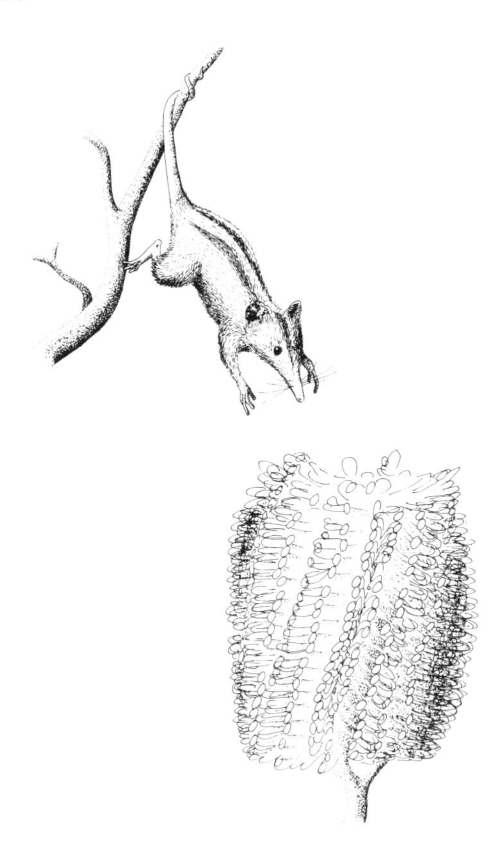

Durch den Geruch angezogen, finden Honigbeutler ihre Nektar- und Pollennahrung. Behend springen sie von Blüte zu Blüte. Dabei halten sich die Winzlinge nicht mit Krallen fest, sondern mit greiffähigen Fingern und Zehen, welche ähnlich wie bei uns Menschen, mit Nägeln ausgestattet sind.

Honigbeutler bevorzugen Blütenstände von Banksien und Grevillien. Gleich wie die Honigbeutler sich dem Leben auf Blüten anpassten, zeigen auch die Pflanzen eine Reihe besonderer Anpassungen an die verhältnismässig grossen Besucher, von welchen sie bestäubt werden. Die Blüten zeichnen sich durch mächtige und robuste Blütenstände aus, besitzen einen starken Geruch, enthalten viel Nektar und Pollen und blühen häufig im australischen Winter. In dieser Jahreszeit wäre die Bestäubung wegen der reduzierten Aktivität von Insekten nicht ausreichend gewährleistet, wären da nicht die warmblütigen Beuteltierchen. Kommt es trotzdem einmal zu einem Nahrungsengpass oder zu einer extremen Kälteperiode, werden die Honigbeutler torpid, das heisst, sie fallen in eine Körperstarre mit reduzierten Körperfunktionen, um Energie zu sparen.

Honigbeutler sind gesellige Tiere. Mehrere Männchen und Weibchen leben in der gleichen Gruppe zusammen. Am Tag schlafen sie in Baumhöhlen oder Vogelnestern eng beieinander. Die gegenseitige Fellpflege ist ein wichtiger Bestandteil ihres sozialen Zusammenlebens.

Die Weibchen haben einen gut ausgebildeten Beutel und gebären meist zweimal im Jahr zwei bis drei Junge. Mit 3-6 Milligramm besitzen diese das geringste Geburtsgewicht eines Säugetiers. Daneben stellen die Männchen einen weiteren Rekord: sie besitzen die grössten Samenzellen welche bei Säugern bekannt sind. Ihre Hoden nehmen denn auch stattliche 4,2% des Körpergewichts ein.

Känguruhs

Überfamilie: Macropodoidea
Kangaroos

Die Wurzeln der Känguruhs reichen 25 Millionen Jahre zurück. Die hüpfenden Beutler stammen ursprünglich von baumbewohnenden

Tieren ab. Wie die heutigen Kletterbeutler lebten ihre Vorfahren im Geäst von Regenwaldbäumen. Durch grosse Klimaveränderungen entstanden allmählich an Stelle von ausgedehnten Wäldern, welche nahezu den gesamten Kontinent bedeckten, riesige baumlose Trokkengebiete, sogenannte Grasländer oder Steppen. Um sich diesen Verhältnissen anzupassen und die neu entstandenen ökologischen Nischen zu besetzen, wurde eine grundlegende Veränderungen ihres Körperbaus nötig. Die Känguruhs schafften das in so perfekter Weise, dass ihnen heute keine andere Tierart den neu besetzten Lebensraum ernsthaft streitig macht. Schliesslich kehrten einige Arten sogar erfolgreich wieder zum Baumleben zurück, obwohl ihr neuer Körperbau dazu nun alles andere als geeignet war.

Vor etwa 2 Millionen Jahren lebten in Australien 3 m grosse Känguruhs. Wie die Riesenformen vieler anderer Tiergruppen waren aber auch die Riesenkänguruhs im Konkurrenzkampf den kleineren Arten unterlegen.

Bei den heutigen Känguruhs misst die kleinste Art ohne Schwanz durchschnittlich 23 cm, die grösste bis über 1 m. Das Gewicht liegt zwischen ½ kg und 85 kg. Känguruhs werden in zwei Familien aufgeteilt: in Echte- oder Eigentliche Känguruhs und Rattenkänguruhs. In urgeschichtlicher Zeit gab es über 120 verschiedene Känguruharten. Vor 200 Jahren lebten auf dem Fünften Kontinent noch 48 Arten. Mittlerweile sind davon 6 ausgestorben, 17 weitere sind mehr oder weniger stark gefährdet.

Die Artenvielfalt der Känguruhs weist auf Anpassungen an verschiedenste Biotope hin. Die Tiere sind sowohl im dichten Regenwald und in Sümpfen anzutreffen, wie auch im Gebirge und in Wüsten, ja sogar auf Bäumen und in ausgedehnten Höhlensystemen unter der Erde.

Auffälligstes Erkennungsmerkmal der Känguruhs ist die hüpfende Fortbewegungsart, der sich der scheinbar unproportionierte Körperbau angepasst hat. Dieser seltsame Körperbau hat sich aber im Kampf ums Überleben bestens bewährt und steht in nichts demjenigen anderer Tierarten nach, welche in entsprechenden Lebensräumen zuhause sind.

Das Hüpfen auf den Hinterbeinen ist, so seltsam und unpraktisch es erscheinen mag, eine äusserst wirksame Methode um bis 3,5 m hoch springen zu können, und mit hoher Geschwindigkeit (bis 90 km/h) über kurze Strecken zu fliehen, so wie energiesparend weite Distanzen zurückzulegen. In Versuchen sank der Sauerstoffverbrauch der Tiere, sobald sie schneller zu hüpfen begannen. Bei einem Tempo zwischen 17 und 25 km/h wird paradoxerweise weniger Energie verbraucht als bei langsamer Fortbewegung. Damit bewegen sich Känguruhs ökonomischer fort als alle anderen gleich grossen Vierbeiner.

Die muskulösen Hinterbeine dienen ausser der Fortbewegung auch als wirkungsvolle Verteidigungswaffe. Mit den kleinen Vorderfüssen vermögen Känguruhs mühelos dünne Grashalme einzeln zum Mund zu führen. Zudem sind sie bei der Fellpflege sehr nützlich. Doch nicht genug: auch zum Schwimmen sind Känguruhbeine geeignet. So können z.B. auch ausgesprochene Steppenbewohner wie das Rote Riesenkänguruh erstaunlich gut schwimmen. Im Wasser bewegen die Tiere ihre Hinterbeine aber nicht miteinander, wie beim Hüpfen, sondern abwechslungsweise paddelnd; auch die Vorderbeine werden in dieser Art bewegt und zusätzlich wird der Schwanz waagrecht hin und her geschwungen. Der Beutel kann während des Schwimmens so gut verschlossen werden, dass für das Känguruhjunge keine Gefahr besteht zu ertrinken.

Um sich vor der grossen Mittagshitze zu schützen, vermeiden Känguruhs jegliche Aktivität und suchen Kühlung im Schatten von Bäumen, in Felsgrotten, oder sogar in selbstgegrabenen Höhlen. Zusätzlich lecken die Tiere ihre Arme, um Kühlung zu erzeugen. Durch den Verdunstungsprozess wird dem Körper Wärme entzogen.

Neben den ausgestorbenen und den gefährdeten Känguruhs, gibt es vor allem grosse, grasfressende Arten, welche sich dank der grossflächigen Waldrodungen explosionsartig vermehren konnten. Man nimmt an, dass es heute dadurch sogar bedeutend mehr Riesenkänguruhs gibt als vor 200 Jahren.

Untersuchungen haben gezeigt, dass Känguruhs unter wesentlich schwierigeren Bedingungen überleben können und viel grössere Trockenheiten überstehen als Schafe und Rinder. Känguruhs sind in der Lage, sich von Pflanzen mit sehr hohem Zellulosegehalt zu ernähren, Pflanzen welche für unsere Haustiere praktisch unverdaulich sind.

Känguruhs leben sowohl als Einzelgänger, wie auch in riesigen

Gruppen. Es gibt vorwiegend dämmerungs- und nachtaktive Tiere, wie auch tagaktive. Die Nahrung reicht je nach Art von Gräsern und Kräutern, über Blätter, Rinde, Nüsse, Früchte, Pilze und Wurzeln bis hin zu Insekten und Würmern. Das Tammar Wallaby *(Macropus eugenii)* vermag auch Meerwasser zu trinken.

Feinde der Känguruhs sind vor allem der Dingo und verwilderte Haushunde. Kleinere Känguruharten und Jungtiere müssen sich auch vor Füchsen, Pythonschlangen, Greifvögeln und Katzen in acht nehmen.

Die Geschlechter paarbildender Tierarten sind normalerweise gleich gross. Bei den Känguruhs sind die Männchen meist beträchtlich grösser und schwerer als die Weibchen. Je nach Art kann ein Männchen gar das Doppelte an Gewicht erreichen. Wo solche Unterschiede bestehen, darf von einem haremsbildenden Gruppenleben ausgegangen werden, oder zumindest von einer Sozialstruktur, in der das dominante Männchen zwar nicht mit seinen Weibchen zusammen lebt, diese aber innerhalb eines Reviers besitzt, beziehungsweise regelmässig ihre Paarungsbereitschaft kontrolliert und gegebenenfalls die Weibchen deckt. Um aber einen Harem, oder ein Revier mit mehreren Weibchen zu besitzen, haben sich junge Känguruhmännchen mächtig anzustrengen. Sie müssen immer wieder die stärksten, meist älteren Männchen herausfordern, um die Dominanz neu festzulegen. Das zur Zeit stärkste Männchen wird als Sieger hervorgehen und kann seine Grösse und Kraft weitervererben. Die Kämpfe, in welchen heftige Fusstritte ausgeteilt werden, dauern zwar oft bis zur totalen Erschöpfung beider Tiere, schwere Verletzungen sind aber trotzdem die Ausnahme, da das Kräftemessen meist stark ritualisiert ist.

Känguruhs sind unter anderem auch daher eine so erfolgreiche Tiergruppe, weil ihre Fortpflanzungsmethode enorm leistungsfähig ist. Nach der Befruchtung wächst der Keimling je nach Art zwischen 21 und 42 Tage im Mutterleib heran. Danach wird er geboren und kriecht ohne Hilfe der Mutter in den Beutel. Hier saugt sich das noch wenig entwickelte Junge an einer Zitze fest, welche erst Wochen später wieder los gelassen wird. Bei der Geburt befinden sich die Känguruhs, wie alle neugeborenen Beuteltiere, in einem embryoähnlichen Zustand, sie sind blind, taub, völlig nackt und wiegen weniger als ein Gramm. Erst im schützenden Beutel entwickeln sie sich innerhalb von 3 bis 11 Monaten zum fertigen Känguruh heran. Während dieser Zeit werden der Beutel und das Junge regelmässig durch die umsorgende Mutter gereinigt, indem sie die Bruttasche ausleckt und den Sprössling am Bauch massiert, bis er Kot und Urin abgibt.

Gegen Ende der Beuteltragzeit verlassen die Jungen immer häufiger die schützende Tasche, kehren aber immer wieder in diese zurück. Auf solche Art können die Heranwachsenden auf optimalste Weise die Notwendigkeiten und vor allem die Gefahren des Lebens kennenlernen. Eines Tages wird das Junge nicht mehr in den Beutel passen, auf die unmittelbare Nähe der Mutter und auf die lange Zitze im Beutel braucht es aber einstweilen (wenige Wochen bis mehrere Monate) nicht zu verzichten.

Bei guten Futter- und Klimaverhältnissen wird sich nun während dieser Zeit neben dem die Mutter begleitenden Jungtier, dem sogenannten "young-at-foot", ein neues Känguruh im Beutel entwickeln. Beide Jungtiere saugen nun an einer separaten Zitze und beide Zitzen liefern Milch mit unterschiedlicher, dem Alter angepasster Zusammensetzung, ein Phänomen welches von keinem anderen Säugetier bekannt ist.

Daneben wartet bei vielen Arten in der Gebärmutter ein Keimling auf seine Geburt. Er wurde in der Entwicklung bei einer Grösse von ungefähr 100 Zellen angehalten und wartet nun auf die Zeit, in der das Beuteljunge die Bruttasche verlässt, oder die Mutter dieses frühzeitig verliert. In beiden Fällen wird die Keimruhe aufgehoben und schon bald kommt es zur Geburt.

Geschlechtsreif werden die Weibchen meistens früher als die Männchen. Vor allem Wallabies können sich bereits im Alter von einem Jahr oder jünger fortpflanzen. Die frühe Geschlechtsreife kann dazu führen, dass Mütter mit einem Jungen im Beutel selber noch bei der eigenen Mutter die Milchzitze aufsuchen.

Rattenkänguruhs

Familie: Potoroidae
Musky rat-kangaroo / Potoroos / Bettongs

Der Ursprung der Känguruhs geht auf eine Zeit vor 25 Millionen Jahren zurück. Damals gingen baumlebende, possumähnliche Beuteltiere dazu über, ihre Nahrung auf dem Boden des Regenwaldes zu suchen. Diese ersten Känguruhformen entsprachen ziemlich genau dem kleinen Moschus-Rattenkänguruh, welches als “lebendes Fossil“ nahezu unverändert bis heute überlebt hat. Andere Arten nahmen dagegen im Verlauf ihrer Entwicklungsgeschichte an Grösse zu. So lebten vor etwa 5 Millionen Jahren in Australien fleischfressende Rattenkänguruhs von der Grösse der heutigen Riesenkänguruhs.

Das **Moschus-Rattenkänguruh** *(Hypsiprymnodon moschatus /* **Musky rat-kangaroo**) ist mit einer Grösse von 23 cm und einem Gewicht von 500 Gramm, das kleinste Rattenkänguruh. Sein Fell ist dunkelbraun gefärbt.

Es unterscheidet sich in vielem von den anderen Rattenkänguruhs; deshalb bildet es auch eine eigene Unterfamilie. Die Länge der Vorder- und Hinterbeine ist viel ausgeglichener als bei allen übrigen Känguruhs. Moschus-Rattenkänguruhs hüpfen nicht zweibeinig, sondern bewegen sich auf allen Vieren hoppelnd fort. Der rund 14 cm lange, dünne, unbehaarte Schwanz dient nicht als Stütze. Die Tiere können auch klettern und besitzen als einzige Känguruhart an den Hinterfüssen noch fünf Zehen.

Moschus-Rattenkänguruhs leben in Regenwäldern, wo sie gebüschreiche, feuchte Biotope an Gewässern bevorzugen. Die Tiere sind gebietsweise zwar häufig, ihr Lebensraum wird aber durch das Abholzen der Wälder immer kleiner, wodurch sie gefährdet sind.

Die tagaktiven Moschus-Rattenkänguruhs fressen Insekten, Würmer, Früchte und Nüsse. Sie leben als Einzelgänger.

Die Paarungszeit liegt zwischen Februar und Juli. Zwillingsgeburten sind die Regel, was für Känguruhs einzigartig ist. 21 Wochen wohnt der Nachwuchs im mütterlichen Beutel und bleibt danach noch für einige Zeit, während des grössten Teils des Tages, in einem geschützten Grasnest versteckt.

Der Greifschwanz, welchen alle Rattenkänguruhs zum Einbringen von Nistmaterial benutzen, ist ein Überbleibsel ihrer baumbewohnenden Vorfahren, welche den Schwanz als fünfte Hand beim Klettern benutzten. Die Abbildung zeigt ein Rotes Rattenkänguruh.

Grösse und Gewicht der **sechs anderen Rattenkänguruharten** liegen zwischen 30 und 40 cm und 1,5 bis 3,5 kg. Sie bewegen sich hüpfend fort, in gleicher Weise wie die Eigentlichen Känguruhs. Rattenkänguruhs sind je nach Art häufig oder gefährdet. Zwei hier nicht erwähnte Arten sind ausgestorben.

Die Lebensräume der meisten Arten liegen in trockenen oder feuchten Wäldern mit dichter Bodenvegetation. Allen gemeinsam ist das Bauen von Pflanzennestern. Der **Grabende Bettong** *(Bettongia lesueur* / **Burrowig bettong**) legt diese Nester sogar unter Tag in selbstgegrabenen Erdhöhlen an. Zudem lebt er als einziges Rattenkänguruh in Gruppen.

In der Nacht gehen die Tiere auf die Suche nach Nahrung. Diese besteht je nach Art aus Gras, Kräutern, Pilzen, Wurzeln, Knollen, Harzen und Wirbellosen. Feinde sind vor allem Füchse, Dingos und Greifvögel.

Mit knapp 40 cm Kopf-Rumpflänge und einem Gewicht von etwa 3 kg ist das **Rote Rattenkänguruh** (*Aepyprymnus rufescens* / **Rufous bettong**) der grösste Vertreter der Familie. Die Tiere sind rotbraun bis silbergrau.

Sie leben als nachtaktive Einzelgänger bevorzugt in offenen, grasbewachsenen Wäldern. Ihre Nahrung, bestehend aus Gräsern, Kräutern und Knollen, deckt im Normalfall den Wasserbedarf, so dass sie nur in Trockenzeiten zusätzlich trinken müssen.

EIGENTLICHE KÄNGURUHS / *Familie Macropodidae:*

Quokka

Setonix brachyurus
Quokka

Quokkas werden knapp 50 cm gross und gut 3 kg schwer.

Ihr idealer Lebensraum liegt in feuchten, gebüschreichen Gebieten. Diese finden sich auf dem Festland. Erstaunlicherweise haben die Tiere es auch geschafft, sich auf Rottnest Island zu behaupten und zu verbreiten, und dies trotz sehr schlechter Futterqualität während den Trockenperioden, ungenügendem Wasserangebot, Temperaturen bis über 40°C und nur wenigen Schattenplätzen.

Die kleinen Känguruhs leben in Gruppen oder paarweise. Wenn gute Futterbedingungen bestehen, können sich die Tiere das ganze Jahr über fortpflanzen.

Quokkas sind trotz ihres kurzen, dünnen Schwanzes und anderer abweichender Merkmale Angehörige der Eigentlichen Känguruhs.

Felsenkänguruhs

Gattung: Petrogale
Rock wallabies

Felsenkänguruhs gibt es in 10 verschiedenen Arten. Ihre Grösse liegt zwischen 35 und 60 cm und das Gewicht zwischen 1 und 8 kg. Unter ihnen finden sich die farbenprächtigsten Känguruhformen.

Dies wurde ihnen teilweise zum Verhängnis, da sie ihres Pelzes wegen gejagt wurden.

Wie bei diesem Gelbfuss-Felsenkänguruh ist der Schwanz der Felsenkänguruhs sehr lang. Er hilft ihnen im unebenen Gelände das Gleichgewicht zu halten.

Felsenkänguruhs besiedeln oft Geröllhalden in sehr trockenen Gebieten und leben in Kolonien. Das Areal einer Kolonie umfasst nur wenige Hektaren. Ideale Wohngebiete sind jedoch oft viele Kilometer voneinander entfernt, im Extremfall über 100 km. Die Verbindungen zwischen den Kolonien sind heute oft wegen eingeführten Tieren (zum Beispiel Ziegen, welche die Schutz bietende niedere Vegetation abweiden) und Feinden (wie Füchsen) unterbrochen.

Tagsüber finden die Känguruhs in Felshöhlen nicht nur wirkungsvollen Schutz vor Greifvögeln, sondern auch vor der Hitze. Die hohe Luftfeuchtigkeit im Innern der Höhlen, verhindert einen übermässigen Wasserverlust der Känguruhs. Jungtiere welche nicht mehr im Beutel Platz finden, werden auch nachts im Versteck zurückgelassen, wo sie regelmässig gesäugt werden. Dies ist wohl eine Anpassung an das schwierige Gelände. Bei fast allen anderen Känguruharten begleiten die Jungen ihre Mütter ständig.

Felsenkänguruhs ernähren sich überwiegend von Gras, sie nehmen aber auch Kräuter, Blätter und Früchte zu sich. In Trockenzeiten wird auch auf Knospen und andere Gebüschteile ausgewichen. Um an ihre Nahrung zu kommen, klettern Felsenkänguruhs bisweilen auch auf leicht schräg stehende Bäume. Einige in sehr trockenen Gebieten beheimatete Arten benötigen zum Überleben offenbar keine Wasserstelle.

Filander

Gattung: Thylogale
Pademelon

Rotbein- und Rotnackenfilander und der Tasmanische Filander werden je nach Art und Geschlecht etwa 40-50 cm gross und erreichen ein Gewicht von durchschnittlich 4-7 kg.

Filander sind Bewohner dichter Wälder. Der Rotbeinfilander besiedelt sogar ausschliesslich Regenwälder. Der Tasmanische Filander lebt auch in Gebieten mit regelmässigem Schneefall. Die kleinen Känguruhs legen im Gehölz tunnelartige Pfade an, welche sich beim Rotnacken- und Tasmanischen Filander bis an den Waldrand ziehen können. Während der Dämmerung und nachts kommen die Tiere aus dem Wald, um im angrenzenden Gras- oder Kulturland ausgiebig zu weiden - gelegentlich zum Leidwesen der Farmer. Als Nahrung dienen Gräser, Kräuter, Blätter, Farne, Früchte und Beeren.

Zu den Feinden der einzelgängerischen Filander zählen Fuchs, Dingo und Greifvögel.

Grosse **Wallabies**

Familie: Macropodidae
Wallabies

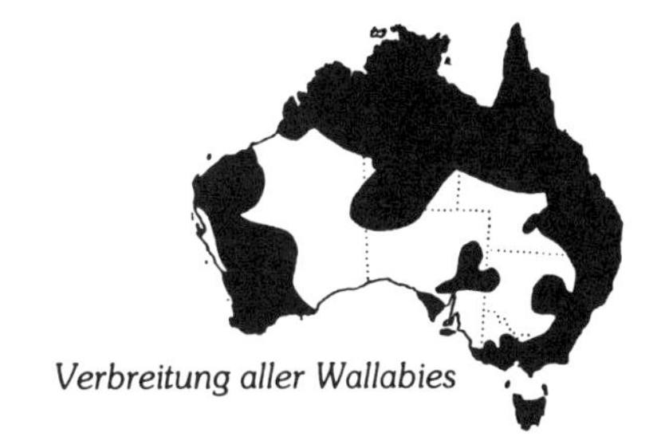
Verbreitung aller Wallabies

In Australien werden in der Umgangssprache alle Känguruh-Arten als Wallabies bezeichnet, sofern sie nicht zu den Ratten-, Baum- oder Riesenkänguruhs gehören. Die Trennung gegenüber den Riesenkänguruhs liegt einzig im Grössenunterschied.

Der Nabarlek *(Peradorcas concinna)* ist mit einer Grösse von etwa 30 cm und einem Gewicht von ungefähr 1,4 kg das kleinste Wallaby. Die vier grössten Wallaby-Arten sind die Rotnackenwallabies, das Rückenstreifenwallaby, das Hübschgesichtwallaby und das Sumpfwallaby. Ihre Scheitelhöhe liegt je nach Art und Geschlecht zwischen 70 und 90 cm und das Gewicht bei 6-26 kg.

Eine mehr oder weniger rote Nackenregion verrät das **Rotnakkenwallaby** *(Macropus rufogriseus banksianus* / **Red-necked wallaby**). Die dämmerungs- und nachtaktiven Tiere leben in Eukalyptuswäldern mit buschreichem Unterwuchs, wo sich offene, zum Grasen geeignete Gegenden anschliessen. Sie fressen vorwiegend Gräser und Kräuter, mögen aber auch Blätter, Knospen und Rinden.

Zwar bilden sich bei guten Futterverhältnissen Ansammlungen von über 30 Tieren, normalerweise leben sie aber als Einzelgänger. Wird eine Gruppe gestört, flüchtet jedes Tier in eine andere Richtung.

Im Schutz des Beutels entspannt sich ein junges Bennetwallaby, welches diesen Vorzug allerdings nicht mehr lange geniessen kann, denn bald ist in der Bruttasche zu wenig Platz, so dass es nur noch seinen Kopf zum Saugen hineinstecken kann.

Die tasmanische Unterart der Rotnackenwallabies, das **Bennettwallaby** *(Macropus rufogriseus rufogriseus)*, ist sehr kälteverträglich und wird daher oft in europäischen Zoos gehalten. In einigen Gegenden Deutschlands und Englands lebten verwilderte Tiere dieser Art sogar über Jahre hinweg in freier Wildbahn. Der Fortpflanzungszyklus der Bennettwallabies ist streng saisonal, bedingt durch ihren kühlen Lebensraum. Die meisten Jungen werden im Februar und März geboren.

Das **Rückenstreifenwallaby** *(Macropus dorsalis* / **Black-striped scrub wallaby**) erkennt man am schwarzen Aalstrich, welcher vom Nacken bis zur Schwanzwurzel reicht. Ansonsten ähnelt es dem Rotnackenwallaby, mit dem es auch oft verwechselt wird.

Das Rückenstreifenwallaby versteckt sich bevorzugt in noch dichterem Wald als das Rotnackenwallaby und begibt sich beim Äsen in der Dämmerung und Nacht auch nicht so weit ins offene Land, sondern bleibt lieber in Waldrandnähe. Weil die beiden Wallaby-Arten auch in Viehweiden eindringen, gelten sie mancherorts als Kulturschädlinge. Sie sind jedoch geschützt und dürfen ohne Spezialbewilligung nicht abgeschossen werden.

Die Rückenstreifenwallabies leben in Gruppen von etwa 20 Tieren, was bei Gebüsch- und Waldbewohnern eine Ausnahme darstellt. Sie flüchten auch gemeinsam hintereinander in die gleiche Richtung. Ihre gesellschaftliche Lebensweise hinterlässt erkennbare Pfade, welche uns ihre Anwesenheit verraten. Die Tiere erreichen ein Alter von 10 - 15 Jahren.

Das weisswangige **Hübschgesichtwallaby** *(Macropus parryi* / **Pretty-faced wallaby**) lebt in leicht hügeligen Gegenden. Es ernährt sich vorwiegend von Gras und benötigt dementsprechend offenes Gelände oder lichte Wälder mit Grasunterwuchs. Die Tiere trinken fast nur während Trockenperioden, wenn ihre Futterpflanzen wenig Flüssigkeit enthalten.

Die Hübschgesichtwallabies gehören zu den wenigen tagaktiven Känguruhs. Ihre aktivste Zeit fällt in die frühen Morgenstunden. Nach der Mittagsruhe unter Schattenbäumen, wird der Weidegang am späten Nachmittag fortgesetzt. Die langschwänzigen Tiere leben in Gruppen von etwa 10 Tieren, welche sich zu sogenannten Mobs von etwa 50 Wallabies zusammenschliessen können.

Das dunkelbraune bis schwarze **Sumpfwallaby** *(Wallabia bicolor* / **Swamp wallaby**) bewohnt dichte Wälder, sowie gebüschreiche Gegenden. Während des Tages versteckt es sich im Unterwuchs. In der Nacht gehen die Tiere auf Nahrungssuche. Neben Gräsern und

Kräutern werden vor allem Schösslinge, Knospen, Blätter und Rinden von Sträuchern, sowie Farne (auch giftige) gefressen. - Sumpfwallabies leben als Einzelgänger, treffen sich aber beim Fressen manchmal zu kleinen Gruppen.

Sumpfwallabies paaren sich während des ganzen Jahres. Die Tragzeit beträgt wie bei den meisten Wallabies gut einen Monat. Die Weibchen werden aber bereits einige Tage vor der Geburt erneut befruchtet und nicht kurz danach, wie bei den übrigen Känguruhs. Diese Besonderheit, und andere Abweichungen in der Biologie der Tiere, weisen das Sumpfwallaby als den letzten Überlebenden einer einst umfangreichen Gattung aus.

Riesenkänguruhs

Gattung: Macropus
Kangaroos und Wallaroos

Zu den Riesenkänguruhs zählt man das Westliche- und das Östliche Graue Riesenkänguruh, drei Wallaroos sowie das Rote Riesenkänguruh. Die Kopf-Rumpflänge liegt je nach Geschlecht und Art bei 60 - 140 cm, das Gewicht kann bis zu 85 kg betragen. Die Männchen sind stets wesentlich grösser als die Weibchen. Die verschiedenen Arten sind oft nur schwer voneinander zu unterscheiden.

Riesenkänguruhs vertreten in Australien die grasfressenden Huftiere anderer Erdteile. Als gute Läufer bringen sie es über kurze Strekken auf 90 km/h. Auf der Flucht vermögen sie mehr als 9 m weit und bis zu 3,3 m hoch zu springen. Riesenkänguruhs gehören nicht zu den gefährdeten Tierarten; in ihrem Verbreitungsgebiet sind sie häufig und dürfen je nach Populationsgrösse mit staatlichen Lizenzen gejagt werden. Ausgewachsene Tiere kennen nur den Menschen als Feind. Weil eine genehmigte Abschusserlaubnis sich nach der Anzahl erlegter Tiere richtet, werden vor allem die grossen Männchen getötet, weil diese mehr Beutegewicht ergeben. Dadurch wird eine unnatürliche Selektion erzeugt, welche das Grössenverhältnis beeinflusst.

Rivalenkämpfe der Känguruhmännchen sind vor allem bei den grossen Arten stark ritualisiert. Messen sich aber zwei gleich grosse Tiere, kann der Kampf so heftig werden, dass das eine von einem Fusstritt getroffen etliche Meter durch die Luft geschleudert werden kann.

Das **Östliche Graue Riesenkänguruh** *(Macropus giganteus /* **Eastern grey kangaroo**) ist dem Westlichen Grauen Riesenkänguruh sehr ähnlich. Beide Arten sind gesellig und leben zum Teil in grossen Gruppen (Mobs). Wo ihre Verbreitungsgebiete sich überschneiden, kommen die Grauen Känguruhs sogar zusammen in gemischten Verbänden vor. Die verschiedenen Arten kreuzen sich dabei aber nicht.

Die Östlichen Grauen Riesenkänguruhs bevorzugen offene Grasländer und äsen vorwiegend in der Dämmerung oder nachts. Während des Tages suchen die Tiere unter Bäumen oder Sträuchern Schutz vor der Sonne.

Neben dem scheuen Schwarzen Wallaroo und dem ebenfalls in Nordaustralien lebenden Antilopen-Wallaroo, gibt es noch das gewöhnliche **Wallaroo** oder **Bergkänguruh** *(Macropus robustus /* **Common wallaroo** oder **Euro**). Das Bergkänguruh besitzt vier Unterarten und besiedelt beinahe den gesamten Kontinent. Die dämmerungs- und nachtaktiven Tiere sind Einzelgänger, vor allem die Männchen bilden aber trotzdem häufig Zweier- oder Dreiergruppen. Bergkänguruhs leben bevorzugt in felsigen und hügeligen, manchmal sehr trockenen Gegenden. Hier sind sie, wie die Felsenkänguruhs, auf den Schatten von Höhlen und überhängenden Felsen angewiesen, um sich vor zu grossem Wasserverlust zu schützen.

Bergkänguruhs gelten als die widerstandsfähigsten Känguruhs gegenüber Hitze, Trockenheit und karger Nahrung. Die Tiere vermögen monatelang ohne Wasser auszukommen. Sie verzichten manchmal sogar freiwillig aufs Trinken. Offenbar können sie so ihre Nahrung besser auszunutzen, denn je weniger sie trinken, desto weniger Stickstoff wird mit dem Urin ausgeschieden. Bergkänguruhs sind andererseits auch fähig, bis 1 m tiefe Löcher zu graben um Wasserstellen freizulegen (wovon dann auch viele andere Tiere profitieren). Sie ernähren sich neben Gräsern auch von Sträuchern.

Die **Roten Riesenkänguruhs** *(Macropus rufus /* **Red kangaroos**) gelten als Inbegriff der Känguruhs schlechthin. Wüsten, Gras- und Buschländer (Mulga und Mallee) sind ihr Zuhause. Als "Könige des roten Herzens" besiedeln sie das gesamte trockene Innere Australiens, wohnen also im gleichen Verbreitungsgebiet wie das Bergkänguruh, nur dass sie im Gegensatz zu diesem offene Ebenen als Lebensraum bevorzugen.

Normalerweise leben die Roten Riesenkänguruhs in kleinen Gruppen, welche sich zu Mobs von mehreren 100 Tieren zusammenschliessen können. Alte Männchen ziehen gelegentlich auch als Einzelgänger umher, junge bilden nicht selten kleine Gruppen.

Nachts und während der Dämmerung gehen die "Plains kangaroos" auf Nahrungssuche. Sie verzehren hauptsächlich Gras. Am

Tag ruhen die Tiere im Schatten von Büschen und Bäumen. In Regionen, wo schattenspendende Gehölze ganz fehlen, sind auch die Roten Riesen sehr selten. Auf der Suche nach Futter ziehen sie je nach Angebot mehr oder weniger weit umher, wobei Viehzäune kein unüberwindbares Hindernis darstellen. Allerdings bleiben beim Überqueren nicht selten Tiere hängen, verletzen sich schwer und müssen verenden.

Bei sehr schlechten Futterverhältnissen werden keine Jungen geboren, weil die Embryonen in eine Keimruhe verfallen und sich nicht mehr weiterentwickeln. Sobald aber Regen fällt, wird die Keimruhe aufgehoben und bald kommt es zu Massengeburten in der Känguruhgruppe. 1 bis 2 Tage nach der Geburt werden die Weibchen wieder gedeckt. Die ersten 2 Jahre im Leben eines Roten Känguruhs sind die gefährlichsten, denn beinahe die Hälfte der Jungen überlebt diese Zeit nicht. Obwohl ausnahmsweise ein Tier 20jährig werden kann, liegt das Durchschnittsalter unter 10 Jahren.

Vorsicht:

Die Gefahr, welche für uns Menschen von den Männchen der Riesenkänguruhs und grossen Wallabies ausgeht, sollte nicht dramatisiert, aber auch nicht unterschätzt werden. Zwar weiss man nur von einem Ereignis, bei dem ein Mann durch ein Känguruhmännchen getötet wurde, aber Fälle von leichten und schweren Verletzungen gibt es unzählige. Immerhin können ausgewachsene Tiere, wenn sie sich aufrichten, eine Grösse von über 2 m erreichen und sind einem Menschen kräftemässig weit überlegen.

Für Känguruhmännchen gehört der Kampf zum normalen Verhalten. Er dient dazu, eine soziale Ordnung herzustellen und aufrechtzuerhalten. Solange die jungen Männchen noch nicht die Geschlechtsreife erreicht haben, sind ihre Kämpfe spielerisch. Später werden sie aber zu ernsten Rivalenkämpfen und manchmal sehr heftig. Auch zur Verteidigung setzen die Boomers vor allem ihre starken Hinterbeine, aber auch die Vorderbeine und Zähne ein. Werden die Tiere in die Enge getrieben, so teilen sie mit den Hintergliedmassen kräftige Schläge aus, wobei ihre ärgsten Feinde, Hund und Dingo schwer verletzt oder gar getötet werden können. Aufdringliche Emus werden an gemeinsamen Wasserstellen mit Fusstritten vertrieben.

Jedes in freier Wildbahn lebende Känguruh, wird normalerweise vor uns flüchten. Aber vor allem in der Nähe von Zeltplätzen, wo die Tiere oft durch Fütterung halbzahm geworden sind, können die Männchen in ungewohnten Stresssituationen gefährlich werden und angreifen, häufig etwa, nachdem die Tiere durch Hunde beunruhigt wurden, bei extremem Futtermangel, wenn die geforderte Futtergabe verweigert wird, oder wenn sich ein Boomer durch das Eindringen von Menschen in seine Gruppe herausgefordert fühlt.

Zwar verteilen auch die Känguruhweibchen ausnahmsweise untereinander Fusstritte, aber Menschen haben sie noch nie angegriffen. Sie verteidigen nicht einmal ihre Jungen. Das Risiko, im Kampf selber Schaden zu erleiden ist zu gross. Der Verlust des Jungen wird durch den in Keimruhe verharrenden Embryo schnell ausgeglichen und ist deshalb weniger gravierend.

Baumkänguruhs

Gattung: Dendrolagus
Tree kangaroos

Neben dem 5-10 kg schweren und bis 60 cm grossen Lumholtz-Baumkänguruh, lebt in Australien noch das Bennetts Baumkänguruh, welches etwas grösser ist und bis 13 kg schwer wird. Baumkänguruhs können im Gegensatz zu allen anderen Angehörigen der Familie ihre Hinterbeine unabhängig voneinander bewegen, was fürs Klettern unabdingbar ist. Der lange Schwanz kann allerdings nicht zum Greifen verwendet werden.

Baumkänguruhs haben die typische Erscheinungsform der bodenbewohnenden Verwandten, aus welchen sie hervorgegangen sind, zum Teil verloren. Mit ihren kräftigen, gleich langen Vorder- und Hintergliedmassen gleichen sie eher einem Bären, wäre da nicht der sehr lange Schwanz, welcher im Geäst der Bäume zum Halt des Gleichgewichts verwendet wird.

Die Baumkänguruhs haben im Verlauf ihrer Entwicklungsgeschichte eine totale Umkehrung der Anpassung durchgemacht. Von ursprünglich baumbewohnenden, possumähnlichen Tieren, entwickelten sie sich über hervorragend ans Bodenleben angepasste Arten wiederum zu Baumbewohnern. Der Anlass zur erneuten Eroberung der Bäume als Lebensraum ist nicht genau bekannt. Jedenfalls müssen während eines bestimmten Zeitabschnittes, zumindest in einer begrenzten Region, auf den Bäumen Feinde und Nahrungskonkurrenten in entsprechender Grösse gefehlt, am Boden jedoch schärfste Konkurrenz geherrscht haben. Warum aber nicht die Possums diese ökologische Nische besetzten und dadurch den Känguruhs eine Anpassung verunmöglichten, weiss man nicht.

In urgeschichtlicher Zeit, waren nicht nur die Regenwälder, sondern mit ihnen auch die Baumkänguruhs in Australien viel weiter verbreitet. Veränderte klimatische Bedingungen lassen dem tropischen Regenwald heute nur noch sehr wenig Raum. Die verbliebenen Bestände wurden in den letzten 200 Jahren zusätzlich durch Holzschlag dermassen verkleinert, dass den Baumkänguruhs jetzt nur noch winzige Regionen als Lebensraum dienen. Die kleinen Populationen, welche überlebt haben, besiedeln nun Schutzgebiete von wenigen Quadratkilometern Grösse, zwischen Kirrama (nähe Cardwell) und dem Black Mountain National Park (südlich von Cooktown).

Die Baumbewohner sind dämmerungs- und nachtaktiv und halten sich zu 99% der Zeit in den Bäumen der Regenwälder auf. Daher sind sie nur sehr selten zu beobachten. Die Tiere sind zwar nicht schlechte, aber verglichen mit den Possums auch nicht gute Kletterer. Bäume zu besteigen ist für sie kein Problem, an Baumstämmen herunterzuklettern macht ihnen aber Mühe. Baumkänguruhs besitzen keine festen Schlafplätze. Wie Koalas kauern sie sich in die nächstbeste Astgabel.

Die einzelgängerischen Baumbewohner ernähren sich von Blättern, von denen sie grosse Mengen vertilgen müssen, und verschiedenen Früchten.

Baumkänguruhs kennen keine feste Paarungszeit. Das Junge darf nach der Beuteltragzeit noch für längere Zeit die Mutter begleiten, bis es selbständig mit den für Känguruhs schwierigen Lebensbedingungen zurecht kommt.

HÖHERE SÄUGETIERE:

Flughunde

Familie: Pteropodidae
Flying-foxes, Fruit-bats

Mit einer durchschnittlichen Kopf-Rumpflänge von 25 cm, und einem Gewicht von rund 700 g ist der Graukopf-Flughund das grösste Fledertier Australiens. Einzelne Exemplare dieser Art werden sogar über 1 kg schwer. Von den 58 australischen Fledertieren gehören 8 zur Familie der Flughunde. Der grosse Rest gehört zur Unterordnung der Fledermäuse, welche sich hauptsächlich von Insekten ernähren. Die Fledertiere gehören, gemessen an der Anzahl ihrer Arten, zu den erfolgreichsten Säugetieren. Nach den Nagern mit 40% bilden sie die zweitgrösste Ordnung mit einem Anteil von 20%. Flughunde haben einen fuchs- oder hundeähnlichen Kopf mit grossen Augen, welche ihnen bei Dunkelheit beste Sehkraft verleihen. Sie besitzen im Gegensatz zu den Fledermäusen kein Echolotsystem.

Flughunde sind vorwiegend in tropischen Wäldern anzutreffen, denn hier wächst ihre Hauptnahrung - sukkulente Früchte - während des ganzen Jahres. Grosse Flughundekolonien findet man vor allem an geschützten, abgelegenen Orten wie z.B. in Mangrovenwäldern, in Sümpfen, auf Inseln und in Regenwäldern. Wo die Vegetarier bis in den kühlen Süden verbreitet sind, werden sie wegen des jahreszeitlichen Vegetationswechsels gezwungen, beträchtliche Wanderungen zu unternehmen, um genügend Nahrung zu finden.

Flughunde sind nachtaktiv. Während des Tages hängen sie sich zum Schlafen kopfüber in einen Baum. Dies tun sie je nach Art einzeln, in Gruppen oder in riesigen Kolonien bis zu 100'000 Tieren, wo sich dann nicht selten noch mehrere Arten vermischen. Die riesigen Schlafgemeinschaften lösen sich nach Einbruch der Dunkelheit auf, so dass in einem Futterbaum, in der Regel nicht mehr als 10 Tiere anzutreffen sind. In dichter Vegetation benutzen Flughunde gerne Waldwege, um zu ihren Futterplätzen zu gelangen. Sie fliegen dabei oft sehr tief.

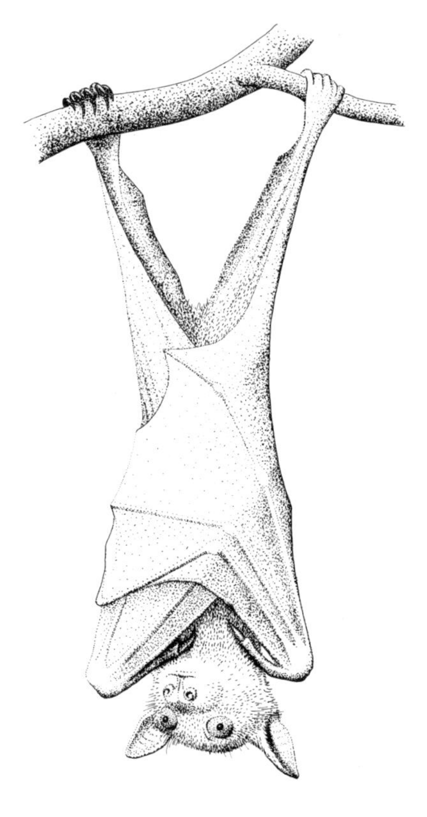

Beim Ruhen und Schlafen wickeln Flughunde ihre Flughäute wie eine zweite Haut um ihren Körper. Als einzige Säugetiere können Fledertiere aktiv fliegen. Viel leichter als bei den Vögeln lässt sich bei ihnen die Umwandlung der Vorderbeine in Flügel erkennen. Bei ausgespannten Flügeln, sind deutlich Hinterarm, Vorderarm und die Hand mit den fünf stark verlängerten Fingern auszumachen.

Flughunde ernähren sich je nach Art von saftigen Früchten, Baumblüten und Nektar. Die Früchte werden nicht ganz gefressen, sondern nur zerquetscht, um den Fruchtsaft trinken zu können, die zurückbleibenden Fasern werden wieder ausgespuckt. Weil sie nur Säfte zu sich nehmen, benötigen sie nicht ein solch kompliziertes

Verdauungssystem, wie alle anderen Pflanzenfresser, welche auch die schwerer verdaulichen Pflanzenfasern umsetzen müssen. Die zwei Flughundearten, welche sich auf Nektar spezialisiert haben, sind sehr klein (5-6 cm) und wiegen rund 15 g. Wären sie grösser, könnten sie sich nicht an den Blüten festhalten. Flughunde besitzen im Gegensatz zu den Fledermäusen nicht nur am grossen, gut ausgebildeten Daumen eine Kralle, sondern auch am Zeigefinger. Dies erleichtert ihnen das Klettern zusätzlich. Um ihre Futterbäume zu erreichen, fliegen einige Flughundearten, welche stationäre Schlafplätze besitzen, bis zu 50 km. Am Morgen muss die gleiche Strecke wieder zurück geflogen werden.

Flughunde müssen sich vor grossen Greifvögeln, Pythons und Waranen in acht nehmen. Auch Krokodile zählen zu ihren Feinden, weil verschiedene Arten im Flug Wasser aus Flüssen trinken. Eine Art nimmt auf diese Weise sogar Meerwasser zu sich.

Nach einer Tragzeit von 3 bis 5 Monaten (je nach Art) gebären Flughunde in der Regel ein einziges Junges. Die Neugeborenen klammern sich mit ihren Krallen an Mutters Pelz und heften sich an eine Zitze. So werden sie mitgetragen bis ihre Grösse dies nicht mehr erlaubt. Danach bleiben sie am Schlafplatz zurück, während die Mutter auf Futtersuche geht. Entwöhnt werden die grösseren Arten im Alter von 4 bis 5 Monaten. Ein Flughundeleben kann bis 30 Jahre dauern.

Mäuse und Ratten

Familie: Muridae
Mice and Rats

Australien kennt 55 einheimische Mäuse und Rattenarten, welche alle zur gleichen Familie gezählt werden. Die **Delicate Mouse** *(Pseudomys delicatulus)* ist mit 6 cm Länge und 6-15 g Gewicht die kleinste, und die **Water-rat** *(Hydromys chrysogaster)* mit durchschnittlich 30 cm Länge und 700 g Gewicht, die grösste Vertreterin. Neben den Fledertieren sind Mäuse und Ratten die einzigen Plazentasäugetiere, welche ohne Hilfe des Menschen den Weg zum Fünften Kontinent fanden. Sie gelangten seinerzeit auf Schwimmgut nach Australien oder benutzten die zeitweise vorhandenen Landbrücken.

Vor rund 15 Millionen Jahren wanderten so die ersten Tiere ein, welche sich im Verlauf der Zeit zu 48 endemischen Arten entwickelten *(Unterfamilie: Hydromyinae)*, vor etwa einer Million Jahren kamen auf die gleiche Weise sieben weitere Arten dazu *(Unterfamilie: Murinae)*, und drei Arten reisten mit den ersten europäischen Siedlern vor 200 Jahren auf den Kontinent *(Unterfamilie: Murinae)*. Acht endemische Arten sind in jüngster Zeit höchstwahrscheinlich ausgestorben, 12 weitere mussten grosse Gebietsverluste hinnehmen und sind zum Teil stark gefährdet.

Als sehr erfolgreiche Tierfamilie haben Mäuse und Ratten mit rund 2'000 Arten die ganze Welt besiedelt. In Australien besetzen sie Biotope am Boden, in den Bäumen wie auch am und im Wasser. Sie ernähren sich hauptsächlich von Pflanzen. Viele Arten nehmen daneben aber auch Insekten und andere Kleintiere zu sich, und es gibt solche, die bevorzugt Fleisch fressen. Die australischen Mäuse und Ratten unterscheiden sich in ihrer äusseren Erscheinung nicht von den Arten anderer Kontinente.

Dingo

Canis familiaris dingo
Dingo

Dingos erreichen eine Kopf-Rumpflänge von ungefähr 90 cm und werden etwa 15 kg schwer. Ihre Färbung ist normalerweise rostrot, mit weisser Schwanzspitze und grossen weissen Pfoten.

Der Dingo (als Hund ein Plazentasäugetier) gehört nicht zur ursprünglichen australischen Fauna. Weil er aber seit ein paar tausend Jahren wie ein Wildhund lebt, hat sich seine Art bereits zu einer relativ einheitlichen Form entwickelt. Trotzdem kann er nicht als echter Wildhund bezeichnet werden, was sich auch daran zeigt, dass gelegentlich schwarze, gemischtfarbige oder weisse Tiere vorkommen. Da es heute immer häufiger zu Kreuzungen zwischen Dingos und später eingeführten Haushunden kommt, verschwinden die "reinrassigen" Dingos allmählich wieder.

Der Dingo ist erst vor schätzungsweise 8'000 Jahren nach Australien eingewandert. Neben dem Verdrängen der Beutelteufel und Beutelwölfe hat sein Erscheinen sicher noch andere Verschiebungen im ökologischen Gleichgewicht mit sich gebracht.

Wie bei allen Haushunden reichen auch die stammesgeschichtlichen Wurzeln des Dingos bis zum asiatischen Wolf, welcher vor rund

15'000 Jahren domestiziert wurde. Die Annahme, dass der Dingo vor knapp 8'000 Jahren als Begleiter mit einer späten Einwanderungswelle der Aborigines ins Land gekommen ist, wird heute immer mehr durch eine Theorie ersetzt, welche besagt, dass Seefahrer einer höher entwickelten Kultur (die regelmässigen Kontakt mit den küstenbewohnenden Aborigines des hohen Nordens Australiens pflegten) den Dingo als Handelsgut mitbrachten, oder ihn bei einem misslungenen Niederlassungsversuch zurückliessen.

Um überleben zu können, benötigen Dingos täglich Wasser. In Wüsten und Halbwüsten sind ihrer Verbreitung daher Schranken gesetzt. In regenreicheren Regionen bevorzugen sie lichte Wälder und die Übergangszone vom Eukalyptuswald zum Grasland. Offenes Gelände suchen sie selten auf.

Dingos sind sowohl am Tag wie auch in der Nacht aktiv. Neben Känguruhs und Wombats werden auch andere Beutler, Nager, Vögel, Echsen, Eier, Insekten und auch Aas gefressen.

Bei den meisten Rinderfarmern ist der Dingo nicht unbeliebt, weil er Nahrungskonkurrenten wie verwilderte Kaninchen, Ziegen und Schweine jagt, die Rinder aber ihrer Grösse wegen in Ruhe lässt. Bei den Schaffarmern dagegen ist er verhasst, weil er gelegentlich Schafe reisst. Mit dem längsten Zaun der Welt, welcher von der Küste Südaustraliens bis nach Nord-Queensland reicht, versucht man Australiens grösstes Landraubtier vor allem von den Schafherden fernzuhalten. Zwar leben Dingos weiterhin auf beiden Seiten des Zauns, aber die Verfolgung durch die Farmer hat die Bestände der Tiere so wirkungsvoll dezimiert, dass sie trotz ihrer Intelligenz und Anpassungsfähigkeit heute recht selten geworden sind.

Zwar ist der Dingo weitaus das grösste Raubsäugetier Australiens, doch auch er muss sich vor natürlichen Feinden wie dem Salzwasserkrokodil und der Phytonschlange in acht nehmen und seine Jungen vor dem Keilschwanzadler schützen.

Die Sozialstruktur der Dingos ist variabel je nach Nahrungsangebot. In Gebieten wo hauptsächlich kleine Beutetiere verbreitet sind, leben Dingos einzeln, paarweise oder in Familienverbänden. In Gegenden aber, wo z.B. Riesenkänguruhs vorkommen, schliessen sich kleine Dingogruppen zur gemeinsamen Jagd zusammen, wodurch ihre Erfolgschance, grosse Beute zu machen, wesentlich erhöht wird.

Im Gegensatz zum Haushund, welcher zweimal pro Jahr Junge zur Welt bringen kann, vermag dies der Dingo nur einmal. Die Paarungszeit fällt in den Herbst oder Winter. Nach etwa 2 Monaten Tragzeit werden die drei bis höchstens acht Jungen an einem geschützten Ort versteckt, manchmal in einer Felsspalte, oft in einer selbstgegrabenen oder vergrösserten Höhle anderer Tiere. Beide Eltern helfen bei der Aufzucht. Als Übergang vom Säugen zum Fressen von fester Nahrung werden die Jungen mit heraufgewürgtem Futter versorgt. Später wird ihnen tote Beute ins Versteck gebracht und bald dürfen sie mit auf Beutefang. Mit 4 oder 5 Monaten wird der Nachwuchs selbständig, darf aber noch bis zum Ende des ersten Lebensjahres mit den Eltern jagen.

Das Wissen um die Beziehung zwischen Dingo und Aborigines, bevor diese unter den Einfluss der europäischen Einwanderer kamen, ist nur sehr skizzenhaft. Einzelne Berichte können nicht verallgemeinert werden, aber man darf annehmen, dass der Dingo nie voll domestiziert wurde und die meisten Tiere ohne Kontakt zu den Menschen lebten. Es ist bezeichnend, dass die Aborigines den nur bedingt zähmbaren Dingo schnell aufgegeben haben, um den gefügigeren europäischen Jagdhund zu züchten.

Gefahr:

Der Dingo begegnet dem Menschen mit gesundem Respekt und geht ihm aus dem Wege, solange er das kann. So sollten auch wir dem Tier begegnen, denn es ist und bleibt ein Raubtier. Nie sollte man Dingos mit Futter anlocken, weil sie dadurch ihre natürliche Scheu verlieren und gefährlich werden können. Aus Gebieten, wo Dingos häufig durch campierende Touristen gefüttert wurden, sind etliche Fälle bekannt, wo vor allem kleine Kinder, aber auch Erwachsene, angefallen und teilweise schwer verletzt wurden.

Eingeführte Säugetiere

Unterklasse: Eutheria
Introduced Mammals

Das erste Plazentasäugetier, welches vor ca. 8'000 Jahren durch den Menschen nach Australien gebracht wurde, ist der Dingo. Der Schaden, den er der einheimischen Tierwelt zufügte, ist nicht gering. Aber die katastrophalen Auswirkungen, welche die mitgebrachten Tiere der europäischen Siedler vor 200 Jahren verursachten, sind um ein Vielfaches schlimmer. Wasserbüffel, Kamele, Pferde, Esel, Hirsche, Schweine, Ziegen, Hunde, Füchse, Katzen, Hasen, Kaninchen, Ratten und Mäuse fügten der einheimischen Fauna und Flora dermassen grosse Schäden zu, dass als Folge etliche Tierarten ausgestorben oder stark gefährdet sind. Schätzungen gehen davon aus, dass mindestens jedes zehnte, freilebende Säugetier vom Menschen eingeführt wurde.

Aufwendige Bemühungen, diese Tiere zu dezimieren, zeigten zwar teilweise Erfolge, führten jedoch nie zur totalen Ausrottung. Die Bestände sind heute zwar mehr oder weniger stabil, aber immer noch riesig. Die Anzahl Kaninchen schätzt man z.B. auf etwa 200 Millionen, Hauskatzen 10 Millionen, Hausschweine 8 Millionen, Ziegen 7 Millionen, Rotfüchse 3 Millionen, Wasserbüffel 80'000 und Kamele 20'000 Tiere.

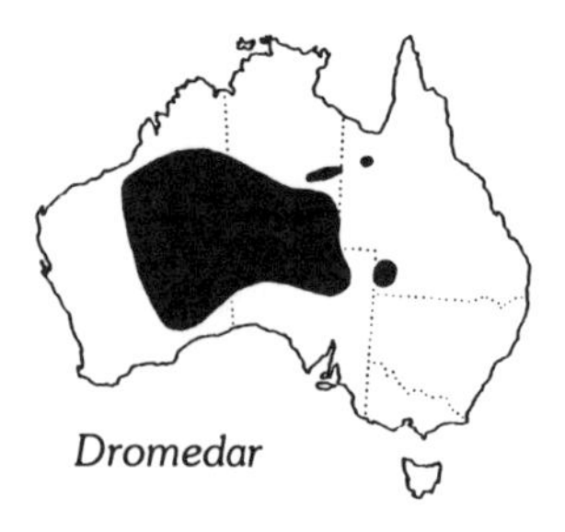
Dromedar

Esel

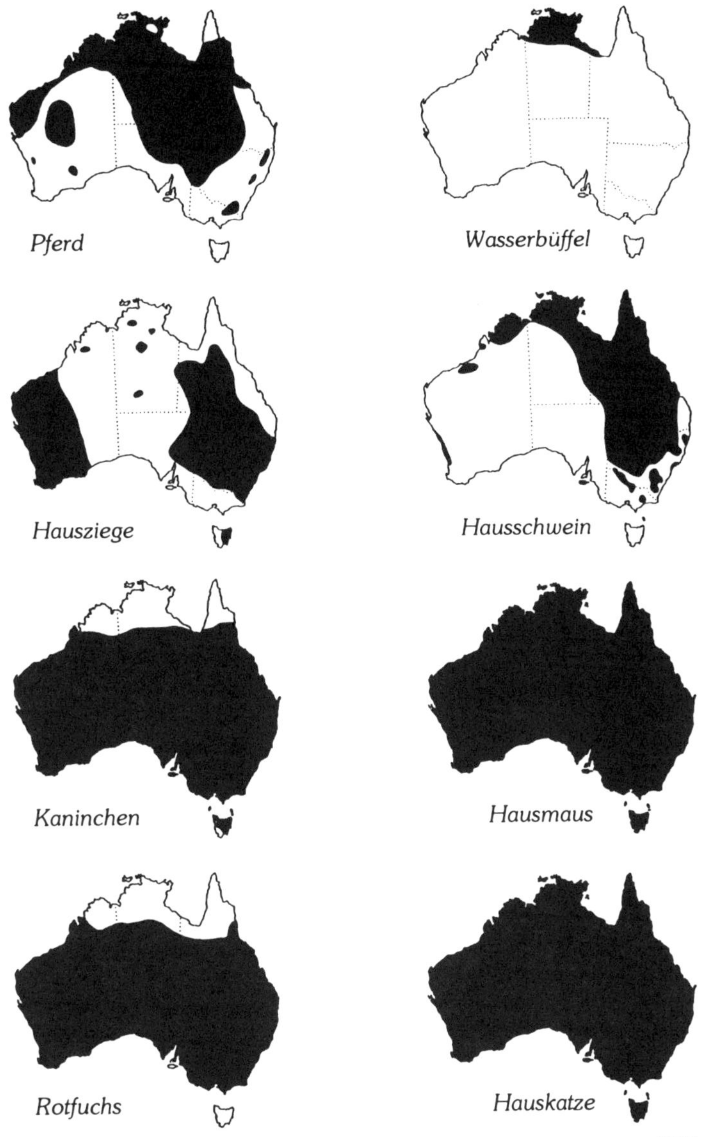
Pferd
Wasserbüffel
Hausziege
Hausschwein
Kaninchen
Hausmaus
Rotfuchs
Hauskatze

Aber auch Kühe und Schafe verursachen grossen Schaden. Vielerorts wurde durch Überweidung die Vegetationsschicht so stark geschädigt, dass sie zugrunde ging. Einstmals fruchtbare Gegenden sind so zu leblosen Wüsten verkommen. Das Abpumpen von Grundwasser für Viehtränken beeinflusst den Wasserhaushalt der betreffenden Trockengebiete zusätzlich.

Neben den Säugetieren wurden auch verschiedene Vogelarten eingeführt, welche heute allgegenwärtig sind. Ebenfalls vom Menschen ausgesetzt wurde die aus Südamerika stammende Aga-Kröte, welche ein ernsthaftes Problem darstellt. Sie vermehrt sich in Nordaustralien ins Uferlose und bedroht die einheimische Fauna massiv.

Meeressäugetiere

Klasse: Mammalia
Sea-mammals

Die Vorfahren von Walen, Delphinen und Seekühen waren landbewohnende Säugetiere, welche in urgeschichtlicher Zeit begannen, ihre Nahrung vermehrt im Wasser zu suchen, wo sie eine ergiebige Futterquelle fanden. Das führte allmählich zu einer immer besseren Anpassung an das nasse Element, das damit als Lebensraum für Säugetiere neu erschlossen wurde. Vor 60 Millionen Jahren war ihre Anpassung bereits so weit fortgeschritten, dass sie sich ausschliesslich im Wasser ernährten.

Die Vorfahren der Robben fanden erst später, vor rund 25 Millionen Jahren, den Weg ins Meer. Ihre Anpassung ist vergleichsweise weniger konsequent auf das Wasserleben ausgerichtet. Robben begeben sich z.B. an Land, um ihre Jungen zu gebären. Vor allem Ohrenrobben können sich ausserhalb des Wassers noch recht gut fortbewegen, denn ihre Hinterbeine haben sich zu Schwimmflossen umgewandelt und sind nicht ganz verschwunden wie bei Walen, Delphinen und Seekühen.

Trotz aller Anpassung ans Wasserleben besitzen Wale, Delphine,

Seekühe und Robben die typischen Merkmale, welche sie als ehemalige Landtiere auszeichnen: in ihrem Körper zirkuliert warmes Blut, sie atmen mit Hilfe der Lungen und nicht mit Kiemen, die Jungen werden gesäugt und vor allem Seebären und Robbenbabies besitzen ein dichtes Haarkleid.

Dugong

Dugong dugong
Dugong

Die bis 3,15 m langen und bis 420 kg schweren Dugongs gehören zu den Seekühen, welche verwandtschaftlich den Elefanten am nächsten stehen. Als Anpassung ans Wasserleben haben sich bei den Dugongs die Hinterbeine vollständig zurückgebildet, so dass es den Tieren nicht mehr möglich ist, sich an Land zu begeben. Ihr Körper ist schwerfällig und nicht fürs schnelle Schwimmen gebaut. Sie erreichen Geschwindigkeiten bis 22 km/h.

In Australien stehen die Tiere unter Schutz. Einzig die Aborigines dürfen in Reservaten die Dugongs zum Eigenbedarf jagen. Trotz des Schutzes sind Dugongs aber immer noch gefährdet, unter anderem durch die Haischutz- und Fischernetze, in denen sie jämmerlich ersticken müssen, wenn sie nicht innerhalb von etwa 9 Minuten zum Atmen an die Wasseroberfläche schwimmen können. (Normalerweise tauchen sie alle 76 Sekunden auf, um Luft zu holen.) Nur neue Reservate - mit totalem Schutz - vermögen die Dugongs vor dem Aussterben zu bewahren.

Dem gleichen Schicksal wie die Dugongs sind und waren auch andere wehrlose und daher leicht zu jagende Tierarten ausgesetzt. So ist z.B. die Stellers Seekuh im Jahre 1769 - 27 Jahre nach ihrer Entdeckung - vollständig ausgerottet worden. Sie war ein Tier, das mit seiner Grösse alle noch lebenden Seekuharten in den Schatten stellte. Bei einer Länge von ca. 8 m erreichte sie ein Gewicht von etwa 4 Tonnen.

Die ersten Lebensmonate eines Dugongkalbs sind durch innigen Hautkontakt mit der Mutter geprägt. Wenn es nicht saugt, begleitet es sie meist reitend auf ihrem Rücken.

Dugongs leben bevorzugt in seichten, ruhigen, vor Haien und Schwertwalen geschützten Meeresbuchten. Auch Salzwasserkrokodile gehören zu ihren natürlichen Feinden.

Seekühe sind die einzigen Meeressäugetiere, welche sich hauptsächlich vegetarisch ernähren. Dugongs verzehren vor allem Seegras, welches bis in eine Tiefe von etwa 12 m abgeweidet wird. Bei Flut kommen sie in Strandnähe zum Fressen, bei Ebbe ruhen sie oder weiden etwas weiter draussen im Meer. Sie leben in kleinen Gruppen, die sich manchmal zu grossen Herden von mehreren 100 Tieren zusammenschliessen.

Dugongs können vermutlich über 70 Jahre alt werden; dementsprechend werden sie auch sehr spät geschlechtsreif, nämlich erst mit 9 bis 17 Jahren. Nach etwa 13 Monaten Tragzeit wird in der Regel nur ein Junges geboren, das 1 bis 2 Jahre bei der Mutter bleibt. Dugongweibchen werden nur alle 3 bis 6 Jahre trächtig. Ein Umstand, der für eine gefährdete Tierart von grossem Nachteil ist.

Robben

Ordnung: Pinnipedia
Seals

Robben werden in zwei Familien aufgeteilt: in Ohrenrobben *(Familie: Otariidae)* und Seehunde *(Familie: Phocidae*, auch Hundsrobben genannt). Zu den Ohrenrobben zählt man alle Seelöwen und Seebären (Überbegriff: Pelzrobben) und das Walross. Zu den Seehunden werden alle anderen Robben, inklusive Seeleopard und See-Elefant gezählt.

Seehunde stammen von hundeähnlichen Landraubtieren ab. Ohrenrobben stehen den Bären am nächsten. Robben gelten als besonders aufmerksam und lernfähig.

Wie der Sammelname Ohrenrobben andeutet, besitzen die Tiere dieser Familie äusserlich erkennbare Ohrmuscheln. Im weiteren können sie ihre Hinterflossen nach vorn legen, was ihnen an Land eine erstaunlich schnelle Fortbewegung und recht gute Kletterfähigkeit in felsigem Gebiet ermöglicht. Den Antrieb im Wasser erreichen sie mittels der Vorderflossen. Ohrenrobben tauchen nicht so tief und nicht so lange wie Seehunde.

Im Gegensatz zu den Ohrenrobben haben sich die Gehörmuscheln bei den Seehunden ganz zurückgebildet. Auch bei den Hinterflossen zeigt sich ein weiterer Schritt in der Anpassung ans Wasserleben, denn diese lassen sich nicht mehr nach vorn legen, sind damit bereits fischähnlicher und erzeugen im Wasser mittels Hin-und-Her-Bewegungen den Antrieb. Dafür können sich die Tiere an Land nur langsam und nur robbend fortbewegen.

Die Anpassung der Robben ans Leben im Meer geht so weit, dass sie sich die meiste Zeit im Wasser aufhalten. Als hervorragende Schwimmer und Taucher - je nach Art tauchen sie tiefer als 130 m, See-Elefanten sogar über 1'500 m - fangen sie vor allem Fische, Tintenfische, grössere Krebstiere und selten auch Pinguine. In der Regel bleiben Robben nur ein paar Minuten unter Wasser, die meisten vermögen aber bis zu einer halben Stunde unterzutauchen, See-Elefanten bis 2 Stunden. Einzelne Robbenarten jagen in der dunklen Tiefe mittels Echolot.

Ausser Haien und Schwertwalen besitzen ausgewachsene Robben keine Feinde.

Vor allem während der Fortpflanzungszeit und dem Pelzwechsel begeben sich Robben an Land. Australische Arten suchen sich bevorzugt der Küste vorgelagerte Felsinseln oder durch Steilwände geschützte Küstenabschnitte aus. Für die Brut werden immer die gleichen abgelegenen Plätze aufgesucht. An Land müssen sich die Robben vor allzu grosser Hitze schützen und Schatten oder kühlende Tümpel aufsuchen. Notfalls ziehen sie sich ins Meer zurück.

Die Männchen gehen vor den Weibchen an Land zu den Brutplätzen (ab August) und erobern sich in oft blutigen Kämpfen, welche bis zum Tod eines Rivalen führen können, einen Uferabschnitt. Auch später, während der ganzen Paarungszeit, werden nur Territorien und nicht Weibchen verteidigt. Um diese Territorien lückenlos zu verteidigen, bleiben die Männchen bis 70 Tage ohne Wasser und Futter. Mehr als drei Saisons, vermag in der Regel kein Männchen ein Territorium zu besetzen. Wie bei allen Tieren, bei denen heftige Rivalenkämpfe ausgetragen werden, sind die Männchen auch bei den Robben wesentlich grösser als die Weibchen. Ein paar Tage nachdem ein Weibchen am Brutplatz angekommen ist, bringt es sein Junges zur Welt. Nur wenige Tage später wird die Mutter vom Territorienbesitzer gedeckt. Das Neugeborene wird an Land je nach Art, während rund 8 Monaten gesäugt. Nachdem die dominierenden

Männchen - spätestens im Januar - am Ende der Paarungszeit die Brutkolonie verlassen haben, bricht auch die territoriale Organisation zusammen.

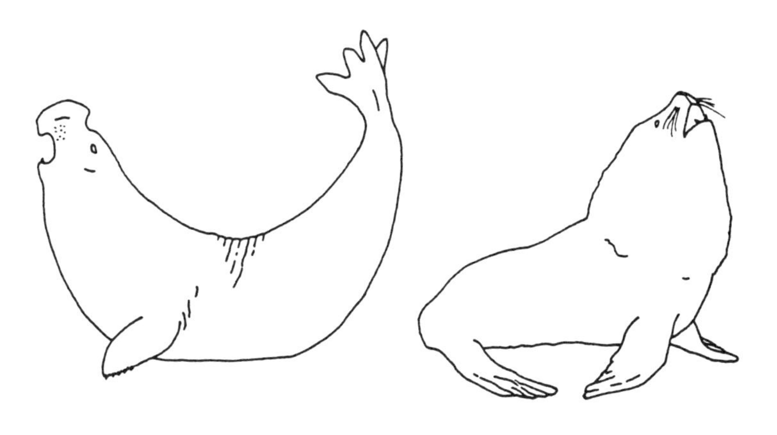

Beim Verteidigen des Territoriums ist ritualisiertes Imponiergehabe bei allen Robbenmännchen wichtig, damit die blutigen und kräfteraubenden Auseinandersetzungen möglichst vermieden werden können. Links: See-Elefant. Rechts: Seelöwe.

Allen Pelzrobbenarten wurde früher wegen ihres Fells dermassen nachgestellt, dass viele kurz vor der Ausrottung standen. Vor allem die Jungen besitzen ein dichtes Haarkleid. Aber auch alle anderen Robbenarten wurden als unbeliebte Fischräuber erbarmungslos gejagt. Heute bewahren strenge Schutzmassnahmen die interessanten Meeressäugetiere vor der Verfolgung, so dass sich in Australien ihre Bestände zwar erholt und bei ca. 43'000 Tieren stabilisiert haben, aber doch nicht mehr die Grösse von einstmals erreichen.

An australischen Küsten sind bis acht verschiedene Robbenarten anzutreffen, wovon sich allerdings nur drei auch hier fortpflanzen. Diese drei Arten gehören alle zu den Ohrenrobben: **Australischer**

Seebär *(Arctocephalus pusillus doriferus /* **Australian fur-seal**), **Neuseeland-Seebär** *(Arctocephalus forsteri /* **New Zealand fur-seal**) und der **Australische Seelöwe** *(Neophoca cinerea /* **Australian sea-lion**).

Die Männchen des Australischen Seelöwen (der einzigen endemischen Robbenart) können bis 2,4 m lang werden und erreichen ein Gewicht von rund 300 kg. Brutplätze befinden sich am Point Labatt (Eyre Peninsula), auf der Kangaroo Island und auf einigen anderen kleinen, einsamen Inseln vor West- und Südaustralien. Im Gebiet zwischen Tasmanien und dem Festland, wo die Seelöwen einst weit verbreitet waren, sind sie heute ausgerottet.

Die grösste Robbenart der Welt ist der **See-Elefant** *(Mirounga leonina /* **Elephant seal**). Bullen können 4,2 m lang, und bis 3'800 kg schwer werden. Diese Riesen besassen früher an der Nordwestküste Tasmaniens, auf der King Island und auf einigen anderen Bass-Strait-Inseln Brutkolonien, welche durch Ausrottung der Tiere Anfang des 19. Jahrhunderts zerstört wurden. Heute sind in dieser Region nur noch vereinzelt See-Elefanten anzutreffen, die kurz an Land gehen. Einzig auf der australischen Macquarie Island, (südlich von Tasmanien), mit ihrem kalten und rauhen Klima, hat eine See-Elefanten Brutkolonie überlebt.

Gefahr:

Obwohl während der Brutsaison (August bis Januar) alle Robbenmännchen aggressiv sind, können uns vor allem die zwei grossen Arten, der Australische Seelöwe und der Australische Seebär, wirklich gefährlich werden. Zu dieser Zeit verteidigen sich die Männchen nicht nur, sondern greifen auch an. Aber auch die Weibchen sind nicht harmlos, wenn sie ihre Jungen mit wilder Entschlossenheit in Schutz nehmen. Solche Aggressivität trifft allerdings nur für Robben zu, welche sich an Land befinden. In Australien sind noch nie Schwimmer von Robben gebissen worden.

Wale

Familie: Cetacea
Whales

Wale erreichen je nach Art eine Länge von 1,2 m bis über 30 m. Das grösste Tier, das je auf der Erde gelebt hat, ist der Blauwal, welcher mit seiner Mächtigkeit selbst die grössten Dinosaurier um ein Mehrfaches übertrifft. Das Gewicht eines Blauwals liegt bei 150 Tonnen. Seine Masse entspricht demnach rund 22 Elefanten, oder 4 bis 5 Brontosauriern.

Wale sind neben den Seekühen die einzigen Säugetiere, welche das Landleben vollständig aufgegeben haben. Zwei sehr unterschiedliche Hauptgruppen kennzeichnen die Wale. Zum einen die Zahnwale und zum andern die Bartenwale. Zu den Zahnwalen gehören unter anderen die Delphine, der Schwertwal (Orka) und der Pottwal. Die meisten grossen Wale sind Bartenwale.

Von den weltweit rund 80 Walarten kommen mehr als 50 am Great Barrier Reef vor.

Fast alle Wale besitzen eine Flosse auf dem Rücken, die Rückenfinne; sie hilft das Gleichgewicht zu halten. Die Schwanzflosse (Fluke) dient dem Antrieb; sie wird dazu auf und ab geschwungen, liegt also im Gegensatz zu den Fischen nicht senkrecht. An der Fluke lassen sich übrigens bei einigen Walarten einzelne Tiere voneinander unterscheiden, denn jede ist anders gezeichnet. Die riesigen Meeressäuger besitzen Lungen zum Atmen und keine Kiemen wie die Fische. Sie müssen also immer wieder an die Wasseroberfläche kommen um Luft zu holen. Die Blaslöcher der Wale sind nichts anderes als ihre Nasenlöcher. Diese Atemöffnungen befinden sich bei den winzigen Walembrionen noch vorne an der Schnauze, während der weiteren Entwicklung verschieben sie sich aber auf den Hinterkopf. Zahnwale besitzen nur noch ein "Nasenloch".

Der Pottwal soll im Extremfall bis 90 Minuten unter Wasser bleiben können. Die grösste Tauchtiefe schaffen mit ca. 3'000 m kräftige

Pottwalmännchen. In dieser Tiefe müssen ihre Körper einem enormen Druck standhalten. Normalerweise schwimmen Wale aber an der Wasseroberfläche. Die Höchstgeschwindigkeit, welche bei einem Wal nachgewiesen wurde, beträgt 65 km/h.

Wale können mannigfaltige Töne von sich geben, welche der Verständigung dienen. Diese Gesänge sind so beeindruckend, dass sie heute als Tonbandaufnahmen erhältlich sind. Ebenfalls als Mittel zur Verständigung wird die Gewohnheit vieler Wale gedeutet, hoch zu springen, um mit weithin hörbarem Geklatsch, wieder ins Wasser zu fallen.

Zahnwale ernähren sich hauptsächlich von grossen Beutetieren. Neben Krebsen, Quallen, Fischen, Tintenfischen und bis 4 m langen Haien werden auch warmblütige Tiere wie Pinguine, Robben und kleinere Wale gefressen. Vor allem in der Tiefsee, wo ewige Finsternis herrscht, finden die Zahnwale mit einem Echolotsystem ihre Beute.

Bartenwale dagegen ernähren sich von den Kleinlebewesen des Planktons, das vor allem in der Polarregion hauptsächlich aus Krill besteht (Sammelbegriff für kleine Krebschen). Diese Nahrung wird mit dem grossen Maul aufgeschöpft, anschliessend das Wasser mit der Zunge wieder hinausgepresst, wobei die Barten, (Hunderte von langen Hornplatten) als Sieb funktionieren und die Beute im Maul zurückhalten. Natürlich werden neben den Krustentierchen auch Fischchen und andere daumengrosse Lebewesen gefangen.

Die grossen Bartenwale unternehmen jedes Jahr riesige Wanderungen. Im Sommer halten sich die meisten in den Polarregionen auf, welche besonders reich an Nahrung sind. Hier können sie sich eine dicke Fettschicht anlegen, welche als Nahrungsreserve wie auch zur Wärmeisolation dient. Im Winter wandern die Wale in Äquatornähe, wo die Weibchen ihre Jungen gebären.

Einige Walarten sind trotz des weltweiten Schutzes, den leider nicht alle Länder einhalten, nach wie vor vom Aussterben bedroht. Dezimierte Populationen erholen sich nur langsam, da Walkühe in der Regel nur alle 2 Jahre ein Junges zur Welt bringen.

Walbabys bekommen etwa ein halbes Jahr lang Muttermilch. Dabei wird allerdings die Milch vom Jungen nicht herausgesogen, sondern von der Mutter in seinen Mund hineingepumpt. Junge Blauwale wachsen pro Tag ca. 4,5 cm und nehmen etwa 100 kg an

Gewicht zu. Die grossen Wale werden ungefähr so alt wie wir Menschen.

Nicht nur kleine Walarten wie die Delphine springen gerne aus dem Wasser, sondern auch die tonnenschweren Riesenwale. Unter ihnen ist der Buckelwal der springfreudigste. Der Sinn dieses Verhaltens wird verschieden gedeutet. Möglicherweise tun sie es um Hautparasiten loszuwerden oder um sich zu verständigen, manchmal vielleicht auch nur aus reiner Lebensfreude.

Buckelwale (*Megabtera novaeangliae* / **Humpback whale**) werden 10-20 m lang und etwa 45 Tonnen schwer. Diese Bartenwalart besitzt verhältnismässig riesige Vorderflossen, die beinahe einen Drittel der Körperlänge messen. Die Tiere bewohnen Küstengewässer. Am Great Barrier Reef bringen die Weibchen nach einer 12monatigen Tragzeit ein Junges zur Welt, welches weitere 12 Monate benötigt bis zur Unabhängigkeit.

Buckelwale ernähren sich wie alle Bartenwale hauptsächlich von Plankton. Wenn sich ihnen aber die Gelegenheit bietet, machen sie auch Jagd auf schwarmbildende Fische. Das erstaunlichste dabei ist die Beutefangmethode, denn die Wale jagen gemeinsam unter genauer Koordination und Aufgabenteilung. Um einen Fischschwarm zu erbeuten, schwimmt ein Wal unter ihm im Kreis und lässt dabei Atemluft hochperlen. Die Luftblasen wirken für die Beutetiere wie ein Vorhang den sie nicht durchschwimmen. Anschliessend können die anderen Wale der Gruppe bequem von unten im Luftblasenring auftauchen, um die "gefangenen" Fische aufzuschöpfen.

Auf den Wanderzügen schwimmen Buckelwale bevorzugt nahe der Küste. Da die Routen und die Zeitpläne der wandernden Tiere unverändert bleiben und genau bekannt sind, kann man auf organisierten "Whale watching-Ausflügen" ein Treffen mit diesen Riesenmeeressäugern vereinbaren. Vor allem in der Hervey Bay (Fraser Island, Queensland) können sie zwischen August und Oktober beobachtet werden. Wer das Glück hat, aus dem Wasser springende Buckelwale zu sehen, wird dieses beeindruckende Erlebnis sicher nie vergessen.

ERSTE HILFE:

Bisse oder Stiche von Gifttieren:

Traditionelle Erste-Hilfe-Methoden

Massnahmen welche zur Behandlung von Giftbissen oder Giftstichen früher oft empfohlen wurden, sollten heute nicht mehr angewendet werden. Die traditionellen Methoden sind nicht nur schmerzhaft, sondern teilweise sogar gefährlich.
- Wir dürfen nie eine Biss- oder Stichstelle einschneiden und aussaugen.
- Es sollen keine Medikamente auf die Wunde gegeben werden.
- Bei australischen Schlangenbissen bringt es keinen Vorteil, die Wunde auszuwaschen, weil das Gift an der Hautoberfläche keine Wirkung hat. Andererseits kann gerade dieses Gift bei der Identifikation des Tieres dienlich sein.
- Der betroffene Körperteil darf nicht abgebunden werden.

Druck/Immobilisations-Methode

Diese Erste-Hilfe-Methode wurde in Australien entwickelt. Sie ist sehr wirkungsvoll, so dass dem Opfer grosse Überlebenschancen gegeben werden. Anwendung findet sie bei Bissen oder Stichen von Schlangen, Trichternetzspinnen, Kegelschnecken und dem Blaugeringelten Kraken. Nach spezieller vorangehender Behandlung kann sie auch bei Vergiftungen durch Box jellyfish und Paralysis-Zecken angewendet werden (siehe Seite 29 und 68). Bei der Methode geht es darum, die schnelle Ausbreitung des Giftes zu verhindern. Die Druck/Immobilisations-Methode (Pressure/immobilization method) bewirkt, dass kleine Blut- und Lymphgefässe in der Nähe der Hautoberfläche geschlossen werden, wodurch ein Grossteil des Giftes zurückgehalten wird. Die Hauptblutzirkulation wird dabei aber nicht behindert. Es entstehen für den Patienten keine zusätzlichen Schmerzen wie dies beim Abbinden der Fall ist. Wenn nötig kann der Verband über mehrere Stunden angebracht bleiben.

Wird die Druck/Immobilisations-Methode richtig ausgeführt, kann das Opfer normalerweise ausser Gefahr gehalten werden, so dass genügend Zeit bleibt, um medizinische Hilfe zu suchen. Währenddessen verliert das Gift sogar bereits einen Teil seiner Wirkungskraft.
- Am erfolgreichsten erweist sich die Methode an den Extremitäten, wo glücklicherweise auch die meisten Verletzungen geschehen.

Nach jeder Verletzung durch eines der oben angeführten Gifttiere ist es empfehlenswert, die Druck/Immobilisations-Methode anzuwenden. Denn wie gefährlich die Auswirkungen sind, hängt von verschiedenen Faktoren ab, welche möglicherweise nicht abschätzbar oder uns nicht bekannt sind. Beispielsweise wissen wir nicht, ob überhaupt Gift abgegeben wurde, und wenn ja, wieviel. Stellt sich später heraus, dass gar keine wesentliche Vergiftung stattgefunden hat, haben wir nichts verloren, da durch die Methode selbst absolut kein Schaden entsteht.

Vorgehen:

Sobald wir bemerken, dass jemand gestochen oder gebissen worden ist, egal ob im Moment oder erst wenn sich schon Symptome zeigen, ist folgendes zu tun:
- Das Opfer und insbesondere die Biss- oder Stichstelle muss augenblicklich so ruhig als möglich gehalten werden. Der Verletzte darf beispielsweise nicht mithelfen, Verbandzeug zu suchen, denn durch jegliche Anstrengung wird der Schaden grösser, als wenn es etwas länger dauert, bis das Material hergebracht ist.
- Verletzte geraten leicht in Panik, grosse Aufregung beschleunigt aber ebenso wie körperliche Bewegung den Blutkreislauf und damit die Ausbreitung des Giftes. Daher dem Opfer immer wieder mit beruhigenden Worten und ruhigem Verhalten die Angst nehmen und die Wichtigkeit der Ruhigstellung nahelegen.

- Nun werden breite, flexible Bandagen (Binden) benötigt. Als Ersatz dienen auch in Streifen geschnittene Kleider.

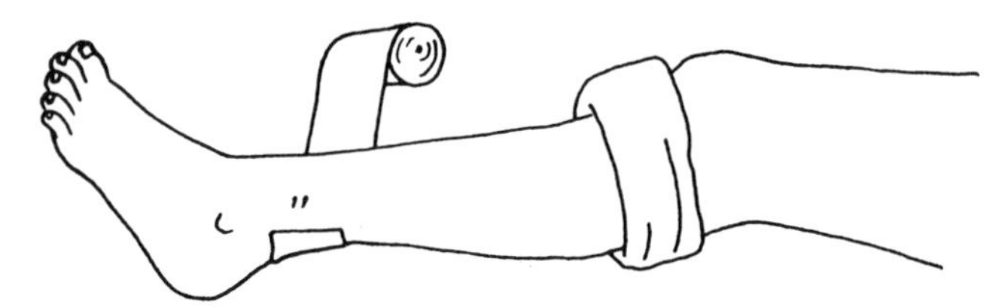

- Bei der Biss- oder Stichstelle beginnend das Verbandmaterial um den verletzten Körperteil wickeln und etwa so fest ziehen, wie bei einem verstauchten Knöchel. Die Bandage darf weder drücken, noch die Hauptblutzirkulation behindern. Sie muss zwar fest gebunden, aber immer noch angenehm zu tragen sein.

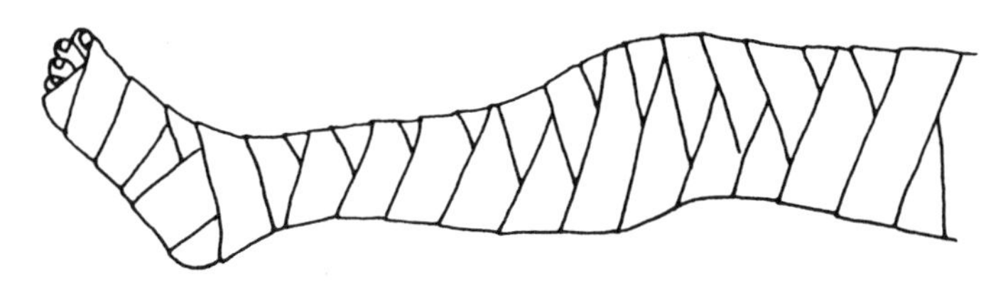

- Die Bandage wenn möglich direkt auf der Haut anbringen. Jedoch wegen der Bewegungen keine Kleider ausziehen; Hosenbein oder Ärmel nur hinaufschieben oder rollen. So viel wie möglich des betroffenen Körperteils einbinden.

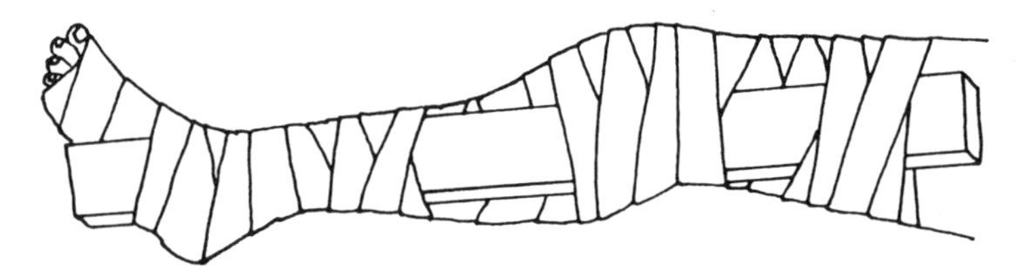

- Um das Bein zu fixieren, irgend einen Gegenstand verwenden der möglichst flach ist (um Druckstellen zu vermeiden) und etwa die Länge des Beines hat, denn dieses muss unbedingt übers Knie hin-

aus stabilisiert werden. Die Fixationsschiene seitlich des einbandagierten Beines plazieren und an diesem gut befestigen. Korrekt angebrachte Bandagen und Schienen dürfen nicht schmerzen, sollen aber auch nicht rutschen oder wackeln. Sie dürfen niemals gelöst oder gelockert werden, ausser unter ärztlicher Anweisung.
- Sind Hand oder Vorderarm betroffen, nur bis zum Ellenbogen einbinden und schienen. Den angewinkelten Arm mit einer Schlinge fixieren.

Transport:
- Bei langem Anfahrtsweg den Patienten wenn möglich beim Arzt oder im Spital anmelden. Dadurch wird Zeit gewonnen um Vorbereitungen zu treffen oder eventuell kann ein Ambulanzfahrzeug entgegengeschickt werden.
- Auch nach Anbringen des Druckverbandes und der Fixationsschiene jegliche Bewegung vermeiden. Das Transportfahrzeug wird bis zum Opfer gebracht.
- Ist dies nicht möglich, muss eine improvisierte Tragbahre diese Aufgabe übernehmen.
- Lässt sich keine Transporthilfe improvisieren, muss das Opfer getragen werden.
- Sind die Helfer zu schwach um das Opfer zu tragen, ist diesem stützend beizustehen.
- Ist das Opfer allein, sind improvisierte Krücken von grossem Nutzen. Wichtigste Vorsichtsmassnahme bleibt: keine Belastung des verletzten Beines.

Heisswasserbad

Verletzungen durch verschiedene giftige Seeigel, Fische und den Dornenkronen-Seestern führen hauptsächlich zu starken lokalen Beschwerden. Das Gift an der Stichstelle durch einen Verband zurückzuhalten ist hier folglich nicht angebracht.

Ein Bad des betroffenen Körperteils in heissem Wasser, ohne aber dabei die Haut zu verbrennen, bringt oft Schmerzlinderung. Heisse Wasserbäder bewirken zweierlei: zum einen sind gewisse Giftbestandteile hitzeempfindlich und verlieren so ihre Wirkung und zum anderen regt die Hitze die Blutzirkulation an, wodurch sich das Gift schneller im Körper verteilt. Somit wird die Giftkonzentration an der Stichstelle vermindert, was zu einer Abschwächung der Symptome führt. (Detaillierte Angaben: siehe entsprechende Tierbeschreibungen.)

Eiswasserpackung

Bei heftigen Reaktionen auf Bisse oder Stiche von verschiedenen Quallen, Spinnen, Skorpionen, Ameisen und anderen Insekten, bewirkt das Auflegen eines mit Wasser und Eis gefüllten Plastiksacks Schmerzlinderung. Auf keinen Fall dürfen wir blosses Eis direkt auf die Haut legen, da dies sonst zu Erfrierungen führen kann. Die Eiswasserpackung darf erst nach den vordringlichen Erste-Hilfe-Massnahmen angewendet werden (siehe entsprechende Tierbeschreibungen).

Lebensrettende Sofortmassnahmen:

Das Gift vieler Tiere besitzt eine muskellähmende Wirkung. Dies führt in schlimmen Fällen zu Atem- und Herzstillstand. Können nun diese lebensnotwendigen Funktionen aufrecht erhalten werden, bis Gegengift verabreicht werden kann oder die Giftwirkung von selbst nachlässt, bestehen gute Chancen, dass der betroffene Organismus wieder normal und ohne Schaden funktionieren kann. Nun gilt es diese kritische Zeit zu überbrücken. Mit entsprechenden Techniken können Atmung und Herztätigkeit künstlich stimuliert werden.

Beatmung und speziell die Herzmassage können nur von Personen wirkungsvoll angewendet werden, welche sich in diesen Techniken bereits geübt haben. In diesem Sinne sind folgende Angaben als Gedankenstütze für Wiederholungsübungen gedacht.

Atemstillstand

- Bei Atemstillstand darf keine Sekunde versäumt werden.
- Atemwege freimachen: Kaugummi, Erbrochenes, künstliches Gebiss usw. entfernen.
- Einengende Kleidungsstücke öffnen.
- Opfer in Rückenlage bringen, Kopf nach hinten strecken, Mund schliessen, indem der Unterkiefer gegen den Oberkiefer gepresst wird. Dies führt zur Öffnung der Atemwege.

- Zuerst etwa 5 rasch aufeinanderfolgende Atemstösse in die Nase abgeben. Ist dies nicht möglich kann auch von Mund zu Mund beatmet werden. Opfer dazwischen immer ausatmen lassen.
- Danach alle 5 Sekunden einen Atemstoss spenden. Zwischendurch immer wieder die Wirksamkeit der Beatmung kontrollieren.
- Bei korrekter Ausführung kann das Anheben und Absenken der Brust beobachtet, sowie das Ausatmen gehört werden.
- Nach den ersten Atemstössen am besten an der Halsschlagader den Puls fühlen und gegebenenfalls zusätzlich mit der Herzmassage beginnen.
- Während der Beatmung regelmässig kontrollieren, ob eventuell die Spontanatmung wieder eingesetzt hat. Ist dies nicht der Fall, unbedingt weiter beatmen.
- Sollte das Opfer wieder selbständig regelmässig zu atmen beginnen, dieses auf die Seite lagern und weiterhin überwachen.

Beim Beatmen von **Kleinkindern und Säuglingen** ist der Kopf nicht ganz so weit nach hinten zu strecken. Zusätzlich müssen die

Atemspenden gleichzeitig durch Mund und Nase gegeben werden. Auch ist zu beachten, dass die Beatmungsintervalle bei Kindern kürzer sind als bei Erwachsenen. Als Faustregel gilt: Bei Kleinkindern alle 4 Sekunden und bei Säuglingen alle 3 Sekunden ein Atemstoss. Zudem ist das Volumen einer Kinderlunge kleiner, so dass entsprechend weniger Luft behutsam eingeblasen werden darf.

Herzstillstand

Gleichzeitig mit dem Atemstillstand, kann oft auch ein Herzstillstand eintreten. Um dies festzustellen kontrolliert man am besten an der Halsschlagader den Puls. Ist keiner zu fühlen, muss zusätzlich zur Beatmung die Herzmassage angewendet werden.

Dazu wird das Opfer flach auf den Rücken gelagert, so dass das Herz durch rhythmisches pressen des Brustkorbes stimuliert werden kann. Mit übereinandergelegten Händen (Handballen auf Handrükken) wird auf der Höhe der unteren Brustbeinhälfte die Brust bei Erwachsenen 4-5 cm tief eingedrückt; nie auf die Brustbeinspitze drücken. Nur mit den Handballen Druck ausüben, nicht mit der ganzen Handfläche oder den Fingern. Der gleichmässig, starke Druck soll senkrecht von oben, unter Einsatz des Körpergewichtes ausgeübt werden und nicht mit Muskelkraft.

Mit einem gleichmässigen Rhythmus von 3 Pressungen pro 2 Sekunden sind insgesamt 15 Pressungen auszuführen, danach sind 2 Atemstösse zu geben. Nachdem man diese Abfolge 4 mal wiederholt hat, sollte während 5 Sekunden der Puls kontrolliert werden. Ist noch keiner zu spüren, weiterfahren mit dem Wechsel von 15 Kompressionen und 2 Atemstössen und alle 2-5 Minuten erneut den Puls kontrollieren.

Falls zwei Helfer zur Verfügung stehen, kann im Rhythmus von 5 Herzdruckmassagen auf eine Beatmung gearbeitet werden.

Bei **Säuglingen** ist der Brustkorb nur mit zwei Fingern 1,5-2,5 cm tief einzudrücken. Die Kompressionsfrequenz sollte fast 2 Pressungen pro Sekunde betragen. Bei **Kindern** bis zu zehn Jahren ist der Brustkorb mit nur einem Handballen 3-4 cm tief zu pressen.

Schock

Ein schwerer Schockzustand kann den Organismus dermassen belasten, dass die Schockbekämpfung zur lebensrettenden Sofortmassnahme wird. Der Schock stellt eine plötzliche Kreislaufschwäche dar, während der die Versorgung des Körpers mit Blut - das den Sauerstoff zu allen Teilen des Körpers transportiert - vermindert wird. Er ist ein lebensgefährlicher Folgezustand, einer nicht notwendigerweise lebensbedrohenden Ursache.

Ein Schock kann durch verschiedene Ursachen ausgelöst oder verstärkt werden. Beispielsweise durch schlimme Verletzungen, massiven Blutverlust (nach aussen und nach innen), grossen Flüssigkeitsverlust (Erbrechen, Durchfall), ausgedehnte Verbrennungen, Vergiftungen, extrem allergische Reaktionen (auf Insektenstiche u.a.), heftige Schmerzen oder durch ein Schreckerlebnis.

Symptome:

- Allgemeine Schwäche. Schwindel bis zu Benommenheit oder Bewusstlosigkeit.
- Flache, schnelle Atmung. Eventuell Atemnot.
- Schwacher, erhöhter Puls.
- Blutdruckabfall.
- Blasse, kalte, feuchte Haut.
- Ängstliches, unruhiges oder auffallend gleichgültiges Verhalten.
- Durstgefühl.
- Brechreiz.

Erste Hilfe:

- Schocklagerung: Opfer flach und bequem auf den Rücken legen, Beine etwas erhöht lagern; um die Durchblutung des Gehirns zu gewährleisten. Bei Bewusstlosigkeit Seitenlagerung. Bei Brust- und Schädelverletzungen Oberkörper hoch lagern.
- Schockursachen nach Möglichkeit bekämpfen, z.B. Blutung stillen, Schmerzen lindern.
- Schnellstmöglich ärztliche Hilfe holen lassen.
- Verletzten beruhigen; nicht unnötig bewegen. Den Sichtkontakt des Opfers zu offenen Wunden vermeiden.
- Einengende Kleidung lockern.
- Opfer vor Kälte, Hitze und Nässe schützen.
- Nichts zu trinken geben.

ANHANG:

Begriffserläuterungen

Aborigines, Ureinwohner Australiens.

äsen, fressen von Gras und Blättern bei Wildtieren.

aufschliessen, (zool.) Umwandlungsprozess. Verdauungssäfte schliessen die Nahrung auf, verändern sie chemisch, damit der Körper sie aufnehmen kann.

Biotop, Lebensraum.

Boomer, männliches Känguruh.

Brackwasser, Mischung von Süss- und Salzwasser bei Flussmündungen.

Busch, Land ausserhalb von Siedlungsgebieten.

Dornbusch, Buschlandschaft mit vorwiegend dornigen Sträuchern und Bäumen.

Down Under, Australien (das Land "da unten").

Echolot, Entfernungsmessung nach dem Echoprinzip mittels Schallwellen.

endemisch, einheimisch. Tiere oder Pflanzen die nur in einem umgrenzten Gebiet vorkommen.

flügge, flugfähig.

Gliederfüsser, Skorpione, Spinnen, Milben, Krebse, Asseln, Tausendfüsser, Insekten.

gründeln, Nahrungsaufnahme am Bodengrund von Gewässern durch Tiere mit entsprechendem Mundwerkzeug (z.B. Enten und Schnabeltier).

Insekten, Libellen, Schrecken, Grillen, Gespensterschrecken, Ohrwürmer, Schaben, Fangschrecken, Termiten, Läuse, Wanzen, Zikaden, Käfer, Schmetterlinge, Mücken, Fliegen, Flöhe, Wespen, Ameisen, Bienen. Artenreichste Tiergruppe: *Klasse Insecta.*

Kaltblüter, nicht ganz zutreffende Bezeichnung für Wechselwarmblüter.

Kokon, bei Spinnen: Schutzhülle für die Eier, hergestellt aus einem von der Spinndrüse abgesonderten Sekret. Bei Schmetterlingen: von der Larve (Raupe) ausgeschiedene Schutzhülle, welche zu einem festen Gebilde erstarrt, worin die Umwandlung zum erwachsenen Tier stattfindet.

Konvergenz, unabhängige Entwicklung von ähnlichen Merkmalen und Organen bei einander nicht näher verwandten Tierarten.

Larve, Jugendform von Tieren mit indirekter Entwicklung (Metamorphose).

Lebende Fossilien, urtümliche Tier- und Pflanzenarten, welche seit Jahrmillionen nahezu unverändert blieben, und deren Verwandte meist ausgestorben sind.

Mallee-Buschland, Gebiet, in dem mehrstämmige, 3-8 m hohe Eukalyptusbäume dominieren.

Metamorphose, (zool.) Umwandlungsprozess von Larven zu fortpflanzungsfähigen, erwachsenen Tieren. Beispielsweise von Raupen zu Schmetterling, von Maden zu Fliegen oder von Kaulquappen zu Fröschen.

Mob, Ansammlung mehrerer Känguruhgruppen.

monogam, in Einehe lebend, (mit nur einem Partner).

Mulga-Buschland, mehr oder weniger dichtes Buschland, bestehend vor allem aus 4-10 m hohen Akazien, oft mit Spinifex-Gras als Unterwuchs.

Ökologie, Lehre von den Beziehungen der Lebewesen zu ihrer Umwelt.

ökologische Nische, Gebiet und Umweltbedingungen, die alle Lebensansprüche einer Tier- oder Pflanzenart abdecken.

Outback, Land ausserhalb von Siedlungsgebieten. Hinterland. Busch.

ovipar, Eier legend.

ovovivipar, Eier mit entwickelten Jungen legend. Der Nachwuchs schlüpft unmittelbar vor, während oder nach der Eiablage.

Photosynthese, Umwandlung von Kohlendioxyd und Wasser in Kohlenhydrate (Aufbaustoffe) mittels Sonnenlicht in allen grünen Pflanzenteilen.

Plazentatiere / Plazentalier / Plazenta-Säugetiere / Höhere Säugetiere, Unterklasse der Säugetiere.

Quastenflosser *(Latimeria chalumnae)***,** einziger Überlebender einer alten Fischgruppe mit paarigen, muskulös-fleischigen und einem Knochenskelett versehenen Flossen. Der Quastenflosser wird zusammen mit einer ausgestorbenen Fischgruppe und den Lungenfischen in der Gruppe der Fleischflosser zusammengefasst, aus welcher die Amphibien, beziehungsweise alle Landwirbeltiere hervorgegangen sind.

Savanne, Grasland mit Büschen und Baumgruppen.

Scrub, Gebüsch, Gestrüpp, Buschland.

Spinifex, Stachelkopfgras. Weit verbreitetes, in Trockengebieten wachsendes, sehr hartes Gras, an dessen Trieben man sich leicht verletzen kann.

Standvögel, Vogelarten, welche trotz zeitweise ungünstigem Nahrungsangebot übers ganze Jahr hinweg am gleichen Ort, möglicherweise im selben Revier, bleiben.

Steppe, weite, baumlose Grasebene.

Symbiose, enges Zusammenleben zweier Organismen, mit gegenseitigem Nutzen und entsprechender Abhängigkeit.

Torpor, Körperstarre.

vivipar, echt lebendgebärend. Die Jungen wurden im Mutterleib mittels Plazenta, plazentaähnlichem Gewebe oder Nährflüssigkeit ernährt.

Wechselwarmblüter, Tiere, die im Gegensatz zu den Warmblütern ihre Körpertemperatur nicht selber regulieren und konstant halten können, womit ihre Aktivität direkt von der Umgebungswärme abhängig ist.

Wirbellose Tiere, Tiere ohne Innenskelett: Einzeller, Schwämme, Quallen, Korallen, Würmer, Spinnen, Krebse, Tausendfüsser, Schnecken, Muscheln, Tintenfische, Seesterne, Insekten u.a..

Wirbeltiere, Fische, Amphibien, Reptilien, Vögel und Säugetiere.

Zyklon, Tropischer Wirbelsturm.

REGISTER

- **Fett** gedruckte Seitenzahlen verweisen auf ausführliche Beschreibungen.
- *Schräg* gedruckte Seitenzahlen zeigen Illustrationen an.